PERSUADIR, INFLUENCIAR, CONQUISTAR

ZOE CHANCE

PERSUADIR, INFLUENCIAR, CONQUISTAR

Como fazer boas coisas acontecerem ao seu redor

Tradução
GUILHERME MIRANDA

Copyright © 2022 by Zoe Chance

O selo Fontanar foi licenciado pela Editora Schwarcz S.A.

Grafia atualizada segundo o Acordo Ortográfico da Língua Portuguesa de 1990, que entrou em vigor no Brasil em 2009.

TÍTULO ORIGINAL Influence is your Superpower: The Science of Winning Hearts, Sparking Change and Making Good Things Happen
CAPA Helena Hennemann/ Foresti Design
PREPARAÇÃO Cristina Yamazaki
ÍNDICE REMISSIVO Gabriella Russano
REVISÃO Carmen T. S. Costa e Paula Queiroz

Dados Internacionais de Catalogação na Publicação (CIP)
(Câmara Brasileira do Livro, SP, Brasil)

Chance, Zoe
  Persuadir, influenciar, conquistar : Como fazer boas coisas acontecerem ao seu redor / Zoe Chance ; tradução Guilherme Miranda. — 1ª ed. — São Paulo : Fontanar, 2022.

  Título original: Influence is your Superpower: The Science of Winning Hearts, Sparking Change and Making Good Things Happen.
  ISBN 978-65-84954-00-7

  1. Autoajuda 2. Autodesenvolvimento 3. Influência (Psicologia) 4. Persuasão (Psicologia) I. Título.

22-116490 CDD-153.852

Índice para catálogo sistemático:
1. Persuação e influência : Psicologia 153.852

Eliete Marques da Silva – Bibliotecária – CRB-8/9380

[2022]
Todos os direitos desta edição reservados à
EDITORA SCHWARCZ S.A.
Rua Bandeira Paulista, 702, cj. 32
04532-002 — São Paulo — SP
Telefone: (11) 3707-3500
facebook.com/Fontanar.br
instagram.com/editorafontanar

*Para Karen Chance, que me ensinou a magia
de fazer coisas boas acontecerem*

Sumário

1. Tornar-se alguém para quem as pessoas queiram dizer sim 9
1½. Em busca do *temul* 21
2. A influência não funciona como você pensa 24
2½. O caminho da menor resistência 48
3. O não que salvou o mundo 57
3½. Basta pedir 75
4. As curiosas qualidades do carisma 81
4½. Momentos de verdade 105
5. A magia transformadora de um simples enquadramento 111
5½. Em que ramo você está? 133
6. Criancinhas interiores 136
6½. Escuta profunda 159
7. Negociações criativas 168
7½. Negocie como uma garota 198
8. Defesa contra as artes das trevas 207
8½. Anjos e demônios 230
9. Sonhe mais alto e melhor 235
9¾. Você, eu, nós 249

Vamos ser amigos 253
Índice de ferramentas e técnicas 255
Questões para discussão 257
Cartas de amor 259
Créditos das imagens 265
Notas 266
Índice remissivo 292

1. Tornar-se alguém para quem as pessoas queiram dizer sim

Em um dia bem-afortunado, você nasceu: uma pessoa influente. Aliás, a influência era seu único modo de sobrevivência. Você não tinha dentes nem garras afiadas para se proteger. Não podia sair correndo nem se camuflar. Ainda não parecia inteligente, mas tinha uma capacidade inata de expressar seus desejos, conectar-se com outros seres humanos e persuadi-los a cuidar de você. Foi o que eles fizeram, dia e noite (sem dormir), por anos.

Quando você aprendeu a falar, passou a se expressar de forma mais precisa, usando palavras para conseguir influenciar ainda mais. Você dizia às pessoas o que queria e o que não queria de jeito nenhum. NÃO! Logo aprendeu que a vida poderia ser negociável e começou a pedir para dormir tarde, ver mais televisão, ganhar seus doces favoritos. Você era um pequeno mercador em sua barraca. Usar sua influência era tão automático quanto respirar. Você se tornava fisicamente mais forte também, mas sua maior força era o poder de persuadir as pessoas a agir com base nas suas grandes ideias.

A influência interpessoal é nossa vantagem humana, passada adiante no DNA. É o que permitiu à nossa espécie criar laços, trabalhar juntos e se espalhar pelo mundo. Ela continuará sendo nossa vantagem em um mundo cada vez mais digital, pelo tempo em que as pessoas estiverem no poder. Ela proporcionou o sucesso que já temos, e é o caminho para o que ainda desejamos. É o amor que compartilharemos nesta vida e o legado que deixaremos ao morrer.

Mas as coisas não são tão simples assim, não é? Embora saibamos que é tudo verdade, a influência foi ficando mais complicada conforme fomos crescendo. Embora nossa esfera infantil de influência estivesse se expandindo, também nos ensinavam a sermos obedientes e comportados. A obedecer a normas, regras, pais e professores. Fomos incentivados a não sermos "mandões" nem exigentes. Nos ensinaram a trabalhar duro para merecer as coisas, esperar nossa vez, não fazer escândalo, não ocupar espaço demais. Defender os outros era aceitável, mas nos defendermos era arrogância. A influência que exercíamos não parecia mais tão natural, e começamos a ter sentimentos contraditórios em relação a ela.

Quando questionadas se gostariam de ser mais influentes, as pessoas dizem sim — porque influência é poder. Influenciar nos dá a capacidade de provocar mudanças, direcionar recursos e mudar corações e mentes. Ela age como a gravidade, atraindo-nos em relacionamentos. É um caminho para a felicidade; para uma prosperidade significativa, duradoura e contagiante.

Mas, quando questionadas sobre estratégias e táticas de influência, as pessoas as descrevem como "manipuladoras", "ardilosas" e "coercivas".[1] A ideia de influência foi totalmente corrompida por pessoas vulgares e gananciosas que usam táticas desprezíveis para vender carros, promover produtos patrocinados nas redes sociais e nos fazer comprar agora, enquanto durarem os estoques! Mesmo alguns de meus gurus de influência, como Robert Cialdini e Chris Voss, nos incentivam a usar "armas de influência" para "derrotar os inimigos".[2] Profissionais de marketing (como eu) se referem aos clientes como "alvos", assim como falaria um conquistador barato ou um golpista. Pesquisadores acadêmicos (como eu também) chamam os participantes de estudos de "cobaias" e seus experimentos de "manipulações". A influência transacional trata as pessoas como objetos.

Essas táticas podem ser habituais para vendas e marketing, mas não funcionam na maioria das situações cotidianas. Elas não funcionam com seu chefe, seus colegas, seus funcionários, seus amigos nem sua família. Se quiser desenvolver e manter uma relação, você não pode usar os mesmos truques que usaria para vender um carro. Até o sucesso profissional depende no fundo de relações duradouras — na forma de recomendações, boca a boca, fidelidade do cliente e retenção de colaboradores. Você quer que as pessoas sejam felizes para dizer sim tanto hoje como no futuro.

Quando você se torna alguém para quem as pessoas querem dizer sim, suas recompensas são enormes. O dinheiro talvez não seja sua maior prioridade, mas ajuda a fazer as coisas, e pode ser uma base para a influência. Não é coincidência que os cargos que dependem de influência interpessoal sejam bem remunerados. Grandes vendedores ganham mais do que seus CEOs; lobistas ganham mais do que os políticos que eles influenciam. A capacidade de influenciar mais paga outros dividendos tangíveis também — médicos que se comunicam melhor têm bem menos riscos de serem processados por negligência, independente dos resultados de seus pacientes,[3] e executivos treinados para se comunicar melhor são avaliados como líderes melhores.[4]

Pessoas que trocam a influência transacional de ganhar ou perder pela influência pessoal mútua que você vai redescobrir neste livro podem colher recompensas intangíveis como tornar-se um amigo melhor, um conselheiro mais confiável, e um companheiro e pai ou mãe mais empenhado. Podemos reacender a chama da infância que nos fazia sonhar, questionar, defender, negociar e persistir sem duvidar de nós mesmos. Podemos ver os rostos se iluminarem quando apresentamos uma grande ideia ou propomos alguma coisa maluca que pode dar certo; podemos fechar acordos com que nem sonharíamos; podemos desfrutar do conforto e da liberdade que vêm do sucesso; e podemos suspirar aliviados quando nosso chefe, funcionário, filho, companheiro ou amigo relutante sorri e diz: "Certo, vamos lá".

Talvez você já seja influente, por exemplo, com clientes. Contudo, mesmo aqueles que se sentem à vontade influenciando pessoas em certos domínios tendem a se sentir impotentes em outros. Já trabalhei com CEOS que tinham medo de pedir para as filhas adolescentes arrumarem o quarto, traders de Wall Street que ficavam constrangidos ao tentar chamar a atenção de um bartender ocupado, políticos em ascensão tão desconfortáveis em angariar fundos que precisaram mudar de carreira e ativistas famosos dispostos a serem presos pelos direitos dos outros mas que sentiam um nó na garganta quando tentavam se defender.

Acho que pessoas gentis são particularmente avessas a tentar influenciar os outros porque não querem manipular ninguém. E pessoas inteligentes são mais propensas a não entender como funciona a influência. Portanto, se você é uma pessoa gentil e inteligente, tem uma dupla desvantagem que o impede de ser tão influente quanto poderia ser. Mas, ao mudar sua perspectiva e experimentar algumas ferramentas novas, você verá alguns desses obstáculos caírem por terra.

Aqui estão dez visões equivocadas que vamos explorar.

1. **Insistente = influente.**
   Na verdade, é o contrário. Para ser influente, é preciso ser *influenciável*. E deixar as pessoas à vontade para dizer não as torna mais propensas a dizer sim.

2. **Se compreenderem os fatos, eles tomarão a decisão certa.**
   A mente não funciona como pensamos, portanto os fatos são bem menos persuasivos do que imaginamos. Vamos explorar como as decisões são tomadas de verdade e você vai aprender formas mais eficazes de incentivar os outros a fazer boas escolhas.

3. **As pessoas agem de acordo com seus valores e decisões conscientes.**
   Todos *queremos* agir com base em nossos valores e em decisões conscientes, mas o descompasso entre as intenções e o comportamento é um abismo imenso. Mudar a mente de alguém não significa necessariamente influenciar o comportamento dela (que é o objetivo).

4. **Tornar-se influente envolve persuadir incrédulos e submeter pessoas resistentes à sua vontade.**
   Não, o sucesso de sua grande ideia depende de aliados entusiasmados. Seus esforços para encontrar, fortalecer e motivar seus aliados fazem muito mais do que seus esforços para superar a resistência das pessoas.

5. **Negociação é uma batalha.**
   Você talvez imagine que negociações sejam uma disputa,

mas a maioria das pessoas só tenta não ser feita de otária. Quanto mais experiente um negociador, maior a chance de que seja colaborativo — o que o faz mais bem-sucedido.

6. **Pedir mais vai fazer as pessoas gostarem menos de você.**
O que elas sentem por você depende mais de *como* você pede do que de *quanto* pede. E, quando as duas partes (incluindo você) estão felizes com a forma como as coisas funcionam, há mais chances de continuar assim.

7. **As pessoas mais influentes conseguem tirar qualquer coisa de qualquer pessoa.**
Não é assim que funciona — o que é bom tanto para elas como para você.

8. **Você sabe julgar o caráter das pessoas e consegue identificar um vigarista a quilômetros de distância.**
Infelizmente, somos péssimos em detectar mentiras. Mas vou apresentar alguns sinais de alerta para que você possa se proteger e proteger os outros de pessoas que usariam a influência para te enganar.

9. **As pessoas não dão ouvidos a gente como você.**
Uma voz pode estar lhe dizendo que, para chamar a atenção dos outros, você teria que ser mais extrovertido, mais velho, mais jovem, mais atraente, mais culto, mais experiente, de determinada raça ou um falante nativo. Neste livro, você vai aprender a falar de modo que as pessoas deem ouvidos — e a ouvir de modo que elas falem.

10. **Você não merece ter poder, ou dinheiro, ou amor — ou seja lá o que estiver nos seus desejos mais íntimos.**
Não vou persuadir você de que merece ser influente; nem sei o que isso significaria. O que sei é que essa influência não vai para quem a merece, mas para quem a entende e pratica. E, em pouco tempo, essa pessoa será você.

Ser ruim em algo importante — e ter que estudar e praticar, e trabalhar com afinco nisso — pode não parecer um dom. Mas, quando suas habilidades melhoram, você sabe exatamente como as desenvolveu, e pode replicar o processo e até ensiná-lo para outras pessoas. Sei disso por experiência própria.

Não passei a infância e a adolescência surfando em meu charme irresistível. Cresci em uma família pobre e boêmia, dividindo o único quarto do apartamento com minha irmã enquanto nossa mãe dormia no sofá. Minha mãe era artista e a pessoa mais criativa e divertida que já conheci. Sem dinheiro para um sorvete? Procurávamos ao longo da ciclovia por trocados que o Universo havia deixado para encontrarmos. Quando minha mãe dirigiu um acampamento de verão, nos vendou e nos deixou no meio do bosque com apenas uma bússola e um mapa topográfico para nos ajudar a encontrar o caminho de volta. Quando eu ou minha irmã precisávamos de um dia para cuidar da saúde mental, minha mãe matava o trabalho e fazia projetos de arte conosco: uma máquina de adivinhar o futuro feita de comida ou um dinossauro em tamanho real confeccionado com arame e papel machê. Minha mãe nos levava a bares onde seus amigos tocavam em bandas punk e a festas onde brincavam com tabuleiros ouija.

Nossa casa era uma aventura, mas a escola era uma solidão. As pessoas falavam por cima de mim quando eu abria a boca. O tempo todo. A única explicação que eu conseguia encontrar era que o timbre da minha voz devia operar na mesma frequência que os sons ambientes da atmosfera terrestre. Fazer amigos não era algo fácil para mim.

Minha jornada para me tornar influente começou com o teatro. Percebendo que as pessoas têm que ouvir quando os atores estão no palco, fiz um teste para uma produção de *Aladim* que prometia a todos um papel com falas. Fui escalada como Sapateiro nº 3 de bigode e fez. Minha fala era "Sapatos à venda!". Não brilhei, mas persisti. Muitos anos depois, minha carreira como atriz acabou de maneira tão estranha quanto começou, com um papel de protagonista em um filme de caratê obscuro tão chato que meu pai e minha mãe pegaram no sono enquanto assistiam. Mas anos de estudo e prática como atriz me ensinaram algo sobre conexão e carisma.

Coloquei essas habilidades de atuação em prática nas vendas. Também não era nada tão legal assim. Eu batia de porta em porta e pedia para interromper o jantar das pessoas para vender assinaturas da revista *Golf Digest*. Mas aprendi como pedir coisas e como sobreviver quando as pessoas diziam não. Aprendi a ter curiosidade sobre a resistência em vez de insistir. Depois da faculdade, fiz um MBA pela Universidade do Sul da Califórnia e entrei no marketing, primeiro lidando com equipamentos médicos, depois com brinquedos. Aprendi a negociar acordos e fazer pesquisa de mercado. Aprendi a influenciar crianças — o que, se você for pai ou mãe, sabe que é um nível faixa preta. Dirigi um segmento de 200 milhões de dólares da marca Barbie, viajando com tudo pago pela empresa e me divertindo um bocado. Mas ao mesmo tempo eu era frustrada.

Era minha tarefa influenciar clientes, mas eu passava metade do meu tempo tentando persuadir as pessoas com quem trabalhava a tomar decisões inteligentes. Passava meses dedicada a uma linha de brinquedos, realizando longas análises para argumentar que fosse levada ao mercado, e no fim ouvia o presidente fazer uma careta e dizer para começarmos do zero porque tinha um mau pressentimento. Como as pessoas podem dirigir grandes empresas tomando decisões tão irrefletidas? E como podiam desprezar tão facilmente minhas tentativas de influenciar essas decisões? Sério, como?

Quando os nerds querem entender alguma coisa, vão estudar, e foi o que eu fiz: me matriculei em um programa de ph.D. Primeiro no Instituto de Tecnologia de Massachussetts, depois em Harvard. Colaborei com alguns dos cientistas comportamentais mais criativos da área para entender como as pessoas *realmente* tomam decisões e o que *realmente* influencia o comportamento delas. Parte da minha pesquisa envolvia incentivar as pessoas a se alimentar de maneira mais saudável, quitar dívidas de cartão de crédito, fazer trabalho voluntário e doar para a caridade. Também estudei o lado mais sombrio da psicologia, que sonda por que as pessoas mentem para as outras — e para si mesmas. O Google usou meu modelo de economia comportamental como base para suas diretrizes alimentares, ajudando dezenas de milhares de funcionários ao redor do mundo a fazer escolhas mais saudáveis. Fui atraída pela economia comportamental em razão da filosofia moral que está por trás: quando estiver incentivando as pessoas para influenciar o comportamento delas, trate-as com dignidade e respeite sua liberdade de escolha.

Entrei para o corpo docente da Escola de Administração de Yale e, no curso de MBA que eu dava (e ainda dou) lá, reuni tudo que sabia sobre influência, ciência e prática: economia comportamental, carisma, negociação, enfrentar resistência, enfrentar rejeição, tudo. As pessoas queriam tanto desenvolver esses poderes que havia gente em pé na sala desde o primeiro dia, e Como Dominar Influência e Persuasão logo se tornou o curso mais popular na faculdade de administração, com alunos vindo do outro lado da campus. Há uma década, à medida que testo ideias novas, encontro novas evidências científicas e aprendo com os diários em que meus alunos refletem sobre seus sucessos e fracassos, a disciplina vem evoluindo. E para isso também são fundamentais as conversas com os executivos para quem realizo workshops ao redor do mundo. Foi meu curso que deu a ideia para este livro.

O que meus alunos me ensinaram ao longo dos anos é que ao nos envolvermos com esse material temos a oportunidade de transformar nossas vidas — muito ou pouco. Quer você esteja negociando acordos melhores para si mesmo e outras pessoas, gerando oportunidades e benefícios inesperados para todos os envolvidos ou criando mudanças significativas na sua família, na sua comunidade ou mesmo para o mundo, a influência é seu superpoder.

Em vez de tentar ensinar tudo sobre influência (o que seria impossível), vou me concentrar nos alvos fáceis — ideias surpreendentes, pequenas mudanças e ações práticas que têm um impacto enorme. Pode parecer estranho a princípio, como aprender uma segunda ou terceira língua. No começo, é preciso muito esforço consciente e não é muito agradável. Mas, com o tempo, à medida que você pratica, a língua nova se torna um hábito, com raízes firmes em seu subconsciente. Conforme cresce sua habilidade em influenciar os outros, você cria suas próprias estratégias e, mais adiante, será capaz de usá-las sem nem parar para pensar. Para chegar lá, vai precisar de uma boa noção de psicologia da influência, portanto vou apresentar algumas das principais pesquisas de psicologia social, economia comportamental, direito, saúde pública, marketing e neurociência que explicam como as decisões são tomadas e que forças invisíveis de fato movem o comportamento.

Vou dar algumas ferramentas com nomes bobos como "Pergunta Mágica" e "Brontossauro Gentil" que inspiraram transformações em ambientes de trabalho, salvaram mulheres do tráfico sexual e mudaram o rumo da história. Vou mostrar como brilhar no palco, negociar tranquilamente uma oferta de trabalho ou um aumento e identificar mentirosos e manipuladores tentando influenciar você antes que seja tarde demais. Vou ensinar a lidar com as criancinhas internas petulantes das pessoas e apresentar alguns incríveis líderes empresariais, ativistas e estudantes — ah, além de tubarões, paraquedistas, vigaristas, Jennifer Lawrence, Gengis Khan, um adivinho fantasiado de gorila e o homem que salvou o mundo. Ao longo do caminho, você vai encontrar túneis do tempo, donuts olímpicos, tinta invisível e uma revolução.

Em cada um dos capítulos de números inteiros vamos fazer um mergulho profundo em estratégias, evidências científicas e histórias sobre um grande tópico da influência, como carisma, resistência e negociações. Em contrapartida, os capítulos fracionados exploram uma ideia única. Os capítulos podem ser lidos em qualquer ordem, então deixe a curiosidade ser seu guia. Você não precisa ler tudo. Basta encontrar aquela coisinha que pode mudar sua vida.

Ler este livro vai aumentar seu conhecimento sobre influência, mas na verdade o que estamos buscando é sabedoria e impacto. Pessoas com conhecimento ganham concursos de perguntas e respostas. Pessoas sábias escutam com a mente aberta e um ceticismo saudável, perguntando: "Como posso aprimorar essa ideia?" e "Quem mais precisa saber disso?". Convido você a interagir com este livro seguindo esse espírito.

Essa técnica de influência propõe uma conexão com os poderes de persuasão com os quais você nasceu, fortalecendo-os para tornar a vida melhor para todos, a começar por você mesmo. Não é nenhum bicho de sete cabeças, mas é uma ciência. E também é uma história de amor.

1½. Em busca do *temul*

A prática da influência é movida pelo desejo. Então a primeira pergunta é: você sabe o que quer?

A palavra mongol *temul* descreve a paixão criativa e é traduzida poeticamente como "o olhar de um cavalo que está correndo para onde quer, independente da vontade do cavaleiro".[1] *Temul* é também a raiz do nome Temudjin. Conhecemos Temudjin como Gengis Khan.

Na escola, tudo que me ensinaram sobre Temudjin foi que ele era um líder militar sanguinário. Não que seu Império Mongol foi a primeira grande civilização que praticou a tolerância religiosa, promoveu a alfabetização universal e fundou o primeiro sistema postal internacional. Nem mesmo que foi o segundo maior império na história mundial, atrás apenas do Império Britânico. Os britânicos levaram séculos conquistando e colonizando. No tempo de apenas uma vida, Temudjin foi de uma criança sem-teto a governante de uma vasta extensão que incluía as terras que conhecemos como Irã, Paquistão, Afeganistão, Quirguistão, Turcomenistão, Usbequistão, Azerbaijão, Armênia, Geórgia, Norte da China e Sul da Rússia. Acho bom nunca ter conhecido Temudjin, mas, apesar de tudo que se possa dizer a seu respeito, não há como duvidar que ele tinha *temul* de sobra. E o *temul* é uma força criativa.

Crianças tendem a ter muito *temul* também. Quando minha filha, Ripley, tinha sete anos, eu lhe perguntei o que queria e ela não hesitou.

"Uma arma de tudo que dispara o que eu quiser."

Eu sorri. "Certo, o que você quer disparar?"

"Primeiro, quero o poder de curar tudo. Depois, vida eterna e ser capaz de fazer outras pessoas viverem para sempre também. E também uma carteira que, quando abrir, você pode dizer 'Quero vinte dólares' e vai aparecer. Todo o dinheiro que eu quiser. Se você perder a carteira, ela vai se transportar de volta para o seu bolso." (Ela não tinha uma carteira, mas eu vivia correndo de um lado para o outro atrás da minha.) "Depois quero um teletransportador para qualquer lugar que eu quiser, até para dentro do livro do *Harry Potter*."

Ripley não ganharia a arma de tudo, mas, assim como Temudjin, ela queria as coisas e ia atrás delas. Ela fazia coisas como organizar seus colegas da primeira série para escrever poemas e vendê-los em um evento de arrecadação de fundos para que pudessem doar dinheiro para a World Wide Fund for Nature (WWF). Em troca, eles ganharam uma arara vermelha de pelúcia, muito fofa de abraçar.

Não sei o que seu coração deseja, mas, seja lá o que for, este livro pode ser o combustível para acelerar você nessa trajetória.

De tempos em tempos, não sabemos o que está acontecendo. Você pode estar em uma encruzilhada. Ou talvez já tenha realizado o que tanto desejava. Pode ser que esteja preocupado com algo que não quer ou esteja enfrentando muitas escolhas. Tudo bem. Você também está no lugar certo.

E, se você sabe o que quer, a pergunta é: você consegue ter *certeza*?

Quando comecei a realizar experimentos comportamentais como estudante de doutorado, minha primeira descoberta mais chocante foi que a maioria das minhas hipóteses estava errada.[2] E não só as minhas, mas as dos meus colegas, orientadores e todo mundo. Para nossas ideias mais criativas, a taxa de fracasso era em torno de 90%. Mesmo agora, como professora de influência, vejo pessoas fervorosas conseguindo o que querem e então descobrindo que não era isso que *realmente* desejavam.

Não dá para ter certeza do que você quer se ainda não experimentou.

Para descobrir — e ter certeza de verdade —, experimente. E aproveite essa experiência. Teste suas hipóteses. Teste as hipóteses dos outros. Encontre pessoas que sentem aquilo que você quer sentir e busque fazer o que elas fazem. Ou algo completamente diferente. Convido você a usar este livro como uma oportunidade para experimentar e descobrir o que deseja de verdade.

Uma das suas buscas vai fazer você sair galopando por aí, com o coração cheio de *temul*.

2. A influência não funciona como você pensa

Em Orlando, Flórida, no parque temático Gatorland, que se define como "capital mundial dos crocodilos", você pode segurar um filhote de aligátor, ver esses parentes dos jacarés lutando ou andar de tirolesa sobre o pântano onde *Indiana Jones e o Templo da Perdição* foi filmado com aligátores vivos à espreita lá embaixo. Se isso não for aventureiro o bastante para você, um especialista como Peter Gamble vai ser seu guia até uma área restrita em que é possível alimentar aligátores na praia, sem nenhuma barreira entre você e eles. Enquanto ele me guiava passando pelas placas de alerta, Peter tomou o cuidado de explicar: "Eles são treinados, mas não são mansos".

Pude ver que eram perigosos até um para o outro. Predator estava sem parte do maxilar; um pedaço do rabo de Blondie tinha sido arrancado. Quando Peter me deu um balde de carne crua, fiquei receosa e empolgada, prevendo um confronto de titãs.

O primeiro pedaço ensanguentado que atirei caiu alguns centímetros fora da "zona de mordida" de Buddy, o espaço entre o nariz e a cauda do aligátor. Ele não saiu do lugar. Nenhum deles saiu. Meu segundo lançamento foi melhor. A carne voou direto para a boca de Buddy, e ele avançou tão rápido para pegá-la que mal consegui ver o que aconteceu. Já os outros? Nem se mexeram. Atirei mais carne. Quando minha mira errava ainda que por pouco, a carne caía e ficava lá até uma ave pousar e levar.

Os aligátores evoluíram para ter eficiência máxima. Seus corpos pesam até meia tonelada mas precisam de apenas uma colher de sopa de cérebro para funcionar, e precisam de tão pouca comida que podem passar até três anos sem comer nada. Eles não gastam energia física nem mental. Ignoram tudo — exceto ameaças imediatas ou oportunidades fáceis. E lidam com esses riscos e recompensas de acordo com regras instintivas que ajudaram a espécie a evoluir ao longo dos últimos 37 milhões de anos. Seu cérebro minúsculo precisa fazer perguntas simples. Isso vai me machucar? Vai me ajudar? Vai ser fácil? O resto é piloto automático. O processo cognitivo primitivo tem muito em comum com nossa mente. Embora tenhamos muita experiência com comportamentos irracionais (procrastinação, compras por impulso, paixões inexplicáveis e obsessões doentias, para citar alguns), preferimos nos ver como seres racionais tomando decisões conscientes, e não como seres instintivos em busca do caminho da menor resistência. Neste capítulo, vamos olhar com atenção como o processo de tomada de decisões funciona no dia a dia. A influência não atua como pensamos porque as pessoas não pensam como pensamos que elas pensam. Quando você entender que a maior parte do comportamento reflete pouquíssimo "pensamento", pode fazer ajustes simples mas transformadores no modo como tenta influenciar os outros.

POR QUE FAZEMOS O QUE FAZEMOS

A economia comportamental pode nos ajudar a entender o processo humano de tomada de decisões. A maioria das pessoas no mundo corporativo acha difícil definir economia comportamental e nem os pesquisadores concordam sobre o que isso quer dizer. Portanto, mesmo sob o risco de ser simplista demais, vou oferecer uma explicação que pode ser útil.

A psicologia se concentra nos processos mentais, com um interesse apenas secundário nos comportamentos que eles geram. A economia, por sua vez, se interessa por comportamentos sociais (comércio, trabalho, consumo, cooperação, casamento, violência etc.) quase sem dar importância aos processos mentais que estão por trás — supõe-se que o interesse próprio racional explicaria quase tudo. A economia comportamental é fruto da união entre psicologia e economia. É o estudo dos processos mentais que dão origem a comportamentos sociais. Isso não significa que o interesse próprio racional não importa, apenas que importa menos do que pensamos. Você não consegue cumprir seus compromissos embora os tenha escolhido acreditando serem o melhor para você. Você ajuda estranhos mesmo sabendo que eles não vão retribuir. Suas preferências dependem das coisas mais variadas, como seu humor, suas alternativas e até o clima. Economistas comportamentais se interessam por tudo isso.

Uma das principais propostas da economia comportamental é a hoje famosa Teoria do Sistema Dual, que se baseia em dois modos de processamento com os nomes nada criativos de Sistema 1 e Sistema 2. Ao explicar essa ideia, vou me concentrar no que isso significa para você como influenciador para que, mesmo que já conheça o conceito geral, possa ter algumas ideias novas para considerar.

A maior parte da tomada de decisões é habitual e relativamente fácil. Esse é o Sistema 1. Como um aligátor ou jacaré, o Sistema 1 praticamente espreita sob nossa consciência, monitorando o ambiente em busca de ameaças e oportunidades. Movido por instintos e hábitos, está sempre preparado para tomar ações imediatas. Aproximar-se, evitar, lutar, morder, cuidar e fazer amigos — ou, na maioria das vezes (como com a carne fora da zona de mordida), ignorar. Ele age de maneira inconsciente e automática.

Já o Sistema 2 é consciente e racional como um juiz que delibera um caso de cada vez, ouvindo argumentos e considerando as evidências com atenção. Nós nos vemos como seres racionais porque temos mais consciência do mecanismo de funcionamento desse Sistema 2. Como esse processamento exige concentração, sempre que possível evitamos recorrer a ele para conservar nossos recursos cognitivos limitados. É um especialista deixado na reserva para os casos mais difíceis e importantes. Como o filósofo A. N. Whitehead escreveu em 1911, "Operações de pensamento [consciente] são como ataques de cavalaria em uma batalha — são fortemente limitadas em número, exigem cavalos novos e só devem ser realizadas em momentos decisivos".[1]

No livro *Rápido e devagar: Duas formas de pensar*, do vencedor do prêmio Nobel Daniel Kahneman,[2] o Sistema 1 é "rápido" e o Sistema 2 é "devagar". Mas o Sistema 1/Sistema 2 não é a única teoria de processamento dual. Você já ouviu falar de outras, como pensamento × sentimento, razão × intuição e hemisfério esquerdo × hemisfério direito do cérebro. Todas estão conectadas. Na realidade, adotou-se esse nome genérico Sistema 1 e Sistema 2 porque essa teoria se dispõe a englobar todas as outras teorias de processamento dual, destacando o que há de comum entre elas. Como penso que os termos Sistema 1 e Sistema 2 podem parecer um pouco evasivos, então daqui em diante vou chamá-los de *Jacaré* e *Juiz* e usar o termo "cérebro de Jacaré" de maneira intercambiável com "Jacaré". Da perspectiva da influência, o que faz essa teoria de processamento dual ser útil é seu foco no modo de funcionamento e interação desses dois processamentos.

O Jacaré é responsável por todo processo cognitivo rápido que exige uma atenção insignificante. Isso inclui emoções, decisões instantâneas, reconhecimento de padrões e qualquer comportamento que se torne fácil ou habitual com a prática, como ler. Ao picar cebola, dirigir de casa para o trabalho, se assustar com um barulho, sorrir para um amigo, notar um erro de digitação, multiplicar três por cinco, pegar o celular quando ele toca, dar um abraço espontâneo ou cantar sua música favorita, você está no modo Jacaré.

O Juiz é responsável por todos os processos cognitivos que exigem concentração e esforço. Isso inclui planejar, calcular, traçar estratégias, interpretar, evitar erros, seguir instruções complexas e fazer tudo que ainda não se está apto a fazer. Ao coordenar uma reunião, discutir política, comparar planos de seguro, dirigir na hora do rush debaixo de chuva ou pensar em quantos azulejos precisa para o chão do banheiro, você está no modo Juiz. Não dá para ser multitarefa no modo Juiz.

Quando não vale a pena ou não é possível deliberar de maneira rigorosa, as decisões são relegadas a sentimentos, hábitos, preferências, instintos e atalhos mentais do Jacaré. Quando você está tomando uma decisão importante e tem um momento tranquilo para ponderar, você integra o feedback do Jacaré *e* do Juiz, verificando seu instinto e também considerando suas opções com atenção.

Alguns comportamentos caem no território do Jacaré para algumas pessoas e no do Juiz para outras. Um esquiador experiente consegue descer uma trilha difícil e traiçoeira, evitando penhascos e árvores sem muito esforço consciente, sentindo a luz do sol e a adrenalina em um estado de fluxo: Jacaré. Um esquiador novato em uma rampa para principiantes tem que concentrar toda a atenção em tentar manter seus esquis na posição certa e o corpo voltado para a direção que deseja seguir: Juiz.

Para entender melhor como isso funciona, você pode vivenciar o Jacaré e o Juiz na própria pele. Você só precisa de alguns minutos e o cronômetro do celular.

O objetivo é se cronometrar enquanto lê as palavras no boxe a seguir em voz alta. Diga-as o mais rápido possível, sem errar. Apenas se concentre em ler as palavras em voz alta e ignore a fonte. Cronômetro pronto?

Comece.

CINZA	PRETO	BRANCO	BRANCO	PRETO
CINZA	PRETO	CINZA	PRETO	BRANCO
PRETO	CINZA	PRETO	PRETO	CINZA
BRANCO	BRANCO	CINZA	BRANCO	CINZA
CINZA	PRETO	BRANCO	BRANCO	PRETO

Muito bem. Anote quanto tempo se passou. Agora cronometre de novo, mas, desta vez, quando voltar ao boxe, diga a *cor* da letra de cada palavra impressa, não a palavra em si. A cor, não a palavra. Mais uma vez, use o cronômetro e faça o mais rápido possível sem errar.

Ótimo.

O que notou desta vez? Na segunda vez demorou mais? Você sentiu um conflito interno deixando você mais devagar? Para a maioria das pessoas, nomear as cores demora mais ou menos o dobro do tempo que ler as palavras, embora a tarefa em si não seja mais complexa. Você pode pensar que demorou mais porque, depois de ler as palavras, ficou mais difícil mudar de marcha, mas é mais do que isso.

Como você tem tanta prática lendo, essa função foi entregue ao Jacaré. Você é um leitor experiente, que lê há muito tempo, então esse comportamento se tornou automático, assim como esquiar para o atleta profissional. Nomear as cores é uma tarefa simples também, mas você não a pratica todos os dias — especialmente em um caso como esse, no qual a palavra em si nomeia uma cor diferente do que vemos. Portanto, essa tarefa exige a concentração do Juiz. O Jacaré, porém, nunca para de dar sua contribuição. Essa não é sua natureza. Além disso, ele é tão rápido que sempre responde antes. Identificar a cor independentemente da palavra exige que o Juiz se sobreponha ao Jacaré, o que exige esforço e tempo.

O cientista cognitivo John Ridley Stroop investigou esse fenômeno de sistemas cognitivos em conflito nos anos 1930, quando notou que as pessoas conseguiam ler a palavra "vermelho" mais rápido quando conseguiam identificar a cor.[3] A tarefa que você fez agora foi batizada em homenagem a ele. Você notou que, perto do fim da segunda rodada, começou a ganhar velocidade? Se praticasse o Teste de Stroop, logo se tornaria um especialista em nomear cores e não teria mais esse atraso mental.[4] O Jacaré teria assumido a função.

O que você acabou de sentir com o Teste de Stroop é que o Jacaré (Sistema 1) é o primeiro a reagir. *Sempre*. O Juiz (Sistema 2) vem em segundo lugar, mas apenas *às vezes*, quando a tarefa é suficientemente importante e exigente — e você tem tempo para isso. O Jacaré pode tomar decisões sem contribuição do Juiz, mas o Juiz não consegue tomar decisões sem contribuição do Jacaré. Essa assimetria é um dos segredos da influência.

A MÃE DE TODOS OS MAL-ENTENDIDOS

Como grande parte da atividade do Jacaré acontece abaixo do nível da consciência, a maioria de nós conclui que nossa mente racional está no comando. Uma das grandes coisas que nos distinguem das outras espécies no planeta é nossa capacidade de raciocinar, e damos importância demais a ela. Supomos que, se quisermos mudar o comportamento — nosso ou de outra pessoa —, precisamos elaborar um argumento persuasivo. Conquiste a mente e o comportamento virá como consequência. Isso parece óbvio, mas está longe de ser verdade. Perfeitamente compreensível, mas completamente equivocado.

Alguns pesquisadores estimam que o Jacaré pode ser o *único* responsável por até 95% de nossas decisões e nosso comportamento. O número específico não é quantificável, mas sabemos que o Jacaré administra a grande maioria de nossas decisões e de nosso comportamento. Ao considerar quantas decisões você toma *o tempo todo* — todos os movimentos físicos, todas as escolhas alimentares, todas as tentações a resistir (ou não), todas as palavras a dizer —, seria impossível deliberar conscientemente sobre cada uma delas. No entanto, não é fácil aceitar que o Jacaré representa um papel tão enorme em como reagimos ao mundo e uns com os outros.

Como dizem os psicólogos sociais John Bargh e Tanya Chartrand, "Considerando o desejo compreensível de acreditar em livre-arbítrio e autodeterminação, pode ser difícil aceitar que a maior parte da vida diária é movida por processos automáticos e inconscientes — mas parece impossível [...] que o controle consciente possa estar à altura da tarefa. Como Sherlock Holmes gostava de dizer ao dr. Watson, quando se elimina o impossível, o que resta — por mais que pareça improvável — deve ser a verdade".[5]

Quando ensino às pessoas sobre a primazia do Jacaré, alguns resistem bravamente à ideia: "Tá, pode ser que a pessoa média seja influenciada pelo Jacaré, mas alguns de nós não são Juízes?", ou "Mas sou uma pessoa de números, juro". Você pode querer que as pessoas usem lógica e dados ao tentar influenciar você, e pode usar planilhas ou calculadoras ao tomar uma decisão importante. Eu também. Mas isso não quer dizer que não estejamos sendo influenciados pelo Jacaré; quer dizer apenas que não *queremos* nos deixar influenciar demais por ele. Não é uma questão de inteligência. Médicos, advogados e professores são tão influenciados quanto qualquer pessoa — assim como juízes de verdade.

Em um estudo de decisões envolvidas em sentenças de liberdade condicional em cortes israelenses, os pesquisadores Shai Danziger, Jonathan Levav e Liora Avnaim-Pesso notaram um padrão estranho.[6] Um prisioneiro que comparecia diante dos juízes perto do começo das três sessões do dia tinha 65% de chance de receber liberdade condicional. Mas, perto do fim dessa sessão, essa possibilidade despencava para quase zero. Então, depois de um intervalo, disparava de novo para 65%. Os juízes não tinham controle sobre a ordem dos casos; dependia da chegada do advogado. A gravidade do crime, a pena cumprida do prisioneiro, a presença ou ausência de um histórico de encarceramentos prévios — nenhum desses elementos explicava o padrão anterior. Nem mesmo a nacionalidade ou o gênero do prisioneiro.

Os pesquisadores concluíram que, à medida que os juízes se cansavam, tendiam à opção mais fácil e automática. No começo de uma sessão, quando estavam descansados, os juízes conseguiam se concentrar nos detalhes de cada caso, dedicando toda a sua atenção consciente e avaliando as evidências com cuidado, como é esperado dos juízes. Com o passar do tempo, porém, a fadiga de decisões e a fome causam um impacto, e o Jacaré, usando seus atalhos e instintos, intervinha para dar uma força.

Nossa reação instintiva a prisioneiros? São perigosos. É por isso que estão presos. Depois que o Jacaré assumia, a reação instintiva determinava a escolha automática. Liberdade condicional negada. Liberdade condicional negada. Liberdade condicional negada. Se você já corrigiu uma grande pilha de trabalhos ou avaliou uma grande pilha de currículos, sabe como fica cansativo e como é difícil ser tão justo no fim como era no começo.

A mãe de todos os mal-entendidos é que nos imaginamos como seres racionais, mas é o Jacaré quem está no banco de motorista. Ele sempre comparece primeiro, e também é o padrão quando o Juiz se cansa. O Jacaré é muito mais influente do que você imagina.

FATIAS FINAS DO JACARÉ

As reações emocionais instantâneas — instintivas — exercem forte poder sobre os julgamentos, e isso é verdade sobretudo quando estamos fazendo julgamentos sobre outras pessoas. A precursora do grande volume de pesquisas sobre esse efeito foi a finada psicóloga social Nalini Ambady e seu colega Robert Rosenthal. Eles usaram o termo *fatias finas* para descrever as janelas surpreendentemente estreitas de experiência que usamos para criar impressões pessoais — às vezes apenas frações de segundo.

A primeira coisa que impressiona na pesquisa sobre fatias finas é como essas impressões rápidas do Jacaré conseguem prever corretamente os julgamentos sociais e os resultados significativos que podem resultar deles. Quando se pediu a universitários que avaliassem a competência de um professor com base em um vídeo mudo que mostrava apenas seis segundos dele ensinando, esses resultados previram corretamente como os professores seriam avaliados ao fim do ano.[7] Estudantes também conseguiram identificar os vendedores mais bem avaliados segundo uma amostra de gerentes de vendas regionais com base em três áudios de vinte segundos apenas com a voz deles.[8] Diante de áudios distorcidos, completamente incompreensíveis, de cirurgiões conversando com pacientes, os participantes de uma pesquisa de Ambady conseguiram prever apenas pelo som da voz dos cirurgiões quais tinham sido processados por negligência.[9] Quando as fatias finas eram de linguagem corporal, tom de voz ou rostos, todas transmitiam informações importantes e geravam uma previsão certeira.[10]

O neurocientista Alexander Todorov fatiou a exposição ainda mais. Ele mostrou aos participantes do estudo pares de rostos desconhecidos por apenas um segundo, depois pediu que escolhessem a pessoa mais competente do par. Os participantes não sabiam, mas se tratava do rosto de candidatos que haviam concorrido ao Congresso, e seus julgamentos rápidos previram com uma precisão espantosa de 70% quais candidatos haviam ganhado as eleições.[11] Plataforma ou partido político? Não importavam.

Esse trabalho tem implicações enormes para a influência. Para começar, destaca e, em certo grau, justifica o papel importantíssimo do Jacaré quando se trata de nossas percepções e decisões uns sobre os outros. Os Jacarés tomam decisões automáticas e, depois, não voltam atrás.[12] Diversos estudos indicam que ter mais tempo para ponderar não melhora a precisão das previsões sociais de fatias finas, e alguns estudos concluíram que dar mais tempo aos participantes na verdade torna suas previsões *menos* corretas.[13]

Estamos tomando decisões importantes como em quem votar e se processamos alguém ou não com base em pouco mais do que reações instintivas, ainda que a história que contemos a nós mesmos seja diferente. Portanto, entender, prever ou influenciar o comportamento dos outros deve começar com o julgamento automático do Jacaré deles. Sempre.

ATENÇÃO SELETIVA E RACIOCÍNIO MOTIVADO

O Jacaré e o Juiz são constructos teóricos — não anatômicos —, mas, se você é um nerd das ciências, pode achar interessante saber que se correlacionam mais ou menos com as regiões do cérebro que imaginaríamos. O Jacaré está mais ligado a regiões primitivas, como o cerebelo, que coordena movimento, e o sistema límbico, onde as emoções são processadas. O Juiz está mais relacionado ao neocórtex, onde acontece o raciocínio. E, ainda mais interessante, a anatomia neural confirma que as regiões do Jacaré influenciam as regiões do Juiz mais do que o contrário. Existem muito mais fibras neurais enviando mensagens do sistema límbico ao neocórtex do que no sentido inverso.[14] Mesmo anatomicamente, o Jacaré é o peso-pesado.

Embora talvez você não tenha pensado nisso antes, você sabe por experiência própria que não há como influenciar as reações instintivas por meio de esforço consciente. O Jacaré não aceita pedidos. Você não pode se convencer racionalmente a se apaixonar, odiar sorvete ou gostar de pastinaca (que é, sem dúvida, detestável). É possível ignorar as reações instintivas, mas não é fácil. Quando o pesquisador especialista em nojo Paul Rozin pediu a adultos para comerem um pedaço de chocolate na forma de cocô de cachorro, 40% não conseguiram. (Crianças pequenas, porém, não tiveram nenhum conflito com o Jacaré e comeram a guloseima em forma de cocô com o maior prazer.)[15]

Um aspecto importante dessa interação desigual é que o Jacaré age como um filtro que determina o que chega à consciência do Juiz. Isso significa que, além de o Jacaré assumir quando o Juiz se cansa, é o Jacaré que decide quais casos e evidências o Juiz vai considerar. Mesmo em situações em que o Jacaré não é o centro do espetáculo e o caminho da influência flui do Jacaré para o Juiz, as evidências já passaram pelos filtros do Jacaré: *atenção* e *motivação*.

ATENÇÃO SELETIVA

O processamento visual detalhado é dispendioso. Os neurocientistas Stephen Macknik e Susana Martinez-Conde escrevem: "Os olhos só conseguem discernir detalhes delicados em um círculo do tamanho do buraco de uma fechadura, bem no centro do olhar, que cobre cerca de um décimo de 1% da retina; é chocante como a maior parte do campo visual circundante tem uma qualidade precária".[16] Então por que o mundo todo parece estar em foco? O Jacaré está chutando, preenchendo as lacunas com imagens de alta probabilidade. O Jacaré chuta tudo de maneira parecida, deixando que as reações cotidianas banais se baseiem em palpites, instintos e hábitos. Para conservar recursos, as percepções do Juiz são guardadas para o inesperado: ameaças inesperadas (uma sirene de polícia atrás de você), oportunidades inesperadas (uma pessoa desconhecida atraente) e até reconhecimentos inesperados (caminhonetes aparecendo por toda parte agora que você comprou uma).

O Jacaré filtra as informações influenciando a forma como as buscamos. A maneira mais importante como isso acontece é através do *viés de confirmação*. Inconscientemente, buscamos informações que apoiem aquilo em que acreditamos, aquilo em que queremos acreditar ou aquilo que esperamos encontrar. As buscas na internet refletem a maneira como buscamos informações no resto do mundo. Quando busco "Remédios homeopáticos podem ajudar dores de cabeça?", a primeira página de resultados parece promissora. Dez artigos confirmam minha hipótese implícita de que medicamentos homeopáticos podem sim ajudar com dores de cabeça. Ótimo. No entanto, quando pesquiso "A homeopatia é apenas um efeito placebo?", a primeira página de resultados rende dez artigos confirmando dessa vez que minha hipótese completamente contrária também estava correta: a homeopatia é só um placebo.

Embora a tendência seja buscar informações que confirmem que estamos certos, também tendemos a evitar informações que poderiam provar que estamos errados ou nos deixar infelizes. Vemos o quadro nutricional naqueles bolinhos, mas desviamos os olhos antes de ler as calorias. Ou, em algum lugar da mente, sabemos que deveríamos fazer os exames para a doença genética que atinge nossa família, mas ficamos adiando isso.

Em uma série de estudos fascinantes sobre ignorância deliberada, as pesquisadoras Kristine Ehrich e Julie Irwin, que se dedicam a compreender as decisões que tomamos, ofereceram a dois grupos de participantes os mesmos produtos — mas deram informações diferentes sobre eles. Metade dos participantes foi informada de atributos éticos, como trabalho infantil e fontes sustentáveis, enquanto a outra metade pôde escolher se teria acesso a esses dados ou não. As autoras descobriram que, quando os participantes receberam informações sobre uma questão ética a respeito da qual se importavam, eles a consideraram ao tomar as decisões de compra — como era de se esperar. No entanto, importar-se com questões éticas os tornava *menos* propensos a procurar informações que seriam moralmente obrigados a considerar. Consegue adivinhar quais participantes eram os *menos* propensos a buscar informações éticas? Aqueles que realmente haviam gostado de um produto, como a linda escrivaninha de madeira que talvez tenha sido arrancada de uma floresta tropical. Se as pessoas não sabem de uma violação ética, elas não podem ser responsabilizadas — nem por si mesmas. O Juiz escolhe as informações que nos ajudam a fazer o que queremos fazer e a acreditar no que queremos acreditar. E esses desejos vêm do Jacaré.

Às vezes, essa estratégia seletiva de informações chega a ser uma autoilusão descarada. Eu e meus colegas descobrimos que, quando se oferecem às pessoas um motivo e uma oportunidade para se enganar, elas se enganam pelo tempo que for possível.[17] Detalhes de nossos estudos variavam, mas a estrutura básica foi a seguinte: levamos um grupo de pessoas para o laboratório e demos um teste de QI ou um questionário de conhecimentos gerais. Metade dos participantes teve acesso a um gabarito enquanto fazia o teste. O fato de essas pessoas irem bem não é surpresa; muitas colaram. O que *surpreende* é o que vem depois.

Em seguida, mostramos a todos um segundo teste, igualmente difícil, e pedimos para prever sua pontuação. Os que colaram veem que não há gabarito, e todos veem que os problemas são tão difíceis quanto antes. Os que colaram deveriam imaginar que não vão se dar tão bem dessa vez, mas não querem acreditar que foi o gabarito que os ajudou a pontuar bem no primeiro teste. Eles se acham inteligentes graças a suas pontuações altas, e essa autoilusão é tão forte que estão dispostos a apostar dinheiro em seu desempenho. Quando perdem depois de se saírem pior do que o esperado no segundo teste (o que é óbvio que acontece), é de se imaginar que esse banho de água fria os traria de volta à realidade. Mas não. Descobrimos que são necessários três choques de realidade seguidos — testes consecutivos em que não havia como colar — para que superassem a autoilusão. E quando deixamos que trapaceiem de novo? Eles voltam imediatamente a se iludir. A autoilusão é uma armadilha fácil de cair, e é difícil sair dela.

Raciocínio motivado

Acabei de explicar como é tendencioso o subconjunto de informações que chega à nossa consciência. A verdade é que o processamento de informações do Juiz também é tendencioso, porque o *próprio raciocínio é um processo de influência*. Um argumento interno está sendo apresentado.

Considere a seguinte decisão de custódia, de um estudo do pesquisador de políticas públicas Eldar Shafir. Se quiser testar o experimento, faça isso com um amigo. Cada um assume o papel de um juiz. Um decide qual dos pais deve *ganhar* a custódia única da criança; o outro decide qual dos pais deve *perder* a custódia única da criança. Tudo que se sabe sobre os pais são os atributos a seguir. Tomem suas decisões antes de discuti-las.

PAI A	PAI B
renda mediana	renda acima da média
saúde mediana	pequenos problemas de saúde
horas de trabalho medianas	muitas viagens a trabalho
relação razoável com a criança	relação muito próxima com a criança
vida social relativamente estável	vida social extremamente ativa

A maioria das pessoas concede a custódia ao Pai B. E a maioria das pessoas nega a custódia... também ao Pai B.[18] Por quê? Porque o Jacaré nos incentiva a agir com cautela escolhendo coisas que sejam particularmente boas ou rejeitando coisas que sejam particularmente ruins. Quando a informação é processada considerando qual pai *escolher*, buscamos os melhores atributos, e o que atrai a atenção é a relação do

Pai B com a criança. Quando a informação é processada sobre qual pai *rejeitar*, procuramos os piores atributos, e o que atrai a atenção são as viagens de trabalho do Pai B.

Esse viés de escolha × rejeição representa um papel importante no processo de contratação. Ao selecionar currículos, estamos subconscientemente buscando rejeitar, porque análises mais aprofundadas significariam mais tempo e trabalho. No entanto, ao entrevistar candidatos, subconscientemente buscamos escolher, porque identificar o candidato certo significa que o trabalho está feito. Portanto, as preferências do Jacaré influenciam como o Juiz processa as informações. Vieses cognitivos como esse são semelhantes a preconceitos sociais como racismo, sexismo ou homofobia, no sentido de que não podem ser extintos apenas por vontade, mesmo que saibamos que são errados. Podemos colocar barras de proteção no comportamento para evitar que vieses e preconceitos nos guiem para a linha de ação errada... mas apenas se soubermos o que está acontecendo. E a maioria não sabe.

O raciocínio motivado pode se ativar quando o Juiz começa a racionalizar os instintos do Jacaré — e ele é muito bom nisso. O juiz cansado e com fome na audiência de liberdade condicional provavelmente não olha para a cara do prisioneiro e diz: "Podem botar na cadeira. Tenho um mau pressentimento sobre esse cara". O juiz escuta as evidências e escolhe *motivos* para apoiar a intuição de que esse prisioneiro impõe uma ameaça permanente à sociedade. Qual era a natureza do crime? Existe algum histórico de violência? O prisioneiro está relutante em assumir responsabilidades? Qualquer um dos motivos para prender a pessoa na primeira vez pode ser reutilizado. O Jacaré exerce sobre o Juiz uma força gravitacional à qual é preciso muita energia para resistir.

Vou convidar você a experimentar essa atração do Jacaré sobre o Juiz logo mais ao propor uma pergunta sobre preservação da vida selvagem. Decidir o grau de importância, o que deve ser feito e o que você deve fazer pessoalmente, se é que deve fazer algo, é basicamente um processo do Juiz. Mas, como todos os processos do Juiz, ele é influenciado pelo Jacaré — suas experiências, preferências e reações às informações apresentadas. Tanto o Jacaré como o Juiz são responsáveis pelo que você está *pensando* (conscientemente ou não) e pelo que está *fazendo*, mas apenas o Jacaré é responsável pelo que está *sentindo*.

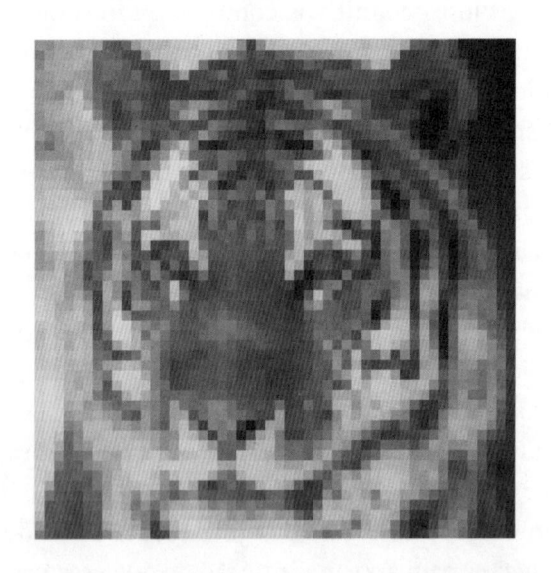

Olhe essa imagem de um tigre-de-bengala. Há um pixel para cada tigre-de-bengala vivo. Cerca de 2500.[19]

Segundo a maioria dos relatos, essa imagem consegue transmitir a *sensação* desse número, e a tragédia que ela representa. (A sensação seria ainda mais forte se a fotografia estivesse em cores.) Essa reação emocional é ainda mais influenciada pela nossa familiaridade de Jacaré com a espécie, pelo fato de o tigre ser um dos membros da megafauna que conhecemos desde criança, por aprender o nome dele junto com o do elefante, o da girafa e o da zebra. Que imagem triste. Algo deve ser feito!

Agora imagine que existem dois programas de preservação e você deve decidir qual dos dois será financiado. Há o programa do tigre-de-bengala e há outro para o tigre-da-indochina. Esta é uma imagem do tigre-da-indochina, também com um pixel para cada um dos cerca de seiscentos vivos.

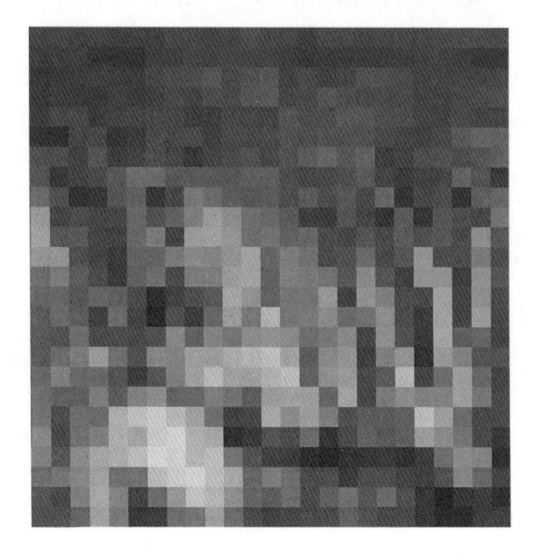

Dessa vez é o Juiz que informa que a imagem é um tigre, porque você precisa confiar na minha palavra. Você vê os pixels, mas não *sente* a presença do tigre, nem a tragédia de sua perda, como sentiu pelos tigres-de-bengala.

Enquanto considera qual programa financiar, você pode se *sentir* (Jacaré) mais inclinado a financiar o programa do tigre-de-bengala, então procura motivos (Juiz) para justificar essa preferência. Os tigres-de-bengala são mais famosos do que os tigres-da-indochina, então provavelmente sempre houve muito mais deles. Os tigres-de-bengala são icônicos, então sua preservação vai ajudar a angariar fundos para outros projetos de conservação. E, se restam apenas seiscentos tigres-da-indochina, eles já devem ser um caso perdido mesmo. Triste, mas devemos nos concentrar em espécies que ainda podemos salvar.

O Juiz poderia ter dado um argumento persuasivo a favor dos tigres-da-indochina, que precisam de mais ajuda e provavelmente recebem menos — mas o Jacaré não quis. Quando o Juiz está considerando as evidências e tentando chegar a uma conclusão de maneira racional, é impossível ignorar as percepções, os julgamentos, as preferências e as emoções do Jacaré. O Jacaré vai influenciar em quais fatos o Juiz se concentra, quais alternativas são consideradas e quais decisões são inteligentes ou justas. Isso significa que o Jacaré tem a vantagem. De longe. Também significa que pode ser difícil distinguir razão de racionalização.

Imagine que você estava decidindo entre bolo de chocolate e salada de frutas. Se a escolha parece fácil, o Jacaré cuida dela. Mas, se você estiver em dúvida, o Juiz intervém. Os advogados apresentam seus argumentos.

Meritíssimo, sua calça está apertada demais, e você já comeu um donut no café da manhã.

Protesto, meritíssimo. Você fez sua corrida matinal depois e, pelo que eu soube, o bolo é caseiro.

Protesto ao protesto. Seu novo chefe está aqui. Mostre um pouco de autocontrole. Etc. etc. Até o Juiz bater o martelo e tomar uma decisão.

Razão e lógica são tipos de argumentos. *Isso significa que são tentativas de influência.* Como no caso *Bolo de chocolate* ×

Salada de frutas, as faculdades da razão podem ser recrutadas para apoiar cada um dos lados de qualquer discussão. Você tem o Juiz avaliando ambos, mas ele vai considerar apenas um subconjunto de todos os fatos possíveis, guiados pelos vieses do Jacaré. Preferências, preconceitos, estereótipos e atalhos certificam que o processo de avaliação dos fatos seja tendencioso. Sempre. O Juiz *tenta* não ser tendencioso — isso é o melhor que podemos dizer.

Apesar das boas intenções, o Juiz é puro papo furado. Ele está tão programado a dar explicações "racionais" para comportamentos inconscientes do Jacaré que, quando não sabe a resposta, simplesmente inventa uma. Se isso parece estranho, vamos dar uma olhada nos resultados bizarros de alguns experimentos sobre o cérebro.

Em alguns casos raros de epilepsia grave, o corpo caloso — o principal elo que conecta os hemisférios direito e esquerdo do cérebro — é cortado cirurgicamente para impedir que as convulsões se espalhem de um lado para o outro. Depois que essa conexão é rompida, um objeto, palavra ou imagem apresentados a um hemisfério (por meio de uma imagem exibida apenas ao olho oposto) não são registrados conscientemente pelo outro. No entanto, descobriu-se que essa total ausência de informações não impõe qualquer obstáculo à capacidade do Juiz de racionalizar. Aí entra o papo furado.

Ao conduzir uma pesquisa sobre esses pacientes, o neurocientista Michael Gazzaniga pedia para explicarem ações que tinham sido orientadas e executadas pelo hemisfério direito do cérebro. Mas a linguagem é uma operação consciente do Juiz que depende do hemisfério esquerdo do cérebro. Portanto, deveria ser impossível explicar essas ações, mas Gazzaniga atesta: "O hemisfério esquerdo inventa uma resposta que se encaixe em qualquer situação".[20] Em um exemplo, ele exibiu a palavra "sorriso" para o hemisfério direito de um paciente e a palavra "rosto" para o hemisfério esquerdo, depois pediu que ele desenhasse o que tinha visto.

"Sua mão direita desenhou um rosto sorridente", Gazzaniga relata. "'Por que você fez isso?', perguntei. Ele disse: 'Você queria o quê, um rosto triste? Quem quer ver um rosto triste?'." Usamos o "intérprete", Gazzaniga diz, quando buscamos explicações para acontecimentos, triamos a onda opressiva de informações recebidas e construímos narrativas para encontrar sentido no mundo. Em outras palavras, nosso cérebro é programado para encontrar explicações para o que estamos fazendo, mesmo quando não temos a mínima ideia de por que estamos fazendo algo.

Quase todos nós, durante a maior parte da vida, com a maioria das pessoas que conhecemos, olhamos a influência pelo ângulo errado. Imaginamos que influenciar os comportamentos das pessoas exige fazer com que mudem de ideia. Isso às vezes é verdade, sim, mas quase nunca é o suficiente. Apelos baseados em argumentos lógicos e racionais são bem menos persuasivos do que pensamos. Também cometemos o erro de dar como certa a atenção consciente das pessoas quando na verdade ela é um recurso extremamente escasso.

A literatura científica sobre a relação entre o Jacaré e o Juiz apresenta um argumento convincente para mudar nosso foco e aplicar nossos esforços de influência prioritariamente sobre o Jacaré. Isso leva em consideração como as pessoas de fato tomam decisões, e não como pensamos que tomam. Depois de capturar a atenção de alguém e facilitar para que elas digam sim, ainda podemos elaborar um argumento racional. Mas já sabemos como fazer isso, e há muitos livros sobre como ajudar a desenvolver essa habilidade. Nosso objetivo aqui é aprender a influenciar os outros falando com o Jacaré, porque é isso que não estamos habituados a fazer.

2½. O caminho da menor resistência

Nos anos 1980, pesquisadores descobriram que comer mais frutas, verduras e legumes poderia diminuir o câncer e a doença cardíaca, as duas principais causas de morte. A Organização Mundial da Saúde (OMS) recomendou que o consumo diário de frutas, verduras e legumes fosse de pelo menos quatrocentos gramas, ou cerca de cinco porções. Para divulgar essa recomendação, o Instituto Nacional do Câncer dos Estados Unidos fez uma parceria com a fundação Produce for Better Health a fim de criar a campanha 5 por Dia. Ela foi implementada em todo o país em 1991, com milhões de dólares gastos em anúncios televisivos, reportagens e pôsteres. Em 1995, estudos mostraram que a conscientização pública da necessidade de comer cinco porções por dia de frutas, verduras e legumes tinha quadruplicado: de 8% para 32%. A campanha foi considerada um enorme sucesso e adotada por 32 países mundo afora.

Mas pesquisas seguintes geraram resultados desanimadores. Apesar da conscientização acentuadamente maior, as pessoas não mudaram o comportamento.[1] Na realidade, mudaram sim, mas não da forma como as autoridades de saúde pública desejavam. Entre 1990 e 2000, o consumo de frutas, verduras e legumes nos Estados Unidos na verdade *diminuiu* em 14%. Resultados no Reino Unido foram igualmente decepcionantes.[2]

A campanha 5 por Dia se revelou apenas uma das muitas campanhas de comunicação de saúde pública que conseguiam divulgar uma mensagem mas não conseguiam obter resultados. Como Po Bronson e Ashley Merryman escreveram no livro *Filhos: Novas ideias sobre educação*, "O governo federal gasta mais de 1 bilhão de dólares por ano em programas de educação nutricional nas escolas. Uma revisão recente da Universidade McMaster de 57 desses programas mostrou que 53 não tiveram absolutamente nenhum impacto — e os resultados dos quatro bons foram tão mirrados que mal mereciam ser mencionados".[3]

Então o que está acontecendo aqui? Uma mensagem como "5 por Dia" é definitivamente chamativa e simples. É favorável ao Jacaré, nesse sentido. E, segundo os parâmetros de sucesso da própria campanha, conseguiu aumentar a conscientização do público. Na época, foi celebrada como um triunfo porque pareceu mudar a *mentalidade* das pessoas, o que é incrivelmente difícil e bastante raro. Mas eles estavam mirando o objetivo errado se queriam mudar o *comportamento*. Os jacarés são rápidos, sim, mas também são preguiçosos, e esse é o segredo da eficiência deles. Quando não se atinge o limiar de facilidade do Jacaré, uma grande ideia acaba caindo fora da zona de mordida dele.

Dessa perspectiva, podemos ver que a campanha estava condenada ao fracasso desde o princípio. Esperava-se que as pessoas resistissem à tentação mesmo em situações nas quais a determinação do Juiz estaria enfraquecida pela fome. Partia-se do princípio de que elas poderiam romper hábitos arraigados apenas por terem se conscientizado de que isso seria melhor. Comer mais frutas, verduras e legumes dá trabalho. Não é apenas uma questão de escolhê-los no mercado, mas também exige tempo e dedicação para prepará-los. Além disso, como vamos explorar no capítulo 6, dizer às pessoas o que é bom para elas pode fazer com que queiram resistir a conselhos não solicitados.

O princípio fundamental de influenciar o comportamento é o seguinte: *As pessoas tendem a tomar o caminho de menor resistência*. A facilidade é o melhor indicador de comportamento. Melhor do que a motivação, as intenções, o preço, a qualidade ou a satisfação. Há um parâmetro de marketing pouco conhecido para medir a facilidade chamado Customer Effort Score, ou Pontuação do Esforço do Cliente, que se resume a uma pergunta simples: foi fácil?

A maneira como os clientes respondem a essa única pergunta explica um terço de sua disposição a comprar novamente, fechar mais negócios com a empresa ou elogiá-la para outras pessoas.[4] Ainda que um terço possa não parecer muito, na verdade é muita coisa; o Customer Effort Score prevê a fidelidade do cliente com 12% mais precisão do que a satisfação do cliente.

A facilidade deixa as pessoas felizes, e o esforço pode deixá-las irritadas. Em um estudo de 75 mil chamadas de atendimento ao cliente, pesquisadores identificaram que 81% dos clientes que relataram ter uma experiência difícil pretendiam reclamar para amigos ou publicar avaliações negativas, ao passo que apenas 1% dos clientes que relataram ter uma experiência fácil disseram que fariam o mesmo.

A partir do momento que você abrir a mente para essa ideia, vai encontrar evidências dela por toda parte, inclusive em seu próprio comportamento. É provável que você compre na mesma loja on-line com mais frequência do que em uma loja física porque é fácil encontrar o que quer, fácil receber em um prazo curto e fácil trocar se não funcionar. Você provavelmente usa um aplicativo de transporte em vez de chamar um táxi porque é mais fácil não pesquisar o número de telefone. Ou descobrir o endereço. Ou revirar a bolsa até encontrar a carteira.

Cerca de 10% dos compradores de carros decidem deixar de ter um carro porque é mais fácil usar aplicativos de transporte.[5] Nada de se incomodar com seguro, manutenção ou encontrar uma vaga em uma cidade movimentada. Se estiver procurando amor, é provável que hoje em dia use um aplicativo de relacionamento, porque é fácil. Sites tradicionais de namoro exigem tomar decisões complicadas. O fato de a pessoa fumar é importante dependendo da idade dela? Como avaliar fatores como esse? E o senso de humor ou se ela mora longe? É difícil. Muito mais fácil deixar que o Jacaré deslize para a esquerda ou a direita sem pensar.

Se quiser que as pessoas façam negócios com você, facilite o máximo possível. Em 2015, a campanha AnyWare da Domino's facilitou ao máximo pedir uma pizza. Como eles já sabiam seu endereço, informações de cartão de crédito e pizza favorita, eles disseram: "Não precisa fazer um pedido — basta nos mandar uma mensagem ou tuitar um emoji de pizza". Essa campanha aumentou as vendas da empresa em mais de 10% naquele ano e, em 2018, eles haviam ultrapassado a Pizza Hut para se tornar a maior empresa de pizza do mundo.

Um ponto fácil para começar a influenciar as pessoas a fazer alguma coisa é ajudá-las a se lembrar de fazê-la. O Juiz já está ocupado, sempre, então não podemos contar que alguém vai se lembrar de tudo. Nem nós mesmos. Recentemente levei meu gato, Dave, em um voo, e me esqueci de tirá-lo da caixa de transporte quando fui passar pela esteira na fila de segurança. Ele já havia passado pela máquina de raios X e assustado os agentes de segurança quando me toquei de que ainda estava lá dentro. Amo Dave do fundo do coração, mas o amor não bastou. Claro, eu havia *planejado* tirá-lo da caixinha, mas minhas intenções também não bastaram. E eu tinha lembrado de tirar meus sapatos e colocar meu laptop no cesto — mas só porque o agente de segurança me lembrou de fazer isso. Dave não se feriu, mas causei uma comoção e ouvi o passageiro atrás de mim dizer: "Ai, meu Deus, acredita que ela fez isso?". Entender alguns macetes do Jacaré torna mais fácil acreditar.

Um dos estímulos mais baratos e efetivos é o simples lembrete de compromisso. Lembretes em forma de mensagens de celular aumentam o índice de comparecimento a consultas médicas,[6] aceleram a quitação de empréstimos,[7] melhoram a adesão medicamentosa,[8] aumentam os índices de vacinação[9] e ajudam estudantes a entregar os trabalhos em dia.[10] Além disso, reduzem o não comparecimento no tribunal; esses não comparecimentos são frequentes e causam multas punitivas, bem como mandados de prisão. Em um grande estudo de campo na cidade de Nova York, pesquisadores enviaram lembretes em forma de mensagem de celular para pessoas acusadas de pequenos crimes, lembrando-as de comparecer ao tribunal. Esses estímulos simples elevaram o comparecimento de 30% a 38%. Para aqueles que compareceram, dois terços dos casos foram arquivados, resultando em menos 7,8 mil mandados de prisão apenas por conta desse experimento.[11] Às vezes uma simples mudança de design pode tornar mais fácil lembrar. Como o sinal sonoro que lembra o motorista de afivelar o cinto de segurança, salvando inúmeras vidas. Ou a semana de placebos em uma embalagem de pílulas anticoncepcionais, reforçando o hábito diário e, bom, evitando inúmeras gravidezes indesejadas. E proporcionando um alívio sem tamanho.

Assim como a facilidade explica muitas coisas que você faz, o *esforço* explica muitas que você *não* faz. Se pretende se exercitar quando está ocupado e cansado, ou ignorar aquele cookie que está chamando seu nome, ou guardar o celular e apagar a luz, isso é racional? Você não pode esperar que o Juiz supere o Jacaré quando está esgotado — cansado, ocupado, estressado, faminto. Ninguém tem autocontrole nessas situações, nem mesmo os juízes, como já vimos.

Nossa compreensão do Jacaré também nos mostra que as chances de sucesso podem ser muito maiores se tornarmos mais fácil cumprir algo, ou mais difícil não cumprir. Você se compromete com o exercício tendo uma parceira de treino, sabendo que não quer deixá-la na mão. Guarda os cookies em um pote opaco. Eles ainda vão estar lá, mas não vão chamar sua atenção quando abrir o armário. De tempos em tempos, bloqueio as redes sociais no celular. Posso esquecer e tentar abrir o Twitter mesmo assim e, embora o processo de desbloqueio leve apenas um minuto, dá uma *sensação* de dificuldade, por isso funciona.

Essas sensações são importantes. O Customer Effort Score não mede o esforço real; mede a *percepção* de esforço, que vale tanto quanto o próprio esforço, se não mais. Quando pesquisadores quiseram ajudar as pessoas a cumprir suas intenções de malhar com mais frequência, equiparam uma academia com audiolivros de suspense[12] em aparelhos que não podiam ser levados para casa. Para descobrir o que acontecia, as pessoas precisavam voltar à academia. Ir lá e malhar não exigia menos esforço, mas *parecia* mais fácil quando o

Jacaré os estava estimulando a seguir em frente em vez de puxá-los para trás.

Se você estiver tentando influenciar alguém a fazer algo que parece muito importante, pode ser útil começar aos poucos. Aprendi isso quando pulei de um avião. Enquanto eu passava o cartão de crédito para um salto Tandem, meu cérebro de Jacaré estava argumentando com o Juiz:
VOU MORRER!
Você não vai morrer. Está aqui por escolha própria. Está pagando um bom dinheiro.
VOCÊ ESTÁ ME ENVIANDO PARA A MORTE!
Que bobagem, isto é uma empresa. Clientes mortos acabariam com ela.
ASSASSIIIIINOS!
Depois que vesti o macacão de algodão por cima das roupas e assisti ao vídeo de segurança, meu instrutor e parceiro de salto veio se apresentar e me levar ao avião. Alex era um veterano do Exército corpulento, com o cabelo grisalho e o tipo de sorriso largo que deixa as pessoas à vontade. Ele tinha a autoconfiança tranquila que se vê em alguém que meditou por muito tempo ou encontrou Deus.

Só que nas últimas cinco décadas o que Alex estava fazendo era pular de aviões a três quilômetros de altura no céu e se jogar em direção à terra. De novo, e de novo, e de novo. Como paraquedista competitivo, Alex havia se especializado em pousos de precisão em um alvo do tamanho de uma moeda. Ele tinha medalhas por isso. Me senti um pouco mais calma sabendo que estava em boas mãos.

Mas, ao cruzar o pasto na direção do pequeno avião, fiquei na dúvida se conseguiria pular ou se ficaria no avião junto com o piloto. Eu seria uma heroína ou uma covarde? Você sente medo da queda livre, mas sabe que, se conseguir ter aquele único momento de bravura, é um caminho sem volta. Enquanto o avião subia até a altitude de nosso salto, respondi às perguntas de Alex. Sim, eu tinha uma filha. (Será que a veria novamente?) Se eu sabia que o paraquedismo se resumia a virar uma banana. "Tudo que você precisa fazer é o seguinte." Ele arqueou a mão em forma de uma banana. "Quadril para a frente, braços para trás, cabeça erguida. Banana." Banana, banana, banana. Eu conseguia ser uma banana. Mas será que conseguiria pular?

Alex fez mais uma pergunta. Sim, respondi, agora me concentraria completamente em suas instruções. Ele me falou para sentar aqui, puxar isso, segurar aquilo, vir mais para cá, erguer os braços enquanto ele nos afivelava um ao outro, respirar, colocar o pé direito aqui e o esquerdo ali e segurar a guarnição da porta com a mão direita. Então, de repente, estávamos caindo pelo ar. Eu estava rindo. Eu era uma banana. Um de nós puxou o paraquedas e nossa velocidade diminuiu. Desatei a chorar. "Você está bem?", Alex gritou no meu ouvido. Fiz que sim. A terra curvando-se embaixo de nós era a coisa mais bonita que eu já tinha visto.

Passo a passo, Alex havia me guiado rumo à decisão final. Mas eu não tinha sentido que saltar do avião fora uma grande escolha, ou nem sequer que fora uma escolha. Simplesmente aconteceu. E, enquanto cada pequeno passo me levava mais próximo daquele passo final, meu pânico nem chegou a disparar. Meu cérebro de Jacaré lidava bem com cada pequeno passo. Eu poderia não conseguir saltar de um avião, mas conseguia vir um pouquinho para cá ou para lá. Conseguia ser uma banana. Dividido em pequenos momentos como esse, quase não parecia difícil.

Quando sua grande ideia significa fazer alguém dar um salto no escuro, você pode ser como Alex, guiando a pessoa com delicadeza, um pequeno passo de cada vez.

Por exemplo, você tem uma ótima ideia para um aplicativo. Algum profissional nessa área estaria disposto a se reunir com você? Você poderia pedir o conselho dele? Ele estaria disposto a sugerir outra pessoa com quem entrar em contato? Tudo bem voltar a falar com ele depois? Agora que você seguiu o conselho dele, ele gostaria de saber como foi? Gostaria de estar mais envolvido?

Cada jornada começa com um pequeno passo. Como você pode diminuir ao máximo o esforço necessário para que todos, incluindo você, deem esse passo? Como fazer o mesmo pelo próximo passo, e pelo próximo, e pelo passo seguinte?

3. O não que salvou o mundo

A palavra que salvou o mundo foi "não". Ou, mais precisamente, *nyet*.[1]

No centro de comando secreto moscovita Serpukhov-15, sirenes soaram e telas piscaram DISPARAR. Já havia passado da meia-noite de 26 de setembro de 1983, e o sistema de alerta Oko havia detectado alguns Minuteman norte-americanos, cinco mísseis balísticos intercontinentais voando em direção à União Soviética com um carregamento de armas nucleares. Stanislav Petrov, o oficial em serviço, sabia o que fazer: pegar o telefone imediatamente e notificar o alto-comando do ataque. Eles teriam apenas minutos para decidir como responder antes que aqueles mísseis atingissem os alvos, e a doutrina soviética ditava retaliação nuclear total. Terceira Guerra Mundial.

O cérebro de Jacaré de Petrov, porém, disse-lhe que algo não batia, e que ele precisava de tempo para pensar. Especialista em TI, havia trabalhado com o sistema Oko desde seu desenvolvimento, e o satélite fora colocado em uso apenas recentemente. Será que poderia ser um alarme falso? O sistema relatava alta confiabilidade para o alerta, mas os operadores do satélite não estavam conseguindo uma confirmação visual. Céus nublados? Talvez. Mas Petrov continuava se perguntando por que não estava vendo mais mísseis. Tinham lhe dito inúmeras vezes que um primeiro ataque dos Estados Unidos teria como objetivo obliterar a União Soviética antes que ela pudesse retaliar. Centenas ou milhares de mísseis, não cinco.

Era o auge da Guerra Fria e as tensões estavam altas. Poucas semanas antes, a Força Aérea Soviética havia identificado erroneamente o voo 007 da Korean Airlines como se fosse um avião espião, abatendo-o. Um erro trágico. Nesse caso, um erro seria inconcebível. Não havia como Stanislav Petrov ter certeza se esse era um ataque ou um alarme falso. Ele considerou suas ordens, considerou o que sem dúvida aconteceria se as cumprisse, e disse *nyet* para notificar seus superiores.

Vinte e três minutos depois, quando os mísseis não atacaram, ele desabou de alívio. Petrov diria depois que tinha certeza de que, se algum de seus colegas estivesse no comando daquele turno, teria soado o alarme — e dado início a uma hecatombe. Estimava-se que 200 milhões de pessoas — 40% das populações norte-americana e soviética — teriam morrido nos ataques diretos. E 2 bilhões de pessoas teriam morrido de fome quando a agricultura global fosse extinta pelo inverno nuclear.

O DESAFIO DO NÃO

Embora nem sempre haja mundos em risco, o não pode salvar vidas. A relutância em dizê-lo nos deixa sobrecarregados. A dificuldade em escutá-lo nos deixa excessivamente cautelosos e com medo de perguntar — nos esgotamos ao mesmo tempo que nos apequenamos. E até começarmos a tentar dizer não, a maioria nem percebe que isso é um problema.

Então é pelo não que vamos começar.

No final de 2018, eu já tinha ficado razoavelmente boa em dizer não a coisas que não queria fazer; no entanto meus horizontes profissionais estavam se expandindo e criando novos desafios. Eu estava empolgada por viajar pelo mundo dando palestras, mas essas oportunidades me deixavam sobrecarregada e estressada. Minha coach Mandy resumiu isso bem: "Você quer dizer sim a tudo e a todos. O entusiasmo é uma graça, mas está esgotando você". Então decidi fazer do não minha resposta-padrão para todos ao longo de todo o mês seguinte, que apelidei de NÃovembro.

Não a convites para palestras! Não a encontros para um café! Não a serviços extras no salão de beleza! Não a pessoas grosseiras! Não a pessoas gentis! Não a estranhos pedindo conselhos! Não a um familiar pedindo dinheiro! Não a um workshop de escrita! Não a um colega mais experiente assustador! O não mais difícil foi diante da adoção de um gato sem uma pata chamado Bandido. Eu disse sim a algumas coisas durante o NÃovembro, claro, mas não antes de considerar seriamente a alternativa. E, com o avanço do mês, comecei a me sentir menos estressada e mais no controle de minhas decisões, meu tempo e minha vida. Quando o fim do NÃovembro chegou, eu me sentia tão empoderada que decidi continuar atenta aos nãos para me ajudar a ficar mais consciente dos sins.

Essa aventura de um mês foi a extensão das 24 Horas do Desafio do Não. É algo que proponho a meus estudantes de MBA no primeiro dia de aula. A maioria das pessoas, e em especial as pessoas boazinhas, tem normas sociais internalizadas sobre gentileza que nos colocam em uma amarra impossível. Tentamos dizer sim quando alguém faz um pedido ou convite porque seria deselegante dizer o contrário. Mas, quando precisamos de ajuda, parece grosseria incomodar os outros. De certo modo, fomos ensinados a ser ao mesmo tempo generosos e autossuficientes sem pensar em como isso nos esgota.

Convido você a aceitar o Desafio do Não visando criar um pouco mais de espaço em sua vida. Não precisa ser um mês inteiro. Basta negar todos os pedidos e convites pelas próximas vinte e quatro horas — trabalhar até tarde, tomar uma cerveja depois da aula quando estiver cansado, oferecer conselhos profissionais de graça, entrar para a diretoria da ONG que apoia, transportar os móveis de um amigo só porque você tem uma picape, e também dizer não ao trabalho emocional que vive recaindo sobre seus ombros: ao amigo que pede para você cantar uma música no casamento dele, ao companheiro que está preparando uma refeição elaborada e pediu que você corresse até a loja para comprar manjericão fresco. Sim, desafio você a dizer não a todas as pessoas e todos os pedidos delas e então observar com atenção o que acontece. Como você se sente? Como os outros reagem? Para o que você *realmente* quer dizer sim? E não se preocupe. Se tiver certeza de que foi a decisão errada, você sempre pode mudar de ideia. Mas você tem o poder de expandir tanto sua zona de conforto como seu poder.*

Não use esse desafio como uma oportunidade para negar prazeres secretos. Não estamos na Quaresma. Mas pra-

---

* Só para esclarecer, não quero estragar sua vida. Não diga não se hoje for o dia em que oferecerem seu trabalho dos sonhos. Nem se seu namorado pedir você em casamento e for isso que você quer.

tique dizer não até para as pessoas próximas, até para coisas que você quer fazer, mesmo coisas pequenas. Com o Desafio do Não você pode ser gentil consigo mesmo e se dar permissão para ocupar mais espaço no mundo. É um experimento que permite ver com que frequência sua reação instintiva de Jacaré está baseada na submissão. A submissão costuma ser a coisa mais fácil no momento.

Enquanto pratica dizer não, tente não se explicar mais do que precisa. "Não" é uma frase completa, e "Não, obrigado" é uma frase completa educada. Fale de maneira cordial, clara e firme. Se demonstrar incerteza ao dizer não a alguém, a pessoa pode insistir, o que talvez dificulte ainda mais. Você pode explicar o desafio se for necessário e, como eu disse, pode até mudar de ideia depois. Mas deve começar pelo não. A maioria das pessoas que faz esse desafio se surpreende com os resultados. Não vai ser tão difícil quanto você pensa. Ninguém vai odiar você. Você pode achar emocionante. E empoderador. E prático. E achar que vale a pena repetir no dia a dia.

Embora o Desafio do Não seja simples, isso não quer dizer que seja fácil. E às vezes você precisa responder com mais do que "Não, obrigado". Aqui estão algumas situações e como você pode lidar com elas de maneira clara e cordial.

- Uma desconhecida simpática pede um conselho ou pede para tomar um café com você. Você está ocupado, então pode dizer: "Obrigado, gostaria de ter tempo para aceitar convites como esse, mas minha agenda torna isso impossível".

- Um conhecido convida você para um evento social, e você iria se pudesse. "Obrigado pelo convite, eu adoraria fazer algo assim com você uma outra hora."

- Um amigo pede dinheiro emprestado ou pede para você investir na empresa dele. "Desculpe, mas não misturo dinheiro com amizade." (É mais fácil dizer e ouvir não quando faz parte de uma filosofia, embora isso exija aplicar a regra de maneira consistente.)
- Um vendedor tenta lhe vender algo que você não quer. "Obrigado, mas não tenho interesse." Se ele insistir, você pode mudar para: "A resposta é não, e isso não vai mudar". (Aqui a cordialidade não é uma obrigação.)
- Alguém expressa interesse romântico. Você não sente o mesmo. "Minha intuição diz não." Se perguntarem o porquê, você pode dizer: "É um instinto, e sempre dou ouvidos a ele".

Dizer não no trabalho pode impor desafios especiais, particularmente em relações de chefia direta. Mas você sempre pode dizer não e oferecer uma alternativa.

- Um funcionário pede um aumento ou uma promoção para os quais você não acha que ele está preparado. "Não vejo isso como uma possibilidade agora, mas vamos fazer uma reunião para discutir o que é necessário para chegar lá."
- Seu chefe delega uma tarefa quando você já está sobrecarregado. "Eu adoraria, mas já estou atrasado em alguns outros projetos. Não é melhor redefinir as prioridades do que já tenho para fazer?"

Ou você pode agir com franqueza e bom humor enquanto pede clemência, como no caso a seguir.

- Seu chefe pede que você lidere um projeto enorme e chato porque você é muito bom em administração. "Obrigado pelo elogio, mas isso seria um verdadeiro pesadelo. Eu perderia um pedaço da minha alma. Existe alguma alternativa?"

Você pode ficar tentado a contar pequenas mentiras para evitar dizer sim, mas normalmente vai ser melhor falar apenas o mínimo possível. Você não deve explicação a ninguém. Elwyn Brooks White, que assinava como E. B. White, era um jornalista renomado da revista *The New Yorker* que depois escreveria livros infantis premiados, como *A teia de Charlotte* e *Stuart Little*. Ele recusava a maioria dos convites porque tinha ansiedade social, mas sua saúde mental não era da conta de ninguém. Ele era conhecido por sair pela janela e descer pela saída de incêndio para evitar visitas. E também por escrever cartas como esta:

Caro sr. Adams,
    Obrigado pela carta me convidando a entrar para o comitê das Artes e Ciências de Eisenhower. Devo recusar, por razões secretas.[2]

Atenciosamente,
E. B. White

LIMITES

O best-seller *Dar e receber: Uma abordagem revolucionária sobre sucesso, generosidade e influência*, de Adam Grant,[3] é baseado na premissa de que há três tipos de pessoas — doadores, tomadores e compensadores — e em resultados de pesquisa que atestam que as pessoas mais bem-sucedidas tendem a ser doadoras. Você pode ficar surpreso e encorajado ao descobrir que a generosidade está associada a rendas mais altas, notas melhores, maior produtividade e promoções mais frequentes. Eu fiquei. Mas partir do princípio de que você precisa doar mais é ignorar um ponto essencial: a pesquisa de Grant mostra que as pessoas *menos* bem-sucedidas *também* tendem a ser doadoras. Os doadores são mais propensos ao burnout, a atrasar o trabalho ou até a serem vítimas de crimes violentos ou reclamantes em processos.

Uma diferença crucial entre doadores no topo e na base da escada do sucesso é a forma de lidar com os limites. Grant observa: "Em vez de tentar ajudar todas as pessoas o tempo todo com todos os pedidos, os doadores bem-sucedidos reservam sua generosidade para doadores e compensadores, dividem o tempo para fazer seu trabalho e ajudam de formas que os energizam e oferecem uma contribuição única".[4] Os doadores que não aprendem a dizer não são sugados por doarem demais e são presa fácil para oportunistas. Abaixam a cabeça para não discordar e silenciam suas apreensões em nome da harmonia do grupo. Quando estão se esgotando, em vez de aliviar a carga dizendo não, assumem fardos extras, como acrescentar meditação e diário de gratidão à lista de tarefas.

Quando somos recompensados por pais, professores e chefes por sermos "bons", ansiamos pelo pico de dopamina de um aplauso, um obrigado, uma nota alta. Mas o hábito de agradar os outros pode levar à escassez crônica. Sem tempo suficiente, sem sono suficiente, sem dinheiro suficiente, sem tempo suficiente para pensar com clareza. Estresse e exaustão até diminuem o QI temporariamente e predispõem as pessoas a memórias desagradáveis, prejudicando sua capacidade de tomar boas decisões.[5] Esses efeitos se estendem além de nós; estudos mostram que os gerentes que se sentiam mais sobrecarregados cuidavam de equipes com o pior desempenho e os rendimentos mais baixos.[6]

Quando meus alunos refletem sobre sua relutância em dizer não, eles estão mais preocupados com os sentimentos dos outros. Mas existem outros motivos por que continuamos a dizer sim quando não deveríamos. O medo de ficar de fora é uma das maiores razões. Quando nos oferecem uma oportunidade exclusiva ou limitada, podemos ter um grande ataque de Fomo (a sigla para Fear of Missing Out, o medo de estar perdendo algo). Gastei muito tempo e dinheiro por causa disso, e me envergonho em dizer que é provável que continue. A reciprocidade também é comum. Se dissermos sim, a outra pessoa vai nos dever um favor. Não é um motivo idiota, envolve uma transação. E, por último, muitos de nós de fato adoram ajudar. Se a vida foi boa conosco, devemos passar isso para a frente. Ou, se a vida nos trouxe dificuldades, talvez queiramos proteger os outros de sofrer como sofremos. A bondade é admirável, mas, se estivermos esperando que a outra pessoa peça, estamos distribuindo nossa generosidade de maneira injusta.

O Desafio do Não ajuda a entender quais fardos autoimpostos você pode aprender a evitar. Isso vai ajudar a gerenciar os custos de oportunidade. Para o que você terá que dizer não se disser sim para isso? Para o que você pode dizer sim se disser não para isso?

Quando você não define limites em torno da generosidade, a bondade mina sua força, diminuindo sua capacidade de ser influente. Dizer não cria limites de vital importância. Não se permita se tornar alguém cuja fachada alegre disfarça sua exaustão e o torna propenso a descontar nos outros. Não ignore sua bússola interna apenas para agradar alguém.

DA REJEIÇÃO À RESILIÊNCIA

Conforme ficamos mais à vontade em dizer não, ficamos mais à vontade em ouvir não. De nossa perspectiva interna, podemos ver que, na maioria dos casos, a rejeição tem pouco, ou nada, a ver com a pessoa que está fazendo o pedido e muito a ver conosco. No nível mais básico, dizer não nos ajuda a cuidar de nossas próprias necessidades, mas um benefício oculto de dizer não para os outros é a permissão implícita que você lhes dá de também dizer não. Agora você está entrando em um espaço compartilhado onde somos todos adultos, comunicando-se de maneira franca e direta. Um dos meus alunos definiu da seguinte forma: "Aprendi que, quando as pessoas pedem algo, elas não estão pressionando; estão apenas pedindo. Elas entendem que é possível que você não possa fazer aquilo, e aceitam isso. Antes eu sentia que, quando me pediam algo, era uma situação de vida ou morte, mas agora consigo ver que não é nada disso".

Apesar das vantagens, dizer não pode causar sofrimento, e queremos proteger os outros disso. Todos nós guardamos memórias horríveis de momentos em que fomos rejeitados. Porque é doloroso — e não apenas no sentido metafórico. Naomi Eisenberger criou a teoria de que processamos a rejeição como dor física, e conduziu um experimento ligeiramente maldoso para ver o que acontece na cabeça das pessoas quando elas são deixadas de lado.[7] Se você fosse participante em um estudo dela, estaria deitado no longo tubo de um aparelho de ressonância magnética enquanto jogava um jogo virtual simples de bola com dois outros participantes. (Ao menos é o que você pensaria; na verdade eles seriam membros da equipe de pesquisa de Eisenberger.)

Depois que o jogo de bola entre os três havia se estabelecido, os outros dois jogadores paravam de jogar a bola para você mas continuavam a jogar a bola um para o outro. Você tentaria voltar ao jogo, sem sucesso. Ficaria se perguntando o que estava acontecendo. *Por que estão me deixando de fora?* Enquanto isso, o aparelho de ressonância magnética mostraria que seu cérebro estava registrando esse sentimento nas mesmas áreas que registram dor física, o córtex cingulado anterior e o córtex pré-frontal ventral direito. Para o cérebro, ser tirado do jogo é literalmente o mesmo que um tapa na cara. A rejeição é uma das maneiras mais fáceis e eficientes de gerar uma resposta de estresse neurobiológico: um pico nos níveis de cortisol, frequência cardíaca e pressão arterial.

Nosso corpo responde à rejeição como perigo físico porque a rejeição põe nossa espécie em perigo físico. Para os *Homo sapiens* primitivos, o banimento da tribo significava morte certa, portanto a rejeição precisava ser evitada a todo custo. Aprender a jogar com os outros foi um mecanismo de sobrevivência reforçado pela ferramenta mais poderosa e inesquecível do cérebro: a dor. Esse alerta forte e primitivo de desastre iminente nos permitiu tomar atitudes corretivas antes que as coisas fossem longe demais.

No entanto, assim como desenvolvemos força exercitando nossos músculos, podemos nos condicionar à valentia enfrentando a rejeição. Quando eu estava na faculdade, fiz um bico nas férias em uma das profissões mais incômodas do mundo: vendas de porta em porta. Eu trabalhava para uma pequena empresa chamada The Students Group vendendo cupons de lavanderia na área residencial de Denver, no Colorado. A empresa era dirigida por um vendedor de meia-idade chamado Jack, que nos levava em sua van, despedindo-se de nós com um "toca aqui" e nos buscando horas depois no ponto de encontro combinado. Nosso objetivo era bater no maior número de portas possível antes do pôr do sol.

Na noite antes do meu primeiro dia em campo, não consegui dormir. A essa altura da vida, eu não me considerava mais uma pessoa tímida, mas a ideia de bater na porta de desconhecidos para pedir dinheiro ainda parecia muito assustadora. Jack disse que eu poderia fazer dez ofertas por hora. "Venda o máximo que conseguir!" Minha meta de vendas pessoal era mais modesta: não morra de vergonha e constrangimento.

Depois que a van me deixou, corri para a primeira porta, bati e uma mulher simpática de rabo de cavalo me atendeu. "Oi", eu disse, começando o discurso que Jack havia ensinado. "Sou Zoe e faço parte do The Students Group. Somos um grupo de estudantes juntando dinheiro para bancar a faculdade." Ela ouviu com educação enquanto eu falava sobre o carnê de cupons, depois disse "Não, obrigada" porque não ia muito à lavanderia. Nessas situações, Jack havia nos ensinado a pedir uma doação para nosso fundo universitário, então foi o que eu fiz. Ela recusou educadamente, dizendo que precisava voltar ao jantar. E fechou a porta.

Fiquei parada ali por um momento e respirei fundo. Eu tinha acabado de pedir dinheiro a uma total desconhecida, ouvira a palavra "não" e a porta se fechara na minha cara. Enquanto caminhava em direção à próxima casa, senti ondas de alívio. *Não morri. Sucesso!* E a conversa fora cordial e respeitosa — agradável, até. Eu havia enfrentado um dos meus maiores medos e vivido para rir daquilo. Agora era oficialmente uma integrante do clube de vendedores rejeitados, mas, em vez de me sentir fracassada, me senti empoderada. Até consegui fazer algumas vendas naquela noite e saí com o bolso cheio de dinheiro.

Sobreviver às vendas de porta em porta me ajudou a aprender uma das maiores lições que os alunos aprendem na minha aula: o "não" não é fatal. E, quando você se liberta do medo de ouvir não, ganha a liberdade de pedir coisas. Internalizando essa lição, expandi minha zona de conforto, conseguindo pedir em contextos cada vez diversos. Bati em portas para campanhas políticas. Liguei pedindo dinheiro para caridade. Até abordei pessoas atraentes e as convidei para sair. Em todas essas atividades, a regra é a resposta negativa. Mas a prática de ouvir não em situações de baixo risco me deixou mais à vontade quando chegou a hora de fazer pedidos mais importantes. Pequenas rejeições podem imunizar você contra o medo paralisante da rejeição.

Quando Jia Jiang se formou no MBA da Universidade Duke, ele queria ser um empreendedor. Como muitos de nós, porém, seu medo de ouvir um não estava impedindo que ele seguisse em frente. Para enfrentar esse medo, ele abriu um canal de vídeos chamado *100 Days of Rejection Therapy*. Seus vídeos — cativantes, intrigantes e absurdos — documentam o que acontecia quando ele abordava completos desconhecidos, dia após dia, com pedidos excêntricos: falar pelo interfone do supermercado, tornar-se um manequim vivo na Abercrombie & Fitch ou pegar emprestado um cachorro da Humane Society. Adoro tanto as situações de rejeição que ele filmou que peço para meus alunos as replicarem. A tolerância ao não e a vulnerabilidade de Jia revelam o prazer e a diversão que podem surgir das situações mais constrangedoras.

Minha situação favorita aconteceu em uma loja de donuts Krispy Kreme em Austin, no Texas. Jia entrou e tentou pedir um donut do símbolo olímpico, preparando-se para a rejeição. A loira atrás do caixa ajeitou os óculos. "Para quando você precisa?"

"Hum, quinze minutos." (Ele estava se esforçando muito para ser rejeitado.)

Mas, em vez de responder dizendo por que não seria possível, a funcionária da Krispy Kreme — seu nome era Jackie — começou a tentar pensar em como fazer aquilo acontecer. "Quais são as cores olímpicas mesmo?" Quinze minutos depois, Jackie deu a Jia uma criação de donut como nenhuma outra, um conjunto de círculos cortados à mão que lembrava vagamente os anéis olímpicos. E, quando Jia pegou a carteira, ela disse: "Esse é por minha conta".[8]

Seja qual for a frequência com que vejo isso acontecer, ainda me surpreendo com o que desconhecidos são capazes de fazer para ajudar, e apenas porque lhes foi pedido. Quando Jia estava fazendo seu pedido maluco, estava preocupado com a logística: a dificuldade de ser atendido e de quebrar o protocolo. Jackie poderia ter dito não — ninguém deve ter donuts do símbolo olímpico, um produto que a empresa não oferece —, mas ela gostou do desafio. Por que não?

Você pode experimentar os desafios de Jia, se quiser, ou pode inventar os seus. Às vezes — e é mais comum do que se imagina —, você não vai conseguir ser rejeitado, por mais que se esforce. Mas, quando for, vai descobrir que é incrivelmente capaz de lidar com isso. Temos uma espécie de "sistema imunológico de estresse", portanto enfrentar medos repetidas vezes sem graves prejuízos pode nos imunizar contra o estresse.[9] Quando pesquisadores põem camundongos em uma grande caixa vazia simulando um campo aberto em que um predador pode cair voando em cima deles, a princípio os camundongos perdem o controle do intestino, porque os hormônios de estresse se elevam diante do pavor.

Quando conseguem se mover, apenas se esquivam ao longo das paredes. Mas, se são postos nessa caixa todos os dias, eles logo se habituam ao estresse. Deixam de ficar paralisados e de defecar e, se um brinquedo novo for deixado no centro da caixa, vão dar uma olhada nele. O corpo deles ainda está liberando hormônios de estresse, mas o estresse é controlável.

Acontece o mesmo no paraquedismo. Antes de um salto, os paraquedistas iniciantes ficam apavorados e seus hormônios de estresse mostram isso. (Tenho certeza de que os meus estavam disparados antes de Alex concentrar minha atenção nos pequenos passos.) Lá pelo terceiro salto, porém, o nível de estresse hormonal dos paraquedistas é tão alto quanto estaria em um engarrafamento. Estudos de indivíduos que se expõem repetidamente ao estresse, como atletas de elite, mostram que o corpo se adapta liberando uma grande dose de hormônios de estresse que vêm com força e rapidez, mas que se desfaz na mesma velocidade. Isso ajuda a explicar como pessoas em empregos estressantes — como no mercado de ações — continuam voltando ao trabalho dia após dia. Aquelas quedas angustiantes da bolsa de valores se tornam apenas mais um dia normal.

Se tomado como uma rejeição social, o não é doloroso de ouvir e difícil de dizer. Quase nunca queremos dizer "Não para você, pessoalmente e para sempre", e definitivamente não é algo que queremos ouvir. Muitos influenciadores habilidosos aprenderam a ouvir a negativa como um simples "Não para isso, por enquanto", a menos que dito de outra forma. Os vendedores mais bem-sucedidos vão voltar seis ou sete vezes depois de ouvir uma recusa.[10] Você pode ler isso e pensar: "Não quero ser maluco!", mas eles não seriam tão bem-sucedidos se fossem malucos. E aqueles vendedores malucos que você conheceu? Não são tão bem-sucedidos. Ninguém estaria disposto a falar com eles seis ou sete vezes.

Os melhores vendedores são tão bons em desenvolver relações que seus clientes querem fazer negócios com eles mais vezes. Se você disser não, eles vão pedir sua permissão para voltar a falar com você no futuro. Se disser "Não para isso", não vão mais incomodar. São pessoas que tratam você com respeito, pessoas com quem você sente prazer em interagir mesmo que não faça sentido dizer sim naquele momento. O motivo por que eles não vêm à mente quando você pensa no vendedor arquetípico é que interagir com um mestre em vendas não é uma simples transação. Parece uma conversa amistosa. E é.

Quem me pôs em contato com Jia Jiang foi Davis Nguyen, um estudante de graduação. Ele era uma pessoa quieta e gentil que levava a influência muito a sério porque entendia como era não ter ninguém. Tinha visto a mãe pedir comida em um país cuja língua ela não falava, e estava determinado a prosperar e um dia conseguir sustentar a família. Em vez de praticar a rejeição em pedidos divertidos e bobos, ele decidiu ser rejeitado correndo atrás de seus maiores sonhos.

Davis fez um desafio a si mesmo: entrar em contato com seus heróis, um por dia, todos os dias, para compartilhar o que admirava no trabalho deles e perguntar: "Posso ajudar?". Achou que eles diriam: "Você está incomodando, por favor pare de me mandar e-mails", mas ninguém fez isso. Jia Jiang aceitou a oferta feita por Davis de escrever um post em seu blog, como convidado, e um escritor disse sim ao seu convite para uma palestra. A maioria das pessoas nem sequer respondia ou simplesmente dizia "Não, obrigado" educadamente. Davis estava ficando mais à vontade com a rejeição, mas ainda tinha medo de entrar em contato com Susan Cain, uma das pessoas que ele mais admirava no mundo. Ela havia escrito um livro sobre o poder da introversão (*O poder dos quietos*)[11] que ficaria na lista de best-sellers do *New York Times* por sete anos e tinha uma TED Talk que se tornaria uma das mais assistidas de todos os tempos — mas continuava discreta e modesta. Um verdadeiro exemplo.

Quando Davis soube que Susan estava pensando em desenvolver um curso de oratória para introvertidos, decidiu que era a hora. Era um tiro no escuro, mas Davis já havia desenvolvido uma série de workshops de oratória chamada "Speak for the Meek" e talvez Susan pudesse contar com ele. Entrou em contato para oferecer ajuda: elaborar, desenvolver e promover o curso dela — o que Susan precisasse — de graça. Demorou um mês para receber uma resposta, mas, depois de uma longa conversa por telefone e uma visita, ela aceitou contratar Davis como estagiário voluntário durante as férias de verão. Ele mergulhou no trabalho e teve sucesso. No fim do verão, Susan o surpreendeu remunerando-o pelo trabalho que ele havia feito e pedindo que voltasse no verão seguinte. Eles continuaram a trabalhar juntos, e Susan o entrevistou no primeiro episódio do podcast dela.

Susan se tornou mentora de Davis e, quando o convidou para trabalhar na sua equipe em tempo integral depois da formatura, o sonho dele se transformou em realidade. Ele a adorava e adorava trabalhar com ela. Mas sabe o que ele disse? "Não, obrigado." Davis tinha outra proposta de trabalho dos sonhos — e Susan o incentivou a aceitar. E os dois continuaram amigos.

* * *

    Você pode se sentir inclinado a dizer não para as 24 horas do Desafio do Não ou para se esforçar para ser rejeitado. Não há problema nenhum. Diga não a algumas das ideias deste livro. Quem manda é você. Talvez você precise de um desafio mais difícil. Talvez sua liberdade exija um não muito maior e mais proativo; você pode precisar dizer não para um compromisso que assumiu ou para algum tipo de consentimento que lhe foi dado. Lembre-se, não há problema em mudar de ideia ou estar errado. Você não precisa acreditar que sua palavra é sagrada se ela o prender a uma tarefa horrorosa. Talvez você precise dizer não para um vampiro de energia: um trabalho, um relacionamento ou um segredo que está cansado de guardar. Talvez possa dizer não para uma culpa, vergonha ou valor moral. Talvez possa se libertar de uma norma social ou de uma de suas próprias grandes ideias. O fato de ter tido uma ideia não o obriga a dá-la à luz e cuidar dela até a faculdade. Quando você diz não, faz valer seu direito humano fundamental de decidir como viver sua vida.

    Você também põe em ação uma estranha alquimia. Dizer não ajuda você a se abrir mais para ouvir e, quando isso acontece, seus pedidos perdem aquele tom de carência ou medo de rejeição que pode afastar outras pessoas. Eles se tornam convites tranquilos. Agora, quando você pede algo, as pessoas ficam mais inclinadas a dizer sim. Quando você é claro sobre seus parâmetros e se sente confortável em estabelecê-los, transmite segurança e inspira confiança. Todas as partes envolvidas se sentem mais calmas, livres e abertas aos benefícios mútuos da influência.

3½. Basta pedir

Começo o workshop tirando uma nota de vinte dólares da carteira.

"Tenho vinte dólares para doar esta tarde. Quem gostaria de me convencer que deve receber esse dinheiro? Isto é dinheiro de verdade e vida real." Depois de alguns risos desconcertados, uma voluntária ergue a mão. Vou até ela. E espero.

Com um sorriso constrangido, ela se apresenta antes de explicar por que deveria receber os vinte dólares. Ela precisa de um carregador de um celular. Vai doar para a Unicef. Vai comprar flores para mim.

"Acredito em você", respondo (se acreditar). E esperamos. Agora ela não sabe o que fazer. Ela tentou me convencer, mas ainda estou segurando o dinheiro. Depois de um tempo, me volto para as outras pessoas na sala. "O que ela ainda não fez?"

"Ela não pediu."

Você se surpreenderia com a frequência com que os voluntários nessa situação pensam ter pedido o dinheiro quando na verdade não pediram. E eu não me separo dele até eles finalmente dizerem: "Pode me dar os vinte dólares?", ou "Posso ficar com esse dinheiro?".

Assim como dizer não, a coisa mais fácil a fazer quando se quer influenciar alguém é simplesmente pedir. Peça com mais frequência, peça mais diretamente e peça mais coisas. As pessoas que pedem o que querem conseguem notas melhores,[1] mais aumentos e promoções, melhores oportunidades de emprego[2] e até mais orgasmos.[3] Pode parecer óbvio, mas pelo visto não é.

A maioria das pessoas não percebe que não costuma pedir — até começar a pedir com mais frequência. Quando nosso curso de MBA termina e os estudantes contam a principal coisa que aprenderam — depois de termos feito tantas coisas juntos —, a resposta mais comum é "Basta pedir". Essa consciência vem com a prática. E se você não sabe ao certo como pedir? Basta perguntar à outra pessoa. Sério. Um dos truques mais simples e surpreendentes é que, se você perguntar às pessoas como persuadi-las, elas normalmente vão falar.

A maioria reluta em pedir porque não entende bem os fundamentos da psicologia de pedir e subestima as chances de sucesso. Em uma série de experimentos, empregados eram mais propensos a entregar trabalhos ruins do que pedir uma extensão de prazo, temendo que seu supervisor os acharia incompetentes se pedissem mais tempo. Mas eles estavam enganados: gerentes veem pedidos de extensão como um bom sinal de capacidade e motivação.[4]

Em outra série de experimentos, Frank Flynn e Vanessa Bohns instruíram participantes a abordar desconhecidos e pedir uma variedade de favores — como preencher um questionário de dez páginas ou acompanhá-los até o outro lado do campus para um prédio difícil de encontrar. Antes de fazer o pedido, os participantes foram convidados a prever: para quantas pessoas teriam que pedir até alguma aceitar? Vez após vez, Flynn e Bohns descobriram que os desconhecidos estavam surpreendentemente dispostos a ajudar.

Em média, eram duas a três vezes mais propensos a realizar os favores do que os participantes haviam imaginado.[5]

Quando somos nós que fazemos um pedido, como Jia Jiang na Krispy Kreme, tendemos a nos deter nos obstáculos — todas as formas de dizer sim poderiam tornar a vida da outra pessoa mais difícil. Quem recebe nossos pedidos, porém, tende a se concentrar em como é difícil dizer não. Ao ficar só concentrado no custo de ajudar, quem pede deixa de ver os potenciais benefícios a quem ajuda. Neurocientistas descobriram que a generosidade pode estimular o circuito de recompensas do cérebro, criando um pico de dopamina chamado *helper's high*.[6] Conhecemos essa sensação. Ajudamos alguém, a pessoa fica grata e nós nos sentimos bem. Diversos estudos mostram que voluntários são mais felizes e saudáveis do que não voluntários,[7] e as pessoas tendem a se sentir melhor quando gastam dinheiro com outras do que quando gastam consigo mesmas.[8]

Essa relação entre generosidade e felicidade é profunda e começa desde cedo. Em um experimento adorável, pesquisadores codificaram as expressões de alegria entre crianças pequenas que recebiam ou davam biscoitos. Elas ficavam felizes em receber as guloseimas, mais felizes em distribuir os biscoitos do estoque dos pesquisadores e mais encantadas ainda em distribuir seus próprios biscoitos.[9] Não podemos subestimar os benefícios da generosidade; eles nem sempre compensam os custos. Mas são tão concretos que, quando não pedimos o que queremos, limitamos a alegria potencial no mundo — e não apenas a nossa. Se você estiver se abstendo de pedir porque quer que gostem de você, considere que não está dando aos outros a chance de se sentir bem por lhe dizer sim. E considere que mais pessoas do que você imagina gostariam de dizer sim.

Como vimos com a nota de vinte dólares, também pode ser preciso pedir de maneira mais direta. Porque às vezes o que você pensa que está pedindo parece mais uma insinuação. Normas sobre ser direto variam de acordo com o gênero, ramo de atividade e cultura, e dependem da proximidade da relação e da dinâmica de poder da situação. Se você se apressar e pedir de maneira direta demais, pode ser considerado mal-educado. Mas, se for indireto demais, seus sonhos e esperanças passarão despercebidos. Ninguém pode ler sua mente. A verdade é que não estão nem tentando; a mente dos outros está ligada nos próprios sonhos e esperanças.

Então quão diretos devemos ser? Podemos começar pedindo de maneira menos direta, e então de forma mais direta se a outra pessoa não responder. Ou podemos usar uma pergunta hipotética que chamo de *pedido leve*, como "O que você acharia de...?". Vamos explorar isso no capítulo 6, mas, depois que a pessoa diz o que acha, saberemos se devemos ou não ir em frente e pedir.

Além de não pedir com frequência suficiente nem de maneira direta o suficiente, é provável que não estejamos também pedindo *coisas* suficientes. Por que não considerar fazer alguns pedidos absurdos? Nunca dá para saber o que a outra pessoa achará absurdo, e a verdade é que pedidos absurdos podem funcionar a nosso favor mesmo quando a resposta é negativa.[10]

Robert Cialdini, que viria a se tornar um dos pesquisadores mais conhecidos de influência interpessoal, fez em 1975 um experimento conhecido como o estudo dos "jovens infratores no zoológico".[11] Seus assistentes de pesquisa abordavam transeuntes no campus da Universidade do Estado do Arizona perguntando se estariam dispostos a se voluntariar para acompanhar jovens do programa municipal de jovens em conflito com a lei em um passeio de duas horas ao zoológico. Dezessete por cento aceitavam na hora. (Sempre fico impressionada com isso, as pessoas são legais.) Mas esse não era o pedido absurdo. Assistentes pediam a outros transeuntes que fossem voluntários no centro de jovens em conflito com a lei duas horas por semana por pelo menos dois anos. Depois que as pessoas recusavam — o que todas faziam —, perguntavam então sobre o passeio no zoológico. As pessoas abordadas inicialmente com o pedido absurdo eram três vezes mais propensas a dizer sim ao zoológico do que as questionadas apenas sobre o zoológico.*

Existem dois motivos por que as pessoas são mais propensas a atender a um pedido menor depois de ter recusado um maior: *tamanho relativo* e *reciprocidade*. Acompanhar um grupo de adolescentes problemáticos em um passeio ao zoológico pode ser um compromisso sério, mas não é nada comparado a passar duas horas por semana com eles pelos próximos dois anos. Isso, portanto, é tamanho relativo. Quando você passa de um pedido absurdo para algo menor, a outra pessoa vê esse movimento como uma concessão do solicitante e se sente mais inclinada a retribuir. Pesquisas sobre negociações mostram que as pessoas se sentem melhor com o resultado se conquistarem uma concessão da outra parte: elas gostam mais de você por ter feito a concessão, e se sentem melhor consigo mesmas por terem negociado.

O melhor motivo de todos para pedir (e fazer pedidos grandes ou absurdos) é que você nunca sabe o que as pes-

---

* Em 2020, Oliver Genschow replicou na Universidade de Colônia o estudo dos jovens no zoológico e obteve resultados parecidos. Mas, nesse caso, 9% das pessoas disseram sim ao pedido absurdo do compromisso de dois anos, confirmando mais uma vez que as pessoas são incrivelmente, mas incrivelmente gentis.

soas vão aceitar se você não pedir. Você pode fazer um pedido enorme para criar espaço para uma concessão futura e descobrir que a outra pessoa diz sim de imediato. Mesmo quando meus alunos estão *tentando* ser rejeitados, eles conseguem o que pedem em um terço das vezes.

Quando estiver decidindo a quem pedir, considere pedir a homens. Tendemos a pedir favores e ajuda às mulheres, não reconhecendo assim o trabalho delas e subestimando os homens.[12] Shaquille O'Neal é famoso por sua generosidade. "Quando vou a restaurantes, dou boas gorjetas", ele disse a Jimmy Kimmel. "Gosto de mostrar minha gratidão às pessoas. Então, quando vêm até a mesa, digo: 'Quanto antes sair meu pedido, maior vai ser a gorjeta'. Depois, quando estamos nos preparando para sair, pergunto: 'Quanto você quer?'."

Qual foi o maior valor que já pediram? Quatro mil dólares.

E o que ele respondeu? "Claro, sem problema."

4. As curiosas qualidades do carisma

OS DOIS PARADOXOS DO CARISMA

Quando pergunto às pessoas qual habilidade de influência elas gostariam de desenvolver, a resposta mais comum de longe é carisma. Quando peço para definirem isso, elas dizem: "É quando as pessoas prestam atenção em você" ou "Significa ter muita presença". Mas *por que* prestamos atenção em pessoas carismáticas? O que elas *fazem*? Uma definição de carisma, segundo o dicionário, é "fascinação ou charme cativante que inspira devoção nos outros", mas, como ferramenta de influência, essa linguagem é terrivelmente vaga. Sim, carisma faz as pessoas prestarem atenção em alguém, mas não é *qualquer* tipo de atenção. Não diríamos que um cara correndo pelo escritório de cueca é carismático. Pessoas que tentam ser o centro das atenções são apenas irritantes.

O PRIMEIRO PARADOXO DO CARISMA É: TENTAR SER CARISMÁTICO CAUSA O EFEITO OPOSTO

Na maior parte do tempo, as pessoas não estão conscientemente tentando ser o centro das atenções. Mas podemos cair nessa armadilha, concentrando-nos subconscientemente em hábitos anticarismáticos. Experimente o exercício a seguir.

Adivinhe qual grupo usa a palavra "eu" com mais frequência?

Líderes ou seguidores?
Pessoas mais velhas ou pessoas mais jovens?
Ricos ou pobres?
Pessoas felizes ou pessoas deprimidas?
Pessoas com raiva ou pessoas com medo?
Melhores alunos ou piores alunos?
Homens ou mulheres?

Segundo análises de conversas informais, discursos, e-mails e outros documentos escritos, as segundas alternativas tendem a usar "eu" e outros pronomes de primeira pessoa com muito mais frequência.[1] O pioneiro nessa pesquisa é James Pennebaker, um psicólogo social que descreve seu trabalho em um livro deliciosamente nerd chamado *The Secret Life of Pronouns* [A vida secreta dos pronomes]. Ele descobriu que as pessoas que sentiam ter menos poder ou um status mais baixo tendem a usar mais linguagens autorreferenciais. Às vezes, a disparidade tem uma base real — seguidores devem seguir ordens de líderes, e os pobres são menos poderosos do que os ricos. Mas padrões linguísticos inconscientes derivam mais precisamente de *sensações* de poder pessoal — ou da falta dele.

Uma análise de discursos de agradecimento do Oscar mostrou que atores usavam pronomes em primeira pessoa com mais frequência do que diretores.[2] Se você for um ator que ganhou um Oscar, seu prestígio não é exatamente baixo, mas os diretores ainda são seus superiores. E essa relação entre uso de pronomes e status não se limita à nossa língua. Pennebaker encontrou o mesmo padrão em cartas escritas em árabe por oficiais de baixa patente a seus superiores.[3] Quando a pessoa não tem poder, status ou autonomia, ela tende a se concentrar em sua própria experiência: "eu", "me", "meu".

Podemos supor que, quando a atenção de uma pessoa fica concentrada em si mesma, ela está falando de maneira narcisista ou egocêntrica. Mas normalmente é o contrário. O foco constante em si vem de sensações de insegurança. Quando nos sentimos vulneráveis, não conseguimos deixar de voltar a atenção para dentro. Além do mais, é provável que não percebamos que o uso frequente de pronomes de primeira pessoa é um indício do estado mental.

Lembre-se de um momento em que você ficou fisicamente vulnerável — com dor, muita fome ou frio. Sua atenção consciente (o Juiz) estava concentrada na própria experiência porque você estava preso em uma situação da qual queria desesperadamente escapar. Sua mente dizia: *Me ajude. Eu estou passando mal.* Ou: *Meu braço dói.* Quando a situação difícil ocupa todo o terreno mental, não surpreende que isso se reflita no uso inconsciente (Jacaré) de pronomes. Esse foco em si também se aplica à dor emocional, incluindo ansiedade e depressão.

Quando Pennebaker e seus colegas analisaram as escolhas de pronomes em redações escritas por universitários deprimidos, identificaram que esses alunos usavam o "eu" com muita frequência.[4] A linguagem autorreferencial não vinha de um traço de personalidade fixo; apenas refletia o estado mental deles, que, claro, é sujeito a mudanças. Nesse mesmo estudo, Pennebaker constatou que estudantes que tinham superado uma depressão usavam o "eu" com menos frequência. A conclusão é que, quando nos sentimos vulneráveis, física ou emocionalmente, é difícil sair da própria cabeça. Isso dificulta estar plenamente presente com outra pessoa. Ou ser carismático.

Pronomes em primeira pessoa não são as únicas palavras que agem como bumerangues de atenção, voltando o foco para nós mesmos. Diminuidores — tentativas verbais de se conectar por meio da submissão — também fazem isso. São o equivalente humano a um cachorro rolando no chão de barriga pra cima. Tendemos a usá-los em situações em que há desequilíbrio de poder ou status, e fazemos isso com mais frequência quando estamos na extremidade inferior — quando sentimos que nosso bem-estar ou segurança pode depender de nos sentirmos apreciados. Pessoas de status mais elevado não precisam se importar com o que os outros pensam delas, embora algumas se diminuam para não passarem a impressão de arrogantes ou controladoras.

Nas conversas, como essa linguagem diminuidora aparece? "Eu estava aqui pensando", "Eu achei que talvez", "Eu posso fazer uma pergunta idiota?" e "Eu sinto muito, mas..." (muitos "eus" aqui também). Os diminuidores expressam cautela e indefinição com expressões como "meio que", "parece", "geralmente", "mais ou menos" e "é possível que". Às vezes, você escuta a linguagem diminuidora na inflexão ascendente, aquela entonação submissa e simpática que transforma afirmações em perguntas. Sabe o que quero dizer?

A palavra "desculpe" é tão usada como diminuidor que

a comediante Amy Schumer criou todo um esquete para satirizar isso. Nele, um painel de especialistas mundiais composto só de mulheres é incapaz de conseguir descrever seu trabalho porque suas integrantes estão o tempo todo pedindo desculpas por tudo. Desculpa pelo eco do microfone, desculpa por ser interrompida, desculpa por limpar a garganta, desculpa por corrigir a pronúncia do nome de outra pessoa, desculpa por ser tão fresca a ponto de ser alérgica a esse refrigerante e pedir água em vez dele. Os pedidos de desculpa culminam com uma das mulheres pedindo desculpas por ter a perna queimada quando alguém derruba café muito quente sem querer. O esquete "Sorry" é ao mesmo tempo engraçadíssimo e difícil de ver, porque muitos de nós conseguem se identificar com as situações vistas ali.

Embora ninguém vá deixar de gostar de você por se diminuir, ninguém vai passar a gostar de você por isso também. Assim como os bumerangues, os diminuidores trazem a atenção de volta a você. Os diminuidores são difíceis de ouvir, fáceis de interromper e espantosamente comuns. Até James Pennebaker, o especialista em linguagem e poder, constatou que se diminuía nos e-mails enviados a seus superiores.

Ele notou isso quando precisou pedir a várias pessoas em seu departamento na Universidade do Texas que mudassem de escritório. Ao fazer o pedido a um colega que tinha uma posição social mais elevada, Pennebaker escreveu: "Eu estava evitando isso, mas eu acho que eu talvez precise perguntar se você poderia ceder seu escritório". Dá para sentir o efeito diminuidor desses três "eus" em uma frase. E dá para entender como é difícil ouvir pessoas escreverem e falarem dessa forma. A comunicação exige uma decodificação a mais. O fato de que Pennebaker está constrangido fica exposto com clareza, mas, além disso, o que ele realmente está dizendo? Está de fato pedindo algo ou está dizendo que pode talvez ter que pedir algo num eventual futuro?

Note que tendemos a nos concentrar mais em nós não apenas quando estamos falando e escrevendo, mas também quando estamos ouvindo. Todos ficamos. Minha mente vai de *Quando eu passei por algo parecido com isso?* a *O que eu vou dizer depois?*. E não ajuda muito *tentar* escutar. Quando me esforço mais, minha mente começa a saltar para *Como eu devo demonstrar que eu estou escutando?*, *Como eles querem que eu reaja?*, *Como eu posso demonstrar empatia?* Ou *Como eu posso ajudar?*. Eu, eu, eu, eu, eu.

Mesmo quando sou movida pela compaixão (*Eu quero mostrar que eu sou uma boa ouvinte porque eu me importo com essa pessoa*), ainda são muitos eus. A comediante Mindy Kaling faz uma piada engraçada sobre esse fenômeno. Ao descrever como é conhecer alguém em uma festa, ela fala sobre tentar compulsivamente se concentrar na pessoa. "Eu não acho essa pessoa interessante. Eu não quero continuar a conversa. Mas a pior coisa no mundo para mim é que ela pense que acho ela sem graça ou que eu quero me livrar da conversa de algum modo... Daí, a pessoa sai da festa falando para o companheiro: Mindy Kaling é obcecada por mim. Ela conversou comigo por duas horas."

Ao escutar outra pessoa, nossa mente consciente (o Juiz) pode estar se perguntando: *Como ela está se sentindo e o que está pensando?* enquanto nossa mente inconsciente (o Jacaré) pode estar se perguntando: *Como ela está se sentindo e o que está pensando de mim?*. Uma maneira de superar essa dificuldade é explorar formas mais profundas de escuta, sobre as quais vamos aprender mais nos capítulos 6 e 6 ½.

Enquanto isso, se você quiser reduzir os diminuidores

de seu vocabulário, saiba que a maioria pode ser simplesmente pulada. É só falar. Quando James Pennebaker transmitiu a mesma mensagem sobre mudança de sala a um estudante de pós-graduação de posição inferior, ele não sentiu necessidade de se diminuir. Escreveu apenas: "Você poderia mudar de escritório?". Mindy Kaling também sabe que pode ser direta e carismática na festa: "Você pode simplesmente dizer: foi um prazer conhecer você. Vou dar uma circulada".

Essa virada no uso da linguagem reflete uma mudança mais profunda. Vimos que o foco em si é anticarismático: como alguém pode se conectar com você quando você está ocupado demais prestando atenção em si? A solução é simples, ainda que não seja fácil. Mude seu foco para o outro. Pode ser mais ou menos assim.

DIMINUIDOR	PROBLEMA	SOLUÇÃO
"Eu posso estar enganado, mas…" "Meio que parece que…" "É só uma ideia."	Não tem problema não ter certeza sobre os fatos ou o futuro, mas a incerteza na maneira como você se expressa faz as pessoas deixarem de prestar atenção. Você sempre tem a possibilidade de errar, e as pessoas já sabem disso.	Envolva a pessoa com uma pergunta. "Será possível que…?" "E se…?" Ou gere curiosidade. "Escute esta ideia."

"Eu queria que você soubesse..." "Eu estava aqui pensando..." "Eu achei que talvez..."	Sua atenção está em você, e no passado, e cheia de palavras desnecessárias. É difícil de ouvir.	Mude o foco para o interlocutor e o futuro e as palavras desnecessárias vão desaparecer. Em vez de "Eu queria saber se você estaria disposto", "Você está disposto...?".
"Desculpe pelo atraso." "Eu sinto muito por interromper." "Eu lamento muito ouvir isso."	Pedir desculpas ou dizer que sente muito dá a entender que você está se sentindo mal, então está pedindo para o interlocutor se concentrar nos seus sentimentos quando você gostaria de se concentrar nele.	"Obrigado pela sua paciência." "Perdão por interromper." "Que coisa horrível!"

O SEGUNDO PARADOXO DO CARISMA É O INVERSO DO PRIMEIRO: VOCÊ ATRAI A ATENÇÃO DAS PESSOAS AO DAR ATENÇÃO A ELAS

Quando dirigimos nossa atenção à outra pessoa, ela se sente vista e compreendida. Estamos plenamente presentes com ela, e ela consegue ver isso. É uma diferença notável. Ensinamentos espirituais sobre estar presente concentram-se na dissolução do ego ou em fugir da prisão da própria mente. Grandes professores de presença de palco usam o mesmo princípio. Aprendi essa lição com Martin Berman, um ator profissional que conseguia realizar algo que parecia um milagre: obter uma atuação digna de Oscar de qualquer pessoa apenas lendo uma cena com ela. O segredo que ele ensinava a seus alunos era simples: *Sempre se lembre de que a pessoa mais importante no palco é o outro ator.*

Há relatos de inúmeros indivíduos muito carismáticos que são capazes de fazer qualquer pessoa se sentir a mais importante do mundo. Um visitante descreveu sua reunião cara a cara com Charles Manson em termos parecidos. Estavam na Penitenciária Estadual de San Quentin: "Quando você encontra pessoas que são muito persuasivas, elas costumam demonstrar um grande interesse em você". Ele disse que Manson o fez se sentir como se ele fosse a única outra pessoa na sala[5] (de fato ele era, mas você entende o que quero dizer).

MUDAR O FOCO PARA A OUTRA PESSOA

Perguntas são uma maneira fácil de transferir o foco de si mesmo para a outra pessoa. Você pode trocar diminuidores por perguntas, ou pode fazer perguntas sobre a pessoa. Todos sabemos que as pessoas gostam de falar de si próprias, mas você sabia que gostamos tanto de falar sobre nós mesmos que chegamos a pagar para compartilhar informações irrelevantes com desconhecidos? A neurocientista Diana Tamir, que estuda o prazer de se abrir, constata que falar sobre nós mesmos ativa as mesmas regiões do cérebro que dinheiro, sexo e chocolate, o que explica por que gostamos que nos façam perguntas.[6] Em uma série de estudos, as pessoas podiam responder a perguntas sobre outras pessoas em troca de dinheiro ou responder a perguntas sobre si mesmas de graça. Os assuntos eram triviais, mas a experiência de responder a perguntas sobre si era tão agradável que elas decidiam abrir mão de 20% do dinheiro que poderiam ter ganhado só para contar que gostavam de snowboarding e odiavam cogumelo na pizza.

Como adoramos falar sobre nós mesmos, gostamos de pessoas que nos convidam a fazer isso. Alison Wood Brooks e seus colegas constataram que, quando as pessoas estão se conhecendo, aquelas que fazem mais perguntas são mais populares, e participantes de encontros rápidos que fazem mais perguntas têm mais chances de ter um segundo encontro.[7] E gostavam ainda mais delas quando algumas dessas perguntas eram perguntas adicionais, o que era visto como uma expressão de profundo interesse. Vale ressaltar que as pessoas que escutavam essas conversas não gostaram mais de quem fazia perguntas — essa era a impressão apenas de quem respondia às perguntas.

Essa afinidade poderia levar a uma intimidade real? Arthur e Elaine Aron elaboraram um estudo em que pares de participantes alternaram em fazer 36 perguntas um ao outro. Começaram com questões simples, como "Quem você gostaria de convidar para o jantar?" e, aos poucos, avançavam para perguntas mais pessoais, como "Quando foi a última vez que você chorou?".[8] Finalmente, ao término do experimento, cada pessoa concentrava a atenção no parceiro sem fazer nenhuma pergunta. Eles se olhavam por quatro minutos sem falar. Apenas atenção pura. Diz a lenda que um desses pares se casou.

Não é preciso ir tão fundo. Você pode lembrar a si mesmo de concentrar a atenção no outro falando o nome das pessoas com mais frequência. Para começar, é uma dica útil para seu subconsciente: *Não é sobre mim, é sobre elas*. E, claro, dessa forma você também atrai a atenção da outra pessoa. Afinal, ouvir nosso nome tem o poder de nos despertar do sono. Dale Carnegie nos aconselhou a usar o nome dos outros já em 1938, quando escreveu o clássico *Como fazer amigos e influenciar pessoas*, e a neurociência confirmou posteriormente que nosso nome tem uma assinatura única e exclusiva que ativa partes autorreferenciais do cérebro.[9] *Sou eu. Ele está prestando atenção em mim!*

Pensei em Dale Carnegie quando me dei conta de que meu vizinho de cima, Kevin, usava o nome das pessoas *sem parar* em todas as conversas. "Ei, Zoe, como você está, Zoe?" Optometrista, ele parecia conhecer todos na cidade inteira. Nós o chamávamos de Prefeito de Somerville e sempre ficávamos felizes ao vê-lo. Embora seu hábito de repetir os nomes fosse esquisito e tirássemos sarro dele por isso, funcionava. Todos gostávamos dele, em parte porque sentíamos que ele gostava de nós. Se você perguntasse a qualquer pessoa, ela diria que aquele Kevin simpático, feliz e engraçado tinha muito carisma.

Ser carismático não exige ser gentil (embora, claro, você possa ser carismático e gentil ao mesmo tempo). E ser carismático não significa que você não possa falar de si. Pensar nos pronomes ajuda a identificar pistas de quando você está abusando da criptonita do foco em si mesmo em seu carisma, mas não exagere tirando o "eu" do seu vocabulário. Apenas use essa perspectiva nova como uma dica para considerar, de tempos em tempos, quem pode ser o centro da sua atenção. E então, se quiser, desvie essa atenção de você mesmo.

RELAXAR A VOZ COMO UM MARCADOR DE CONFIANÇA

Em 2015, Elizabeth Holmes, a queridinha da biotecnologia do vale do Silício e fundadora da Theranos, era um ícone de empoderamento feminino. Aos 31 anos, foi reconhecida pela Forbes como a empreendedora bilionária mais jovem do mundo. Holmes era inteligente, atraente e durona; mostrava a outras jovens mulheres como ter sucesso no setor machista e implacável de startups de tecnologia. Isto é, até John Carreyrou divulgar a história de que os exames de sangue da Theranos, com sua promessa de melhor saúde global, eram pura falsidade. Holmes havia mentido para investidores e para o conselho da empresa; havia mentido na TV e para o público. Pensando em retrospecto, o que deveria ter nos chamado a atenção de que era uma farsa?

A opinião pública convergiu em um sinal de alerta: a voz de Elizabeth Holmes. A jovem magra e loira era famosa por ter uma voz mais parecida com a de um velho que fumava um maço de cigarros por dia. Definitivamente nenhuma mulher com um vozeirão como aquele deveria ser confiável. Testemunhas surgiram e alegaram conhecer a voz "verdadeira" dela, que era mais aguda e feminina.

Apesar de ser muito ocupada com política, a primeira-ministra britânica Margaret Thatcher trabalhou com um coach para tornar sua voz mais grave. Thatcher e Holmes não eram bobas: muitos estudos mostram que os ouvintes julgam pessoas com vozes mais graves como mais fortes,[10] mais competentes, mais atraentes,[11] mais dominadoras e mais capazes de serem boas líderes.[12] Mas acredito que Elizabeth Holmes, Margaret Thatcher e todos os outros que aprenderam a tornar a voz mais grave para se tornar mais influentes não entenderam algo importante sobre *por que* vozes mais graves são mais influentes.

Você já notou que, quando está tenso e acanhado, seus ombros se curvam e você às vezes cruza os braços como proteção diante do peito? Isso afeta como você é visto pelos outros, claro, fazendo parecer menos confiante, e afeta como sua *voz* soa, o que é igualmente importante se pensarmos em termos de influência. Quando estamos nervosos, temos a tendência a obstruir a garganta, fazendo a voz sair aguda, ou criando aquele som áspero que tanto irrita algumas pessoas. Se vozes agudas e obstruídas são associadas a medo ou tensão, não é de surpreender que sejam menos persuasivas. Falar com seu registro grave *natural* tem o efeito oposto: é uma demonstração de autoconfiança. Exige relaxar seu diafragma e sua garganta, o que é simplesmente impossível de fazer sob ameaça. Seu registro grave natural é a voz tranquila e confiante que faz você soar mais presente e torna mais fácil que as pessoas prestem atenção em você. Isso se aplica a qualquer gênero.

Com um pouco de prática, falar com seu registro grave natural pode ajudar a se *sentir* mais presente também. No começo, porém, pode parecer estranho — como qualquer comportamento novo. Uma sugestão é começar a praticar ao telefone, quando você pode ficar em pé ou deitado, como se sentir mais à vontade. Fechar os olhos pode ajudar. Assim como falar mais devagar. Se for esquisito, pratique com estranhos antes de recorrer a amigos. Note se as pessoas parecem mais abertas ao que você tem a dizer. Lembro que, quando eu estava começando a me conscientizar disso, meu então companheiro disse pela primeira vez: "Eu poderia escutar sua voz por horas".

Atores, cantores, bailarinos e outros artistas usam um

exercício de treinamento postural para ajudar a relaxar a voz liberando a tensão no corpo. Basta ficar de olhos fechados, com os braços ao lado do corpo, e imaginar um fio invisível ligando seu esterno até as nuvens. Agora imagine o fio sendo esticado com suavidade enquanto você faz algumas respirações lentas e profundas. Os ombros caem levemente para trás. A caixa torácica se expande. Os braços ficam pesados. Experimente como é essa sensação no corpo. Essa postura aberta e relaxada ajuda a soltar a voz para entrar no registro natural dela. Você pode até descobrir que liberar a postura e relaxar a voz torna mais fácil se livrar dos diminuidores. A aparência e a voz serão mais carismáticas, e as pessoas acharão mais fácil prestar atenção em você.

CARISMA SOB OS HOLOFOTES

Amontoada com uma centena de outros fãs no Club 3121, eu desfrutava da ansiedade de um sonho se tornando realidade. Adorava o Prince desde o primário e estava prestes a vê-lo ao vivo num show. Quando a bateria começou a tocar, o artista lendário entrou no palco com uma jaqueta de cetim comprida e saltos plataforma. Pegou o microfone com as duas mãos e parou — eu tinha certeza — olhando bem nos meus olhos. Ele entoou o primeiro verso de seu número de abertura: *"Before we get started, are we all alone?"*.

Peguei no braço da minha amiga. "Vou desmaiar."

Enquanto eu dizia essas palavras, a mulher do meu outro lado caiu no chão, inconsciente. Soube pelos paramédicos que a levaram que desmaios em shows do Prince não eram raros. O carisma dele era gigantesco, e nem todo mundo conseguia lidar com aquilo.

Mas nem sempre tinha sido assim. Na verdade, a falta de carisma quase matou sua carreira antes mesmo de decolar. Profissionais do ramo concordavam que o jovem Prince Rogers Nelson era um músico talentoso, mas ninguém sabia o que fazer com seu estilo esquisito de se apresentar. Ele parecia mais à vontade de costas para a plateia e, nas raras vezes em que falava entre uma música e outra, sua voz saía como pouco mais de um sussurro. Quando caça-talentos da Warner foram ao segundo show solo dele em 1979, assinaram um contrato mas se recusaram a mandá-lo em uma turnê.

Quando o single *I Wanna Be Your Lover* chegou ao número um das paradas e ele *ainda* não estava em turnê, Rick James, o Rei do Funk na época, convidou o artista emergente a abrir seus shows. Segundo Rick James, quando Prince subia ao palco de trench coat e calção, "os caras da plateia se matavam de vaiar".

Mas Prince se recusou a desistir. Ele havia adquirido seus talentos musicais praticando em seus instrumentos durante horas todos os dias, e encarou a arte do palco da mesma forma. Estudou Rick James e outros artistas que admirava, prestando atenção em todas as palavras e gestos. Mudou a maneira como se movimentava e, mais importante, aprendeu a concentrar sua atenção na plateia. Fez tudo isso muitas vezes, até que se tornasse habitual. Ele contava histórias e fazia perguntas, envolvendo os fãs. Ao fim da turnê, Prince estava transformado e a plateia, hipnotizada. Rick James admitiu sentir inveja. Carisma não é algo que você *é*. É algo que você *faz*, o que coloca o carisma sob seu controle: é possível se tornar mais carismático ajustando a forma de interação com as pessoas.[13]

Já olhamos para ferramentas que são úteis em interações individuais, então vamos olhar agora para algumas que se aplicam a apresentações públicas, incluindo falar em público, o que é assustador para a maioria das pessoas.[14] Alguns dos meus momentos mais agradáveis como professora foram observando estudantes fazerem pequenos ajustes que os tornaram irresistíveis no palco. A cirurgia de cordas vocais de uma aluna havia deixado sua voz quase como um sussurro. Ela presumia que, como era difícil escutá-la, não haveria interesse no que ela tinha a dizer. Mas, com um microfone e um pouco de treinamento sobre como direcionar sua atenção, ela nos fez prestar atenção em cada palavra. Outro aluno nos deixou enfeitiçados com uma história sobre sua mãe, embora estivesse falando em húngaro e não conseguíssemos entender uma palavra do que ele dizia. E teve Sukari Brown, uma aluna visitante que sentia que aquele não era seu lugar.

Sukari odiava falar em público, mas se voluntariou para tentar mesmo assim e contou uma história sobre assistir ao filme *Pantera Negra*, que havia estreado alguns meses antes. Eu a orientei a fazer alguns pequenos ajustes para que ela conseguisse nos cativar. Concentrando-se em membros da plateia um a um, Sukari nos convidou a refletir sobre como é ver pessoas que se parecem com você serem relegadas a representar traficantes e capangas na telona. Ela fez uma pausa, prestamos atenção, e ela nos pediu para imaginar como é ver, pela primeira vez, pessoas que se parecem com você representando heróis, cheios de orgulho e poder. Ela nos contou que voltou ao cinema para ver *Pantera Negra* cinco vezes. Sentimos a dignidade, a raiva e a esperança dela. Demos uma sonora salva de aplausos, e ela se deliciou com a reação. Em um bilhete que me enviou depois, Sukari escreveu: "Até aquele momento, eu me questionava se deveria estar lá — em Yale, no seminário e até fazendo um MBA. Depois que meu coração parou de surtar e minha respiração voltou ao normal, percebi que posso *sim* fazer isso. Esse é sim o meu lugar".

Quando nos sentimos à vontade no palco, ficamos à vontade no palco. Aqui vão algumas ideias e ferramentas que podem ajudar a chegar lá. Foi o que ensinei a Sukari.

O PALCO É UM VÓRTICE TEMPORAL

Passar uma hora com a pessoa amada pode fazer você sentir que durou apenas um minuto, enquanto um minuto na cadeira do dentista pode parecer uma hora. Estou parafraseando, mas é assim que Einstein explicou sua teoria da relatividade. A passagem do tempo depende do referencial. Se você já vivenciou um acidente de carro ou uma queda como se acontecesse em câmera lenta, já sentiu esse vórtice temporal. Enquanto o acidente acontece, o Jacaré está aceleradíssimo. Ele está prestando tanta atenção em cada detalhe que é como se houvesse um aumento enorme no número de frames por segundo do filme — e é exatamente assim que se filma uma cena em câmera lenta. No entanto, quando as pessoas que compartilham a mesma experiência têm referenciais diferentes, o tempo pode ficar esquisito.

Estar diante de uma plateia cria um vórtice temporal. O tempo se move de maneira diferente para palestrantes e ouvintes, o que pode tornar difícil encontrar uma sincronia. O nervosismo — que quase todo orador sente — ativa a consciência elevada do cérebro de Jacaré, com sua atenção voltada a cada momento, um por vez; as pessoas na plateia não têm motivo para estar nervosas, por isso elas não têm essa consciência elevada. Entre no vórtice temporal.

Depois de convidar um voluntário da minha turma para se levantar e falar com o restante de nós por um minuto (com todo o estresse inevitável somado a saber que o estaremos julgando como orador), pergunto à plateia. Como foi o ritmo? Rápido demais, lento demais ou perfeito? Quase sempre, a plateia diz que foi rápido demais. O nervosismo faz parecer que o tempo está passando mais devagar, e assim os oradores nervosos acabam acelerando sua apresentação, o que torna difícil acompanhar o que está sendo dito. É preciso tanto esforço para prestar atenção que o Jacaré se distrai. Quem está na plateia começa a olhar a hora, dá uma checada no celular e para de prestar atenção. Se o orador não conseguir desacelerar para encontrar o ritmo da plateia, ele não terá a atenção do público e não conseguirá passar sua mensagem. Diminuir a velocidade, porém, pode ser estranhamente difícil (o que também torna divertido de assistir). Os oradores que tentam diminuir o ritmo às vezes esteeeeendem aaaas síííííílaaaabaaaas. Ou. Falam. Como. Um. Robô. Mas o que realmente os ajuda a lidar com o vórtice temporal é *o poder da pausa*.

Em aula, passamos muito tempo praticando isso. Treino oradores a acrescentarem pausas a cada ponto-final e vírgula da apresentação, desacelerando até eles terem certeza de que está lento demais — embora a plateia diga que está perfeito. Pausas são momentos para se conectar com a plateia, para concentrar a atenção nos ouvintes enquanto os pensamentos deles estão chegando ao momento atual. Pausar não só transmite mas também exige autoconfiança.[15]

Pausas corporais — momentos em que você não está andando, se remexendo nem fazendo nenhum movimento dramático com as mãos, mas sim respirando com tranquilidade, as mãos confortáveis ao lado do corpo — são especialmente úteis. Não apenas durante a apresentação mas também antes e depois. Esse segredo para o carisma é tão simples que quase ninguém o ensina nem treina, mas funciona para oradores e artistas de todos os tipos.

Aqui estão algumas oportunidades para uma pausa corporal em uma conversa formal ou apresentação.

- Quando outra pessoa estiver falando ou se apresentando, pause todo o corpo e *foque a atenção nela*. Pode ser um membro da plateia fazendo uma pergunta. Um funcionário mais jovem falando na reunião. Um membro da banda tocando um solo. Qualquer pessoa que tem a atenção do público deve ter sua atenção também. Você pode ficar tentado a olhar para as outras pessoas ao redor, a baixar os olhos ou a desviar a atenção. Se fizer isso, vai perder a atenção total do grupo, e uma atenção se esvaindo é mais difícil de prender quando for sua vez de falar. Quando for a vez de outra pessoa ser carismática, não distraia os outros nem se permita distrair.

- Quando for sua vez de falar ou se apresentar, agradeça à pessoa que apresentou você, se houve alguém nesse papel, então *volte o foco para a plateia*. Faça uma pausa corporal para uma respiração completa, sorria e você terá toda a atenção da plateia quando começar. Quando estiver em um painel ou uma reunião informal, a pausa não precisa ser óbvia, mas parar esse momento para direcionar sua atenção vai prender a atenção deles. Agora todos os olhos estão em você.

- Quando acabar sua vez sob os holofotes, pare um momento para agradecer à plateia antes de sair. Se houver aplausos, faça uma pausa para recebê-los por pelo menos uma respiração, *deixando a atenção da plateia repousar completamente em você*. Você se concentrou em todos, com um carisma radiante, e eles sentiram isso. Agora, com humildade e gratidão, receba. Tendemos a imaginar que sair correndo do palco demonstra humildade, mas na verdade isso transmite um pedido de desculpas tácito — *Desculpe por ter desperdiçado seu tempo*. Em vez disso, pare um momento para agradecer sua plateia com uma pausa que diga: *Obrigado pelo seu tempo. Sou grato por isso, e também gostei de estar com vocês*. Você pode acenar, fazer uma reverência, levar a mão ao peito ou até mandar um beijo se for esse tipo de pessoa e estiver nesse tipo de evento.

Uma pausa, quer seja momentânea ou estendida, pode realinhar a passagem do tempo entre você e sua plateia. Eles escutam o que você acabou de dizer. Esse é um dos dois segredos da presença de palco.

O segundo é brilhar.

ESTE SEGREDO SE BASEIA NO TERCEIRO
PARADOXO DO CARISMA. PARA SE CONECTAR
COM MUITAS PESSOAS, CONECTE-SE COM UMA

Quando Prince fez contato visual comigo, não sei se ele realmente estava se concentrando em mim, ou na mulher que desmaiou, ou no homem perto dela, ou em alguém completamente diferente. Não importa. A conexão individual foi tão forte que todos ficamos hipnotizados. Essa técnica — conectar-se com muitos conectando-se com um — é *brilhar*.[16]

Praticamos isso em aula da seguinte forma. Peço um voluntário que deteste falar em público. Veremos quanto tempo demora para essa pessoa se conectar — conectar-se de verdade — com todos os membros da plateia. Não é uma tarefa fácil. Na verdade, brilhar é uma habilidade tão avançada que são poucos os oradores ou artistas profissionais que a dominam. Mas até mesmo um novato consegue aprender a arte de brilhar, e ajuda ter bastante gente com quem praticar.

Peço então ao voluntário que conte uma história em sua língua materna. Algo que ouviu ou contou muitas vezes, como um conto de fadas ou uma parábola religiosa. Pode ser uma história pessoal, mas apenas se a tiver repetido muito. Para brilhar, é preciso estar tão à vontade com o material que seja possível falar de improviso, ou ter ensaiado tanto que as palavras fluam de maneira automática. Enquanto o Jacaré estiver dizendo as palavras, o Juiz pode estar falando para o resto do corpo o que fazer. Para a finalidade desse exercício, não importa se a plateia entende suas palavras ou não. Você pode brilhar sem nem soltar nenhum som.

Brilhar é a conexão elétrica que proporciona a alguém a sensação de ser a única outra pessoa na sala. Tem o gosto íntimo do exercício em que dois parceiros se encararam nos olhos sem falar nada. É o que fez a mulher no show do Prince perder a consciência.

Brilhar difere de todas as outras estratégias de oratória porque exige a participação voluntária de outra pessoa. Não dá para brilhar sozinho; não dá brilhar com alguém que está olhando para o celular; só dá para brilhar se os ouvintes sentirem você brilhar. E eles querem sentir você brilhar porque isso os faz se sentirem mais vivos. Como apresentador, você vai se sentir da mesma forma — ao mesmo tempo conectado e vulnerável e poderoso. Ao voltar sua atenção para o outro, você também está se abrindo para atrair a dele.

É assim que se faz. Olhe nos olhos de uma pessoa na plateia e abra o coração enquanto fala para ela e apenas para ela. Ofereça a essa pessoa o dom da sua energia concentrada até ela sentir a conexão entre vocês. A mensagem que você está enviando é *Aqui estou eu. Aqui está você. Aqui estamos nós, juntos. Oi.* A energia sendo trocada é algo como o amor. Talvez seja exatamente isso.

Quanto praticamos brilhar, todos na plateia começam com a mão erguida, e a mantêm erguida até sentirem o orador se conectar com eles. Então abaixam a mão. O objetivo do orador é fazer todas as mãos baixarem. O vórtice temporal também representa um papel aqui. Os oradores se surpreendem com a demora para a conexão acontecer, mas a plateia não sente o mesmo. E, quando uma conexão real é criada, o tempo não apenas se sincroniza; quase parece parar. Quando chegam a esse nível de conexão, oradores e membros da plateia se surpreendem ao ver outras mãos baixarem em outras partes da sala. A conexão indireta pode ser tão evidente quanto uma conexão direta.

Não é fácil brilhar quando se tenta pela primeira vez. E alguns membros da plateia definem um nível alto para sentir uma conexão e só baixam a mão quando você toca a alma delas. A proximidade ajuda. Se o membro da plateia não abaixar a mão depois de algumas frases, você pode querer desistir e tentar se conectar com outra pessoa. Mas, em vez disso, lembre-se de suas pausas e dê um passo para mais perto. E outro passo, se necessário. Conforme você se aproxima, a mão dela vai descer, mais cedo ou mais tarde. Ninguém pode ignorar a sensação de conexão quando um ser humano valente e vulnerável está bem à sua frente, preparado para brilhar. Brilhar é tão potente que até um orador relutante ou iniciante consegue se conectar com todos os membros de uma turma de trinta pessoas em cinco ou dez minutos.

Na próxima vez em que falar com um grupo, olhe para a plateia. Você vai notar que algumas pessoas ali também estão brilhando. Elas podem estar sorrindo ou acenando, rindo das suas piadas. Elas atraem sua atenção lhe oferecendo uma atenção concentrada e entretida, e algumas brilham tanto que seria fácil ignorar todas as outras pessoas. Quando fizer contato visual com essas pessoas, você pode sentir a energia delas amplificar a sua.

Você também pode ser uma dessas pessoas brilhando na plateia. Sente-se perto da primeira fileira, siga os olhos do orador, abra seu coração e emane sua energia para ele. Ouça de verdade. O orador vai sentir isso e fazer contato visual com você porque sua presença está chamando a atenção dele. Brilhar na plateia é um presente para o orador, e essa conexão torna mais fácil fazer uma pergunta ou abordá-lo depois, se for da sua vontade.

Se você for um orador experiente que já se sente à vontade no palco, pode elevar seu brilho ainda mais desafiando-se a se conectar com os integrantes da plateia que não parecem receptivos. Eles olham o celular, ou simplesmente mantêm a cabeça baixa enquanto fazem anotações (embora possam estar ouvindo com atenção), ou parecem sonolentos, céticos ou entediados. Essas pessoas podem não notar quando você olhar para elas, mas vão notar quando você se aproximar ou se dirigir a elas pelo nome. Você não as está julgando por não estarem presentes, está abrindo os braços para trazê-las de volta. Isso é um presente para o grupo, porque a conexão que você estabelece com um membro relutante da plateia pode atingir todos na sala. A plateia é como um cordão de luzinhas com apenas algumas lâmpadas acesas. Quando você brilha para a pessoa cuja atenção está vagando, todo o cordão de repente se acende. Rostos se iluminam, olhos brilham, todos sentem.

O segredo do carisma é a conexão.

4½. Momentos de verdade

Você acabou de chegar e a festa já está a todo vapor. A música está alta e os convidados reunidos em grupos, pertinho uns dos outros para se ouvirem. Não há nenhuma salva de aplausos para saudar sua entrada; ninguém fica em silêncio para admirar sua roupa nova. A festa simplesmente continua. Se você tivesse chegado antes, o anfitrião poderia estar falando com você, e não com aquele engomadinho ali. Mas você não chegou antes — chegou agora. E não pode ficar simplesmente parado bloqueando a porta.

Constrangido, você observa a multidão para não ficar com cara de perdido. Um amigo o chama. Você se aproxima e para meio longe do grupo, ouvindo a mulher de cabelo rosa que está rindo tanto que mal consegue terminar sua história. Você não interrompe nem começa sua própria história quando ela acaba de falar. Você não puxa seu amigo de lado. Não pergunta o nome de todo mundo, como se a festa tivesse acabado de começar. Em vez disso, entra no fluxo, rindo junto com os outros. Talvez você comente a história ou faça alguma pergunta. Você se apresenta quando as pessoas estão prontas para conhecê-lo. Conta sua história quando estão prontos para ouvi-la.

Você conhece as regras de etiqueta em festas. Mas, quando quer prender a atenção de alguém em situações do dia a dia, é fácil se esquecer que a vida dos outros é uma festa que já está a todo vapor. Quer elas decidam ou não prestar atenção em você — e como reagem se prestarem — depende do seu timing. Às vezes, *quando* você pede importa mais do que *como* pede ou até mesmo do *que* você pede. *Momentos de verdade* são situações em que alguém está particularmente aberto à sua influência.[1] Como a atenção consciente do Juiz está sempre concentrada em algo, ajuda perguntar no que ela está concentrada e ver se você consegue abordar a pessoa quando sua ideia for relevante. Você pode ter a solução para um problema que ela esteja enfrentando. Vou explicar melhor.

Minha segunda campanha de marketing favorita baseada em um momento de verdade foi da companhia aérea Cebu Pacific. Hong Kong estava em plena época de monções, com horas de chuva diária deixando todos encharcados e infelizes. Em vez de tentar competir no concorrido mercado de mídias digitais, a equipe de publicidade saiu às ruas no intervalo entre uma tempestade e outra para rapidamente pintar mensagens sobre as calçadas da cidade usando spray impermeável e estêncil. O spray funcionava como tinta invisível, desaparecendo ao ser absorvido pelo cimento seco. Milhares de pessoas passaram por cima das mensagens sem perceber — até as chuvas voltarem.

Quando o dilúvio seguinte molhou as calçadas e os pedestres se aglomeraram embaixo dos guarda-chuvas, eles viram a mensagem da Cebu Pacific surgir sob seus pés feito mágica.[2] "Nas Filipinas está fazendo sol." Escanear um QR Code também pintado com estêncil os levava ao site da Cebu Pacific, que durante as monções estava oferecendo uma promoção para destinos de praia. Essa campanha aumentou as vendas em 37% — e se você trabalha com marketing, sabe que isso é um sucesso enorme. As mensagens secretas capturaram a atenção de todos, aparecendo no momento exato em que a oferta de um destino tropical seria mais bem-vinda (sob uma chuva forte) e num lugar onde a atenção das pessoas já estava concentrada (na calçada, para evitar pisar em poças). Um momento de verdade é um tempo ou um lugar ou ambos — o contexto como um todo. E, nesse caso, o QR Code facilitava agir naquele exato momento, quando as pessoas estariam mais motivadas.

Momentos de verdade são relevantes em qualquer tipo de comunicação. Quando seu chefe pode estar mais aberto a discutir um aumento? Quando seu companheiro pode estar mais aberto a discutir uma mudança? Se você tiver uma mensagem para compartilhar com o mundo, como pode associá-la a notícias ou acontecimentos atuais, questões em que as pessoas já estão prestando atenção?

Quando não há algo no Zeitgeist para criar uma associação, você pode criar seu próprio momento de verdade. Um toque de drama pode ajudar. Quando o excêntrico bilionário brasileiro Chiquinho Scarpa anunciou que tinha se inspirado nos faraós para enterrar seu Bentley de 500 mil dólares no jardim, ele atraiu uma tempestade de críticas nas redes sociais e na imprensa. O dia do enterro foi um circo midiático, cheio de jornalistas, equipes de filmagem e helicópteros no céu. Quando o Bentley estava descendo para a cova, Scarpa interrompeu os procedimentos de repente e convidou a multidão para entrar na mansão, onde fez um discurso.

Embora todos reconheçam que é um absurdo e um esbanjamento enterrar um carro lindo como aquele, Scarpa disse, a maioria decide enterrar algo muito mais valioso:

nossos órgãos. Esse, ele acrescentou, é o verdadeiro desperdício mais terrível de todos. Então Scarpa fez seu grande anúncio: o lançamento da nova Semana Nacional de Doação de Órgãos do Brasil. Nesse momento, ele foi de crápula nacional a herói nacional, transformando multidões de haters em fãs. As doações de órgãos aumentaram 32% em apenas um mês.[3]

No próximo capítulo vamos discutir a importância de usar enquadramentos, mas a verdade é que os melhores enquadramentos em geral dependem de timing. Pesquisadores descobriram que tomamos decisões de formas diferentes se a oportunidade está no futuro próximo ou distante. As decisões sobre o futuro próximo tendem a se basear em considerações concretas, como processo e viabilidade.[4] *Como posso fazer isso funcionar? Tenho tempo? O que mais eu perderia?* Considerações sobre o futuro distante tendem a ser mais abstratas, concentradas em desejabilidade. *Por que eu faria isso? Vou gostar de fazer isso? Como isso contribuiria para a minha vida ou a dos outros?* Ao convidar alguém para fazer algo por você, você pode se concentrar na logística e nos detalhes concretos quando falar sobre o futuro próximo e enfatizar o impacto ao falar sobre o futuro distante. Se estiver pedindo ao CEO para dar uma palestra na semana que vem, explique como vai minimizar os transtornos — porque é com isso que ele vai se importar no momento. Se a palestra for no mês seguinte, descreva como poderia fazer uma grande diferença — porque é com isso que ele vai se importar naquele momento.

Entender essa dinâmica cria outra oportunidade para ativar o poder do timing: a *intenção de pôr em prática*. Essa é uma das intervenções mais bem-sucedidas para mudar o comportamento e ajuda as pessoas a fazer todo tipo de coisas que elas querem fazer mas que costumam deixar de lado, como se exercitar, fazer exames de saúde anuais, reciclar o lixo e votar. A intenção de pôr em prática é basicamente responder à pergunta: "Certo, então quando e como vamos fazer isso?".

Em 2008, Todd Rogers tinha acabado de se formar em Harvard e queria usar a ciência comportamental para influenciar a política. Ele sabia que a maioria das campanhas para aumentar o comparecimento às urnas não surtia efeito algum, mas ele tinha um pressentimento: as intenções de pôr uma ação em prática poderiam ajudar. Sua equipe de pesquisa chamou mais de 200 mil eleitores registrados. O roteiro de pôr em prática questionava se eles pretendiam votar, e então perguntava quais, especificamente, eram seus planos.[5] Quando votariam, e de onde viriam? O que estariam fazendo imediatamente antes? As respostas não importavam, mas as perguntas sim. Ao considerar as perguntas sobre como pôr as intenções em prática, os eleitores formaram um plano e identificaram um sinal que serviria como um alarme para o cérebro de Jacaré no dia da eleição. Se o plano era votar no caminho do trabalho para casa, o alarme soaria quando entrassem no carro para voltar para casa. *Pim! Hora de votar!* Um momento de verdade interno. E funcionou. A intervenção de Roger aumentou o comparecimento às urnas em 4% — uma margem tão grande que seria capaz de mudar o resultado em quatro dos cinco estados decisivos. Hoje os dois maiores partidos norte-americanos usam essa estratégia em suas campanhas de comparecimento eleitoral.*

---

* Mas você sabe o que teve o maior efeito no comparecimento às urnas? Isto mesmo: fácil acesso a uma zona eleitoral. Facilidade vence praticamente tudo.

Sou fã de usar o timing como uma ferramenta de influência porque isso nos impede de sermos chatos. Em vez de tentar afastar as pessoas do que elas estão fazendo, encontramos um momento de verdade para apresentar algo relevante. Entramos na conversa de maneira fluida no momento perfeito e contribuímos com algo, em vez de interromper a pessoa.

Ah, sim. Lembra que eu disse que "Nas Filipinas está fazendo sol" é minha segunda campanha de marketing favorita usando um momento de verdade? A favorita é um anúncio impresso das camisinhas Durex. Muito simples. Apenas algumas palavras em um fundo lavanda: "A todos que usam os produtos de nossos concorrentes: Feliz Dia dos Pais".[6]

5. A magia transformadora de um simples enquadramento

Derren Brown já jogou roleta-russa com balas de verdade, conseguiu prever os números da Loteria Nacional, convenceu uma pessoa tímida a empurrar um desconhecido do alto de um prédio, influenciou um supremacista branco americano a trocar de vida com um imigrante mexicano ilegal, persuadiu empresários em um seminário motivacional a roubar 100 mil libras num assalto a banco à mão armada e conspirou com os amigos e parentes de um fracassado egoísta a encenar o fim do mundo e o apocalipse zumbi que o tornariam um herói (depois, na vida real, ele virou professor de crianças com necessidades especiais). Eu e minha filha, Ripley, uma vez tentamos replicar um truque mais simples em que Derren compra joias com pedaços de papel em branco em vez de dinheiro, mas não funcionou. Derren Brown é um ilusionista psicológico que sabe mais sobre influência do que praticamente qualquer pessoa.[1]

Sou uma grande fã dele, por isso estava na plateia de *Secret*, sua estreia nos palcos dos Estados Unidos.* Quando Der-

---

* Ao assistir a um show ao vivo, juramos sigilo, por isso, Derren, espero que me perdoe por quebrar minha promessa e revelar apenas uma pequena parte.

ren tirou do bolso da calça "apenas uma banana comum", demos risada. Ele disse que estava feliz em nos ver — só não tão feliz quanto alguns de nós poderiam ter pensado. Rimos um pouco mais. Ele apoiou a banana em um suporte perto da frente do palco e nos alertou que, em algum momento, um homem fantasiado de gorila subiria ao palco e pegaria a banana, mas que provavelmente não veríamos.

Valendo! Eu *não* deixaria de ver o gorila porque sabia tudo sobre o experimento do gorila invisível.[2] Christopher Chabris e Daniel Simons haviam pedido aos participantes que assistissem a um vídeo curto de jogadores de basquete driblando e passando a bola de um lado para outro. A tarefa era contar o número de vezes em que os jogadores de camisa branca — e não os de preto — passavam a bola. Como os participantes do estudo estavam concentrados demais em contar, eles não notaram o sujeito fantasiado de gorila entrar no jogo, parar no meio, bater no peito e sair andando. Quando assistiram ao vídeo de novo depois de saberem do gorila, ficaram em choque. Como puderam ter deixado de notar algo tão dramático? Os pesquisadores batizaram esse fenômeno de *cegueira por desatenção*.

Eu estava, portanto, prestando muita atenção. Eu é que não cairia nessa cegueira por desatenção. Enquanto Derren falava, voltei o olhar para a banana umas cem vezes para confirmar que ela estava lá, e estava — até o momento em que Derren perguntou: "Alguém viu o gorila pegar a banana?". Ninguém tinha visto. Então um braço de gorila se estendeu dos bastidores para devolver a banana a Derren, e ele nos deu mais uma chance. Prometi a mim mesma que *pegaria* o gorila dessa vez, e peguei.

Momentos depois que Derren carregou um grande cavalete para o lado direito do palco ("Mantenham os olhos no cavalete"), o gorila saiu discretamente de trás das cortinas à esquerda para roubar a banana! Houve risos e entusiasmo enquanto os membros da plateia gritavam a descoberta — tínhamos sido mais espertos do que ele! O gorila deu de ombros e então tirou a cabeça da fantasia para revelar... Derren Brown. Tínhamos perdido a verdadeira troca, mais uma vez.

Derren Brown é um gênio em direcionar a atenção por meio de um processo chamado *enquadramento*. Tanto direta como indiretamente, ele nos diz o que procurar, influenciando o que vemos — e o que deixamos de ver. O enquadramento é uma coisa mágica. Determina a experiência das pessoas e molda até a maneira como elas pensam. No experimento original do gorila feito por Chabris e Simon, enquadrar a tarefa como um exercício de contagem fez os participantes pararem de prestar atenção em todo o resto. Em *Secret*, Derren Brown nos fornece quadros para guiar nossa atenção durante todos os momentos do show — até o momento ninja em que nos diz "Mantenham os olhos no cavalete" para nos fazer desviar os olhos. Um enquadramento não diz: "Preste atenção nisso e ignore todo o resto!". Mas cria esse efeito colocando uma ideia no centro de nossa atenção e nos dando um motivo para nos concentrarmos nela.

Se eu pedisse para você pensar em uma lista de coisas brancas, seria fácil, certo? Mas e se enquadrasse o experimento de maneira um pouco diferente, acrescentando "como leite e neve"? Tente. Há inúmeras coisas brancas na terra, mas, a partir do momento em que você tem leite e neve no centro das atenções, passa a ser muito mais difícil pensar em outras coisas brancas, como nuvens e coco ralado.[3] Leite e neve são tão iconicamente brancos e criam um enquadramento tão forte que inibem as alternativas. Em outras palavras, enquadramentos eficazes podem "pegar" tanto que passa a ser difícil ver as coisas de uma perspectiva diferente. Um desses enquadramentos ajudou a transformar uma pequena startup de tecnologia na empresa mais valiosa do mundo.

Alguns anos depois de ter cofundado a Apple em uma garagem, Steve Jobs quis recrutar John Sculley para se tornar o novo CEO da empresa. Não era um pedido qualquer. Sculley era CEO da PepsiCo, a gigante de lanches e bebidas de 2 bilhões de dólares, o que significava que Jobs estaria pedindo a um dos executivos mais bem-sucedidos do mundo que descesse um degrau enorme. Não é de surpreender que Sculley tenha dito não. Mas os dois viraram amigos e, de tempos em tempos, Jobs insistia na proposta. Um dia, quando estavam sentados em uma sacada com vista para o Central Park, Jobs se virou para o amigo e perguntou: "Quer vender água com açúcar pelo resto da vida? Ou quer vir comigo e mudar o mundo?".

Sculley recorda: "Engoli em seco. Sabia que passaria o resto da vida me perguntando o que havia deixado escapar".

Da mesma forma que a palavra "neve" impede que objetos brancos venham à mente, a ideia de que ele estava "vendendo água com açúcar" tornaria difícil para Sculley pensar no seu trabalho na Pepsi de outra forma. Quando Jobs fez esse enquadramento, acabou colando. Sculley aceitou participar, e o resto é história.

Enquadramento é como os feitiços funcionam na vida real. Só de descrever ou nomear uma coisa, você lhe dá vida. Um enquadramento bem escolhido pode determinar o que é relevante, o que é importante ou o que é bom. Quando se enquadra a experiência de uma pessoa de forma convincente, moldam-se as expectativas dela, bem como a interpretação que ela dará aos acontecimentos. Aqui vai um exemplo de como eu poderia usar o enquadramento no começo de uma apresentação.

"Minha promessa para esta sessão é que vocês vão sair com pelo menos uma estratégia nova que queiram pôr em prática imediatamente, e essa estratégia terá o potencial de fazer uma diferença significativa na vida ou no trabalho de vocês. Parece uma expectativa legítima para o tempo que passaremos juntos?"

A maioria das pessoas faz que sim. Agora estamos de acordo sobre os termos. Estabelecemos um nível baixo de satisfação, o que será uma vantagem para todos nós. Se eu não tivesse feito isso, depois da minha fala eles poderiam se concentrar no que sacrificaram (*Que perda de tempo*) em vez de no que ganharam (*Mal posso esperar para pôr isso em prática e brilhar na minha apresentação amanhã!*). Também enquadrei a estratégia como importante, porque poderia fazer uma diferença significativa na vida deles. Claro, vou ter que cumprir minha promessa, e vou cumprir.

Em seguida, dou um enquadramento para o que é relevante, o que os ajudará a se concentrar e voltar a se concentrar quando a mente deles divagar. Não suponho que vão prestar atenção o tempo todo — é difícil manter a atenção até diante dos palestrantes mais envolventes.

"Vou compartilhar uma variedade de estratégias hoje e não sei qual vai gerar o momento 'eureca' para cada um de vocês, então prestem atenção. Quando ouvirem, anotem para não esquecer. Se algo do que estamos discutindo não for tão relevante, ou você já souber, tudo bem — são estratégias que vão funcionar para outra pessoa. Mas meu convite é que você escute as ferramentas ou ideias que possa compartilhar com outras pessoas quando voltar para casa ou para o trabalho. Vou tentar tornar essas coisas o mais concretas e diretas possível para que você possa aplicar na prática e também ensinar outras pessoas. Tudo bem?"

Joia. Uso essa forma de prestar atenção — esperando algo a ser ensinado ou compartilhado com os outros — para me ajudar a me manter concentrada quando sou ouvinte porque isso me deixa curiosa sobre um conjunto mais amplo de ideias. Quando acabamos, lembro às pessoas sobre aquela ferramenta que prometi no começo. Elas a encontraram? Sim? Excelente. Criamos uma intenção de pôr em prática para que elas se lembrem de usá-la, e nos despedimos confiantes de que o investimento de tempo e atenção valeu a pena.

MAIOR E MELHOR

Defino as bases do enquadramento com meus alunos do MBA desafiando-os para um jogo chamado Maior e Melhor. As regras são simples. Comece com um clipe de papel e o troque por algo maior e melhor. Em seguida, troque esse item por algo ainda maior e melhor, e assim por diante. ("Maior e melhor" é subjetivo.) Digo aos estudantes que eles podem fazer quantos escambos quiserem, e peço que tragam seu item maior e melhor para a aula na semana seguinte.

O jogo Maior e Melhor existe há muito tempo, mas, se você já ouviu falar dele, é provavelmente por causa de Kyle MacDonald. Entre os verões de 2005 e 2006, Kyle trocou um clipe de papel vermelho por uma caneta em forma de peixe por uma maçaneta estranha e... assim por diante, até, depois de um tempo, trocar por uma casa em Saskatchewan, no Canadá, onde o tornaram prefeito da cidade por um dia e erigiram uma estátua gigante de um clipe de papel vermelho em sua homenagem.

Os alunos do MBA têm apenas uma semana para jogar, não um ano, e sem instruções minhas sobre como se dar bem no jogo. O objetivo é se divertir e ver o que eles aprendem, e quem mostrar a coisa maior e melhor ganha um prêmio. Alguns jogadores vão ser ludibriados por vizinhos para aceitar tralhas como um micro-ondas quebrado, um remo de quatro metros ou um sobretudo imenso e fedido. Alguns vão ficar frustrados por ter tão pouco para mostrar: um livro de contabilidade usado que ninguém queria, ou uma coleção de canecas com frases idiotas. Alguns itens "maiores e melhores" surpreendem. Já tivemos uma árvore viva, uma estátua de Anúbis de três metros e uma semana em um apartamento no Havaí. Eu não soube o que pensar quando alguém levou um pedaço de mármore do palácio de Saddam Hussein. E fiquei chocada com Manus McCaffery e Tom Powell.

Manus havia desafiado Tom a conseguir um carro. Tom tinha dado risada: "Não seria melhor definir uma meta de vinte dólares?".

Tom estava se mudando para Manhattan e Manus não tinha carteira de motorista, mas a audácia de conseguir um carro os animou. Como o jogo seria mais divertido se servisse a um propósito maior, eles decidiram que, se por um milagre chegassem lá, fariam uma doação. Que começasse o jogo.

Ao longo dos três dias seguidos, Manus e Tom compartilharam sua missão maluca com donos de lojas e vizinhos de New Haven. "Estamos jogando um jogo chamado Maior e Melhor. É por uma boa causa e precisamos da sua ajuda. Quer saber como o jogo funciona?" E, como era Halloween, eles decidiram usar macacões felpudos de animais.

Fizeram dez escambos ao todo. Trocaram o clipe de papel por um vale-presente de uma loja de queijos, que trocaram por uma caixa de cupcakes, que trocaram por um broche, que trocaram por uma caneca de souvenir, que trocaram por um vale-presente de um restaurante de crepes, que trocaram por um cartão de presente de uma boate, que trocaram por um frasco de colônia, que trocaram por uma bolsa de câmera chique, que trocaram por um quadro de 1500 dólares. O item final era grande demais para caber na sala de aula, então eles nos convidaram para sair.

Um Volkswagen Jetta estava estacionado na frente da escola, "Maior e Melhor" pintado no para-brisa.

O último passo — pedir para um vendedor de carros trocar um quadro por um carro usado — tinha parecido loucura. Manus e Tom não achavam que conseguiriam, mas estavam preparados para ligar para todas as concessionárias do estado. Consegue imaginar quantas ligações eles tiveram que fazer?

Uma.

Caroline Heffernan, gerente de vendas da Unique Auto Sales, havia apoiado boas causas na comunidade antes, e ouvir Manus e Tom enquadrarem o pedido de forma generosa a inspirou a agir. Quando nossa turma encontrou Caroline para agradecê-la, foi ela que nos agradeceu. Os aluguéis são caros na cidade, o dinheiro é curto e o transporte público não é excelente. Um carro pode mudar a vida de alguém. Ela corou ao nos dizer como era bom ajudar pessoas em dificuldade.

Tendo atingido sua meta absurda, Manus e Tom entraram em contato com a Iris, uma agência de reassentamento de refugiados, para doar o carro a uma família. Essa missão era pessoal para Manus, cuja própria família havia perdido a casa no Furacão Katrina e ficara dependente de estranhos solidários.

Conhecemos nossa nova vizinha quando ela veio receber o carro. Era uma jovem mãe que trabalhava como contadora no Afeganistão antes de a família ser deslocada pela guerra, e agora passava duas horas por dia no ônibus para chegar ao trabalho em uma fábrica. Um carro poderia mudar sua vida.

Duas lições úteis vieram do jogo Maior e Melhor. Primeiro, estamos sempre enquadrando, mesmo que não percebamos. E, segundo, enquadramentos têm consequências. Na aula naquele ano, a maioria dos estudantes havia enquadrado o jogo Maior e Melhor em termos transacionais — pedindo para trocar por coisas que os outros não precisavam ou promovendo os méritos do que eles tinham a oferecer. Manus e Tom seguiram uma estratégia diferente. Sonharam alto, aumentando as apostas para si e para as pessoas que encontraram. Então saíram e enquadraram seus pedidos de troca como uma oportunidade de jogar um jogo e fazer parte de algo bom. Até Derren Brown ficaria orgulhoso de ver a transfiguração de um humilde clipe de papel em um carro.

Quando você decide enquadrar as coisas de maneira mais consciente, pode ser difícil saber por onde começar. Existe um número infinito de enquadramentos possíveis, mas os três mais úteis são *monumental*, *manejável* e *misterioso*. Cada um é motivador à sua própria maneira.

ENQUADRAMENTOS MONUMENTAIS

Um enquadramento monumental diz ao Jacaré: *Preste atenção, isso é muito importante!* Ele motiva as pessoas por meio de importância, dimensão, escopo, medo de ficar de fora ou todas as alternativas. Enquadramentos monumentais inspiram entusiasmo e comprometimento. Manus e Tom enquadraram o jogo Maior e Melhor como algo monumental e empolgante ao focarem num carro — havia pouca chance de que seu plano maluco funcionasse, mas o enquadramento era tão interessante que todos queriam participar. E, ao ajudar a realizar o sonho deles, Caroline Heffernan ganhou um estatuto de lenda também: além de contarmos a história dela, escuto ecos dessa história de amigos, que contam para outros amigos, que contam para outros amigos. Manus e Tom e Caroline fizeram história em Yale e na cidade de New Haven.

Muitas organizações tentam fazer esse enquadramento monumental em suas declarações de missão. Veja a missão da General Motors: "Criar um futuro com zero acidente, zero emissão de gases poluentes e zero congestionamento". Salvar vidas, salvar o planeta e poupar tempo. Quem não seria a favor disso? Eles estão nos convidando a ser parte de algo verdadeiramente importante. Mesmo que você não compartilhe das aspirações específicas da empresa, essa visão poderia inspirar você a sonhar mais alto. Como seria o *seu* futuro ideal? Que grandes problemas *você* gostaria de erradicar completamente e para sempre?

Considere, então, a declaração de missão da Rolls-Royce: "Há mais de cem anos, veículos automóveis da marca Rolls-Royce se destacam por sua engenharia, qualidade e confiabilidade de verdadeira excelência". Pouco estimulante, não é? Cem anos é muito tempo, mas não diz nada sobre o que é importante aqui; e "de verdadeira excelência" dá no mesmo que dizer: "Acreditem na nossa palavra, somos muito, muito bons".

Você pode achar que organizações movidas por uma missão tenham declarações de missão inspiradoras. Às vezes têm. A Nature Conservancy tem o compromisso de "conservar as terras e águas das quais depende toda vida". Preservar "toda vida" é monumental, ponto. A declaração de missão da Habitat para a Humanidade é "buscar colocar o amor de

Deus em ação, reunir pessoas para construir casas, comunidades e esperanças". Para quem crê em Deus, o que poderia ser mais monumental do que pôr em ação o amor de Deus? E para quem não crê, não é inspirador mesmo assim imaginar a construção de casas, comunidades e esperanças?

Agora pense no Museu de Arte Moderna de Nova York, "dedicado a ser o principal museu de arte moderna do mundo". O mundo é grande e "principal" pode ser importante, mas para quem? Talvez para os funcionários? Se você for um visitante ou doador, você se importa se esse museu vence outros museus (seja lá o que isso quer dizer) ou ficaria mais inspirado com um enquadramento diferente?

O enquadramento também pode salvar ou destruir mensagens políticas e campanhas de políticas públicas. O reenquadramento do código tributário norte-americano em 2001 mostra que o importante não é *se* você enquadra uma questão como monumental, mas sim *como* você faz isso. Por muito tempo, os republicanos vinham buscando uma forma de eliminar ou, pelo menos, enfraquecer o imposto sobre herança. Estava longe de ser uma preocupação da classe média: apenas os 2% mais ricos dos norte-americanos — aqueles cujo patrimônio valia mais do que 675 mil dólares — estavam sujeitos a algum imposto desse tipo. Mas os legisladores republicanos queriam aumentar a margem para proteger seus grandes doadores de impostos sobre herança, por isso precisavam angariar apoio popular. Eles recorreram ao pesquisador Frank Luntz, descrito pela *The Atlantic* como o maior artífice de palavras políticas dos Estados Unidos.

Luntz aceitou o desafio e recrutou centenas de participantes para seu laboratório de pesquisas de mercado. Lá pediram que eles considerassem várias combinações de palavras e respondessem virando um botão para a esquerda (ruim) ou para a direita (bom). Também pediram aos entrevistados que reagissem o mais rápido possível. Depois de um pouco de prática, eles conseguiam mover o botão por reflexo, gravando suas respostas viscerais quase sem nenhum pensamento consciente. O Jacaré estava em comunicação direta com a equipe de Luntz.

Quando o imposto sobre herança era enquadrado como "imposto sobre patrimônio", Luntz constatou que os participantes sentiam que era uma boa ideia, qualquer que fosse a filiação partidária. Um *patrimônio* parece monumentalmente grande, então se você tem um deve ser muito rico e provavelmente deveria pagar impostos, certo? Mas, quando Luntz testou um enquadramento alternativo, o "imposto sobre morte", quase 80% dos participantes o rejeitaram, incluindo uma maioria de democratas. Taxar alguém por *morrer*? Não é certo! E o que poderia ser mais monumental do que assuntos de vida ou morte? Luntz relatou suas descobertas em um memorando amplamente divulgado. "Se quiserem acabar com o imposto sobre patrimônio", ele aconselhou, "basta chamá-lo de imposto sobre morte."[4]

O novo enquadramento se revelou efetivo com legisladores e eleitores. Ao longo dos vinte anos seguintes, o Congresso aumentou o limiar de isenção diversas vezes. Em 2021, era possível passar para herdeiros até 11,7 milhões de dólares sem pagar impostos, e pessoas casadas podiam duplicar essa quantia.

MANEJÁVEL

Um enquadramento monumental pode motivar e inspirar as pessoas a agir, mas alguns problemas parecem grandes *demais*, intimidadores demais. Nesses casos, você pode enquadrá-los como *manejáveis*. Um enquadramento monumental destaca *por que* (É importante!), e um enquadramento manejável destaca *como* (Não é tão difícil!). Você já aprendeu que facilidade é o melhor preditor do comportamento; é por isso que um enquadramento *manejável* é tão forte. Enquadramentos como uma contribuição de "apenas centavos por dia" para a emissora de rádio pública da sua região, por exemplo, funcionam por parecerem manejáveis. *Você dá conta.* Mais barato que uma xícara de café. Um passo de cada vez.

Quando um problema parece grande demais, o Jacaré fica tentado a ignorá-lo. Mas ignorar um problema grande, como uma dívida de cartão de crédito, só faz com que esse problema cresça. E se as pessoas tivessem a oportunidade de quitar as despesas de cartão de crédito por categoria?[5] Quitar a dívida pareceria mais manejável e motivaria as pessoas a pagar mais rápido, não?

Grant Donnelly, Cait Lamberton, Stephen Bush, Mike Norton e eu montamos um experimento em que clientes de cartão de crédito conseguiam ver quanto deviam em categorias como "entretenimento", "restaurantes" etc. Em vez de pensar *Posso quitar meu saldo todo? De jeito nenhum*, os clientes podiam se perguntar: *Posso pagar minhas despesas de transporte? Hum, talvez*. Atingir pequenas metas imediatas cria a sensação de movimento e persistência[6] na busca de metas maiores. No caso da dívida de cartão de crédito, a meta pequena e imediata pode ser pagar a conta de tv a cabo, enquanto o objetivo mais amplo pode ser ficar sem dívida alguma. Fizemos um estudo de campo com o Commonwealth Bank of Australia, convidando seus clientes de cartão de crédito a distribuir os pagamentos de dívidas por categorias. As 2157 pessoas que decidiram distribuir seus pagamentos dessa forma quitaram suas dívidas 12% mais rápido que o grupo de controle.

Um enquadramento manejável pode ser especialmente eficaz quando se quer que as pessoas enfrentem medos, tristezas ou dúvidas. No entanto, pode ser contraproducente e até magoar as pessoas se esses sentimentos forem menosprezados com frases como "Não tem por que se preocupar". Em vez disso, diga à pessoa que ela não está sozinha e que os sentimentos dela são totalmente normais — o que pode torná-los mais manejáveis.

Esse tipo de enquadramento é particularmente útil quando você está numa posição de poder ou mesmo quando é apenas mais velho e experiente. Estou em uma posição privilegiada para conseguir normalizar os medos dos meus alunos porque eu mesma já fui estudante por muito tempo e porque conheci diversos estudantes em situações parecidas. A formatura está chegando e você está sem trabalho? Isso é normal. Em pânico sobre o mercado de trabalho acadêmico? É normal. Chorando muito? Normal. É uma droga, é terrível e é normal. Não temos como resolver esses problemas, mas podemos ajudar as pessoas a conviver com eles. Podemos compartilhar nossos próprios problemas e experiências e, repito, ajuda ainda mais quando se trata de alguém com autoridade ou status. Quando um estudante aflito me procura, não escondo que também já estive deprimida, me divorciei, duvidei de mim mesma, cometi asneiras, perdi entes queridos, fiz terapia ou surtei. Tudo normal. Os problemas são mais manejáveis quando temos o conforto de saber que não estamos sós.

MONUMENTAL OU MANEJÁVEL?

Em junho de 1988, James Hansen, cientista da Nasa, testemunhou diante do Congresso sobre o efeito estufa, o processo natural que permite aos gases na atmosfera reter o calor que irradia da Terra. Nas proporções certas, os gases do efeito estufa como dióxido de carbono e metano sustentam a vida, mas atividades humanas como queimar combustíveis fósseis pode abalar esse equilíbrio. Em seu depoimento, Hansen usou a frase "aquecimento global" para descrever a relação causal entre o efeito estufa e o aumento das temperaturas que os cientistas vêm observando ao redor do planeta. Seu testemunho recebeu ampla cobertura de jornalistas e órgãos de imprensa, que assimilaram o termo "aquecimento global".

Hansen havia criado um enquadramento monumental — afinal, o aquecimento global envolve o mundo inteiro —, mas não conseguiu refletir as experiências diárias de muitas pessoas, e os enquadramentos só funcionam quando ressoam. Se o planeta está aquecendo, por que nevou tanto no ano passado? E o aquecimento será mesmo um problema? Se você vive em um clima frio, poderia gostar de um pouco mais de calor.

Empresas de combustíveis fósseis e seus aliados políticos fizeram o possível para provocar ceticismo, e Frank Luntz — o mesmo pesquisador que reenquadrou os impostos sobre patrimônio — usou seu arcabouço de testes novamente. Dessa vez, o objetivo era reenquadrar o aquecimento global para destacar a incerteza científica sobre a questão e fazer com que parecesse menos assustadora. O novo termo decidido por ele? "Mudança climática." Esse enquadramento pegou porque parecia mais preciso: o clima da Terra definitivamente estava mudando, não havia dúvida. Mas, para a pessoa comum que iguala clima e tempo, um clima em mudança não parecia algo novo. Parecia natural. O tempo estava sempre mudando, não é?

"Mudança climática" também fez o aumento nas temperaturas globais parecer manejável. A natureza está sempre mudando, e sempre demos conta disso, não? Em 2001, o presidente Bush havia usado a expressão "aquecimento global" com frequência em seus argumentos. Em 2002, porém, quando os republicanos a convergiram no termo "mudança climática", o uso que Bush fez de "aquecimento global" caiu para apenas poucas menções. O governo Bush tinha um enquadramento novo, e todas as outras pessoas também.

A "mudança climática" seguiu avançando, sem se importar com a forma como a chamavam.*

Quase duas décadas depois, pesquisadores em uma agência de neuromarketing decidiram testar enquadramentos alternativos para encontrar qual teria mais chance de motivar as pessoas a agir sobre o aquecimento global.[7] Recrutaram participantes de todo o espectro político e mediram as reações fisiológicas de seu cérebro de Jacaré enquanto ouviam seis expressões diferentes que descreviam a situação climática. Eletrodos fixados à escápula mediram a atividade cerebral, eletrodos fixados às palmas das mãos mediram o suor e uma câmera acompanhou as expressões

---

* A mudança climática bateu na porta de Frank Luntz em 2017 quando ele acordou às três da madrugada com uma sirene de emergência e chamas do lado de fora de sua janela durante o incêndio em Skirball, bairro nobre de Los Angeles. Ele foi evacuado com segurança, mas o incêndio queimou mais de 160 hectares na região de Bel Air. Depois dessa experiência, Luntz passaria a auxiliar companhas para mitigar a crise climática, que estava se tornando uma questão partidária.

faciais. Os resultados combinados refletiram a intensidade da reação emocional de cada pessoa. "Mudança climática" gerou a resposta mais fraca, seguida por "aquecimento global". O enquadramento vencedor? "Crise climática." Essa expressão gerou reações 60% mais fortes para democratas e 200% mais fortes para republicanos do que "mudança climática". Uma "crise" é monumental mas pode ser manejável. "Crise climática" diz que não é tarde demais — ainda —, mas que, se não tomarmos medidas de peso imediatamente, logo será.

Em 2018, Al Gore e seu Climate Reality Project lançaram uma iniciativa pedindo que órgãos de imprensa reenquadrassem "mudança climática" como "crise climática" para expressar como a situação havia se tornado urgente. Esse termo, assim como "emergência climática", se tornou a estrutura preferencial para grandes veículos de imprensa ao redor do mundo, assim como para António Guterres, secretário-geral das Nações Unidas. Pesquisas no Google de "crise climática" foram cinco vezes maiores em 2019 do que em 2018, e "emergência climática" entrou na lista de palavras do ano da Oxford Dictionaries. Resta saber como esses enquadramentos urgentes vão influenciar o comportamento.

MISTERIOSO

Tente ler a frase a seguir: *A metne não lê cdaa palvara sozniha, mas a palvara cmoo um tdoo*. Estranhamente fácil, não é? Esse é seu sistema de processamento dando chutes. O terceiro enquadramento poderoso, *misterioso*, é eficaz porque perturba esse processo de chutes e as expectativas que vêm junto com ele. Enquadramentos misteriosos falam diretamente com o Jacaré apresentando mudança ou incerteza — exatamente aquilo em que o Jacaré está ligado. Nova ameaças. Novas oportunidades. Intrigante.

Palavras e expressões como "novo", "de repente" ou "notícia de última hora" são enquadramentos misteriosos que geram curiosidade sobre o que mudou. Palavras como "mistério", "secreto" ou "revelação", ou temas enquadrados como perguntas geram o mesmo tipo de incerteza subjacente que estimula nossa curiosidade. Enquadramentos misteriosos atraem a atenção do Jacaré. Quando ele não consegue completar os detalhes que faltam, ele alerta o Juiz para assumir o caso. Mas *isso exige recursos mentais*. Portanto, o outro lado desse fenômeno é que, depois que o processo cognitivo se completa, não precisamos nos concentrar mais nele, e ele deixa de ser prioridade.

Nos anos 1920, a estudante de doutorado Bluma Zeigarnik estava conversando com seu orientador, Kurt Lewin, e alguns amigos acadêmicos num café em Berlim. Impressionados pela memória impecável do garçom — ele conseguia entregar pedidos complicados para grandes grupos sem anotar —, eles decidiram fazer um teste.[8] Depois de cobrirem os pratos e copos com guardanapos, chamaram o garçom de volta, pedindo para ele listar os itens que havia acabado de entregar à mesa. Para a própria surpresa do garçom, ele havia se esquecido de muitos. Você pode ter sentido a mesma estranheza mnemônica quando se matou de estudar para uma prova. Você se lembrou dos fatos de que precisava e, então, puf! Eles desapareceram da sua mente. Se tivesse que refazer a prova alguns dias depois, ficaria tão perdido quanto o garçom do restaurante.

Quando Zeigarnik decidiu investigar esse fenômeno em experimentos laboratoriais, verificou que os participantes conseguiam se lembrar de mais detalhes de tarefas incompletas do que completas.⁹ Pesquisadores subsequentes apelidaram essa necessidade de conclusão de "efeito Zeigarnik" e o confirmaram repetidas vezes. Tarefas incompletas ou perguntas não resolvidas envolvem — e às vezes sequestram — nossa atenção. Depois que a incerteza é resolvida, porém, a memória de trabalho limpa a mesa para abrir espaço para informações novas. O efeito Zeigarnik explica por que você insiste em terminar um filme besta ou um artigo chato, por que fica obcecado em lembrar o nome daquele ator embora isso não importe e por que caio em caça-cliques como "Os neandertais morreram porque não tinham casacos?". (Pelo que entendi, não, não foi por isso.)

Do mesmo modo, o progresso rumo a um objetivo parece gratificante — e ainda mais gratificante quando se chega mais perto de completá-lo. É um dos motivos por que cafeterias oferecem cartões de fidelidade para acompanhar seu progresso rumo a um café grátis, videogames têm uma série de níveis para completar e é difícil parar de ler uma lista de "10 Grandes Erros Financeiros" no número quatro.

COMBINANDO ENQUADRAMENTOS

Esses três enquadramentos fortes — monumental, manejável e misterioso — também podem unir forças. Não há necessidade de se limitar a um. Quando Manus e Tom começaram a trocar aquele primeiro clipe de papel, eles não apenas disseram aos participantes que tinham uma oportunidade de fazer parte de algo monumental (Estamos tentando conseguir UM CARRO! Isso pode mudar a vida de uma pessoa!). Também deixaram claro que estavam pedindo algo totalmente manejável. (Tudo que você precisa fazer é trocar uma coisa conosco). Combinar esses dois enquadramentos se revelou muito eficaz.

Um dos meus exemplos favoritos de combinar todos os três enquadramentos poderosos vêm de um livro sobre organizar a casa. Particularmente, não consigo imaginar um assunto menos interessante. Mas acabei atraída quando vi um pequeno volume intitulado *A mágica da arrumação: A arte japonesa de colocar ordem na sua casa e na sua vida*, de uma autora da qual nunca tinha ouvido falar, chamada Marie Kondo. Colocar ordem na sua vida = monumental! Mágica = misterioso! Arrumação = manejável! Todos os três enquadramentos em tão poucas palavras.[10]

O resultado do enquadramento magistral de Marie Kondo? Um megabest-seller internacional publicado em dezenas de línguas. Mais de 11 milhões de cópias vendidas. E uma série de televisão sobre arrumar a casa. Esse é o poder de dominar esses três enquadramentos simples. Marie Kondo precisou cumprir essas promessas? Claro. E cumpriu? Com certeza. Será que o livro teria o mesmo sucesso se tivesse sido publicado com um título mais simples como "A arte japonesa de organizar"? Decida você.

ENQUADRAMENTO EM AÇÃO

Agora que você conhece os três grandes enquadramentos, vai começar a vê-los por toda parte e notar os efeitos deles em você. Aqui estão algumas listas para ajudar a usar esses enquadramentos também.

MONUMENTAL	MANEJÁVEL	MISTERIOSO
Os grandes: todos, tudo, galáxia, global, planeta, população, universo, mundo Os extremos: sempre, bilhão, bênção, catástrofe, abismo, cósmico, crise, diabo, épico, desastre, divino, êxtase, epidemia, eterno, existencial, aberração, lei, lenda, milênio, milhão, nunca, revolução Os dramáticos: exército, batalha, traição, confronto, perigo, desafio, desejo, inimigos, explodir, destemidos, matar, eliminar, poder, rebelde, rivais, sobrevivência, ameaça, guerra	As coisas simples de fazer: hábito, truque, jogo, projeto, ajuste Os pequenos períodos de tempo: dia, hora, instante, minuto, momento A eficácia: ser, poder, faça você mesmo, fazer, ajudar, instruções, preparar, solução Os números pequenos: 1, 2, 3, os 10 mais... A união, dividir o peso: nosso, juntos, nós	Os incertos: se, impossível, improvável, por que As mudanças: despertar, novo, faísca, transformação Os criativos: arte, imaginar, inovação, original, único, prodígio Os segredos a serem revelados: confissão, seita, obscuro, desmascarar, ocultos, invisível, mentiras, mito, ciência, secreto, surpresa Os sobrenaturais: encanto, magia, manifestar, monstro, espírito

Em resumo, enquadrar é uma ferramenta simples para desvendar os segredos de um superpoder. (Viu só o que eu acabei de fazer?)

5½. Em que ramo você está?

Um novo enquadramento mudou drasticamente a maneira como lido com o trabalho.

Quando Danny Meyer, o dono de restaurantes por trás de estabelecimentos famosos como Shake Shack e a Gramercy Tavern, veio falar na Escola de Administração de Yale, ele sugeriu um enquadramento novo. "Vocês estão todos no ramo de hospitalidade", ele nos disse. Era um convite para vermos nosso trabalho com um novo olhar.

No começo da minha carreira como professora, eu ainda estava tentando provar que sabia o que estava falando, por isso me gabava de que meu trabalho era "ensinar truques da mente Jedi". Fazia a aula parecer misteriosa e me tornava uma mestre Jedi — ou coisa parecida. A verdade era que eu estava tentando ser a estrela do show, a diretora e a contrarregra ao mesmo tempo. Meu curso de MBA tem muitas peças em movimento, e eu entrava correndo na aula todos os dias concentrada na logística. Pensava que desenvolver uma comunidade unida em tão poucas semanas exigia normas sociais rigorosas, por isso contava com ajuda dos meus assistentes para aplicar essas regras. Havia muitas tarefas a serem entregues e avaliadas, e eu ficava furiosa sempre que alguém furava um prazo.

Uma assistente de quem eu gostava muito reclamou: "Depois de assistir à sua aula, pensei que seria divertido trabalhar com você, mas você não está me motivando a fazer um bom trabalho". Fiquei frustrada. Era minha função motivá-la a fazer o trabalho dela? Os alunos me cercavam antes e depois da aula, e eu estava ocupada demais para ouvi-los. Estava concentrando minha atenção em ensinar, quando eu poderia brilhar. Em todos os outros momentos, estava sobrecarregada.

O enquadramento de hospitalidade de Danny Meyer fez com que eu me questionasse: *E se eu fosse a anfitriã da aula em vez da professora?*

Esse enquadramento novo mudou tudo. Consegui desviar minha atenção de mim mesma para os alunos de maneira genuína; em uma festa, são os convidados que importam. Isso mudou a dinâmica de poder do curso; uma anfitriã não está no comando dos convidados, ela os está servindo. E uma anfitriã não fica dizendo para todo mundo o que fazer, apenas convida as pessoas a participar de algo maravilhoso.

O enquadramento também me libertou dos meus próprios padrões rigorosos. Uma mestra Jedi deve ser perfeita, mas uma anfitriã pode queimar a torta ou ter pelos de gato no sofá. Um aluno deve agradar o professor assistindo a todas as aulas e cumprindo todas as tarefas, mas um convidado pode chegar atrasado, sair mais cedo ou derrubar vinho no carpete sem que o anfitrião leve para o lado pessoal. As avaliações ainda existiam, mas não precisávamos de todas aquelas regras rígidas.

Ao mesmo tempo que me ajudou a me concentrar melhor nas experiências dos alunos, esse enquadramento novo me libertou de me sentir responsável por eles. Uma anfitriã não pode garantir que todos os convidados se divertirão; isso está fora do seu controle. Mas ela pode acender as velas, ligar a música e tomar cuidado para que ninguém saia dirigindo bêbado. Ela pode dizer: "Que maravilha ver você. Estou muito feliz que tenha vindo". E falar isso de maneira sincera.

Quando contratei assistentes novos, recrutei a ajuda deles: "Essa é nossa festa, e somos os anfitriões". Em vez de aparecer correndo no último minuto, chegávamos mais cedo, sorrindo e recebendo os convidados. Nos esforçamos para memorizar o nome de todos. Um anfitrião atencioso vai falar com a pessoa que está sentada sozinha, por isso eu conversava com quem estava atrasado na matéria. Não para repreender, só para ver como estavam. Como um anfitrião ajuda os convidados a se conhecerem, troquei os horários de plantão individual por plantões em grupo — mais sobre eles e menos sobre mim.

Mostrei aos alunos que eles poderiam falar sobre qualquer coisa. Eu ficava depois da aula sem nenhum plano em particular e sem pressa, até quando tivemos que passar para uma plataforma virtual. Mantive os horários de plantão mesmo depois que o semestre havia acabado, para quem quisesse participar. Parei de cobrar ou mesmo marcar presença; como um anfitrião, você quer que seus convidados compareçam porque *sentem vontade*. Num dia normal, por livre e espontânea vontade, cerca de 90% dos alunos vinham à aula. Muitos nunca perderam um encontro sequer.

Nossa aula ainda é uma aula. Mas, quando vejo os estudantes como meus convidados, o trabalho passa a parecer uma festa *para mim*, e me torno uma professora melhor e mais feliz. Talvez você possa se perguntar como as coisas poderiam mudar se *você* estivesse no ramo de hospitalidade. Ou então pergunte-se: em que "ramo" você quer estar?

6. Criancinhas interiores

Como os governantes sábios amam o povo, eles lideram sem usar a força. Embora protejam o povo, não o controlam.

Lao-tzu, *Tao Te Ching*

Meu pai uma vez capturou um filhote vivo de cascavel, o mandou por correio para minha mãe dentro de uma garrafa de Coca-Cola, e ela adorou. Isso diz muito sobre minha família. Meu pai é um rebelde que age assim desde sempre. Seu primeiro ato marcante foi quando ele decidiu, aos seis anos, desistir das aulas de piano fugindo de casa. Juntou provisões por semanas e então saiu pela janela com uma mochila e a irmã mais nova, Kathy. Os dois se esconderam na floresta até os pais ligarem para a escola e, depois, para a polícia. Eles teriam ficado mais tempo se Kathy não os tivesse denunciado gritando "Papai!" quando ouviu a voz do pai deles.

Um dos momentos mais memoráveis da minha infância com meu pai envolveu correr pela floresta à noite, atravessar o riacho e nos esconder enquanto os refletores de um helicóptero da polícia vasculhavam a vegetação à nossa procura.

Não tínhamos feito nada muito terrível, apenas disparado fogos de artifício tão grandes e tão ilegais que meu pai tivera que encomendá-los da China no mercado clandestino. Meu pai não via mal em quebrar regras, normas ou até leis quando podia fazer isso sem machucar ninguém, porque sempre acreditou que cada um deveria mandar na própria vida.

Ele vai resistir a você mesmo que você literalmente seja o chefe e ele goste do trabalho. Vai resistir mesmo que você seja a esposa e ele seja louco por você. Quando minha madrasta fez o pedido bastante razoável de que meu pai parasse de instalar alvos na floresta e limitasse seus disparos ao campo de tiros, ele comprou em segredo uma grande caixa de metal chamada para-balas. Durante as tempestades em que minha madrasta não estava em casa e os trovões distrairiam os vizinhos, ele montava o para-balas na lareira e atirávamos nela com sua pistola calibre .22. Embora fosse mais rebelde do que muita gente, essa tendência não é única e exclusiva dele. Na verdade, pode-se dizer que o impulso de resistir torna meu pai um conformista. É normal ver restrições, e até a persuasão, como uma ameaça.

Nosso cérebro prioriza a detecção de ameaças porque nossa sobrevivência depende disso. Para evitar calamidades, o Jacaré está o tempo todo observando o ambiente em busca de ameaças em potencial. A detecção de ameaças acontece rápido para que você possa reagir rápido. O que às vezes pode significar uma reação exagerada. Já viu aqueles vídeos na internet de gatos surtando por causa de pepinos? Um pepino pode parecer uma cobra, e por isso, quando é colocado atrás de um gato enquanto ele come, faz com que ele saia voando do chão e pule pelas paredes e mesas quando o objeto longo e verde chama sua atenção.

O cérebro humano não é tão diferente do cérebro felino. Não apenas identificamos imagens ameaçadoras mais rápido do que outras, mas nosso cérebro pode nos alertar dessas ameaças antes mesmo de sabermos o que estamos vendo. O pesquisador de fobias Arne Öhman usou eletrodos para monitorar participantes enquanto eles viam uma série de imagens. Algumas eram benignas, como flores, e outras eram ameaças em potencial, como aranhas e cobras. Cada imagem era exibida por apenas um trigésimo de segundo — rápido demais para a maioria das pessoas reconhecerem de maneira consciente. Mas o Jacaré reagiu. Quando uma imagem de cobra ou aranha passava, os espectadores começavam a suar.[1]

Tente este experimento. Dê uma olhada nas imagens borradas abaixo e veja se consegue identificar o pássaro, o gato, o peixe e a cobra.

Se você não enxergar nada disso, não tem problema; eu também não enxergo. Mas, quando as pessoas são obrigadas a adivinhar, seus instintos apontam para o perigo. Você conseguiu adivinhar o gato (D), o peixe (C) ou o pássaro (A)? E a cobra (B)? Quando os pesquisadores de detecção de ameaças Nobuyuki Kawai e Hongshen He mostraram estas imagens a voluntários, cerca de metade conseguiu identificar os animais menos ameaçadores. Mas um total de 75% conseguiu adivinhar que B era uma cobra.[2] Os pesquisadores testaram graus variados de embaçamento e, em todos, as pessoas acertavam mais ao identificar as cobras. Porque elas são ameaças em potencial.

O Jacaré é extraordinariamente sensível ao perigo. Mesmo que tenha a melhor das intenções, se você estiver tentando influenciar alguém, essa pessoa pode se sentir ameaçada, como se você quisesse lhe tirar o tempo, a atenção, o dinheiro ou outros recursos valiosos. É por isso que algumas pes-

A | B

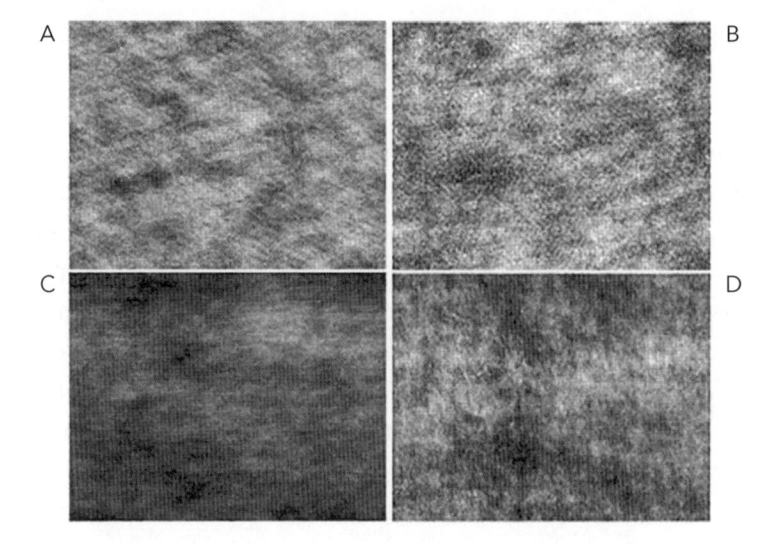

C | D

soas dizem não mesmo quando isso parece não fazer sentido. Ou mesmo antes de ouvir sua grande ideia. O Jacaré está morrendo de medo.

Não é apenas a detecção de ameaças que gera resistência à influência. Você também está enfrentando um viés universal chamado *aversão à perda*. Quando as pessoas avaliam oportunidades nas quais podem ganhar em comparação ao que teriam a perder, elas dão muito mais peso às perdas do que aos ganhos. A pesquisa de Daniel Kahneman e Amos Tversky sobre esse fenômeno estimulou a economia comportamental nos anos 1970 e, mais adiante, levou a um prêmio Nobel em 2002. Ao longo de uma miríade de experimentos durante as últimas cinco décadas, pesquisadores constataram que as pessoas tendem a valorizar duas vezes mais as perdas do que os ganhos, mesmo quando eles são similares.[3] Fazemos tanto para evitar perder dez dólares quanto faríamos para ganhar vinte. Para os influenciadores, a proporção não é tão importante quanto o conceito básico: para que uma mudança pareça valer a pena, ela deve ser muito, mas muito vantajosa. Esse cálculo mental favorece o status quo.

O que as pessoas mais odeiam perder é a liberdade. Sempre que algo que vemos como liberdade é ameaçado ou arrancado de nós, ficamos tristes e fazemos o que for preciso para tentar restaurá-lo. Quando nos sentimos coagidos a atuar de determinada forma, podemos responder não apenas recusando, mas fazendo o contrário. Nossa criancinha interior assume o controle. Ao menor sinal de que alguém está tentando nos controlar, a criancinha grita: você NÃO MANDA EM MIM! NÃO PODE ME DIZER O QUE FAZER! Esse fenômeno é chamado de *reatância psicológica*.

Em um experimento clássico de reatância com crianças de dois anos, pesquisadores as convidaram ao laboratório e perguntaram com que brinquedo elas preferiam brincar: o que estava à mão ou aquele atrás de uma grande barreira de acrílico.[4] Como você pode imaginar, elas sempre escolhiam o brinquedo atrás da barreira, qualquer que fosse ele. Queremos liberdade de escolha e, quando alguém tenta limitá-la, tendemos a resistir. Quando Derren Brown disse: "Mantenham os olhos no cavalete", ele sabia que o comando levaria nossa criança interior a olhar ao redor.

Entende o que estou dizendo?

Quando trabalhei para uma empresa que estava perdendo dinheiro, entendemos quando nossos bônus foram cortados. Mas ficamos furiosos quando aqueles muquiranas corporativos decidiram tirar os sachês de chocolate quente porque eram mais caros do que café. Por um tempo, chocolate quente foi o tema de todas as conversas.

Então me dei conta de que além de *eu não beber* chocolate quente, não conseguia me lembrar de ter visto *ninguém* tomar chocolate quente, nunca. Por que eu estava com rai-

**JOGO DA GALINHA:
NÃO OLHE PARA A GALINHA**

va? Toda vez que alguém reclamava, eu perguntava se a pessoa tomava. Todos diziam: "Bom, não. *Eu* não bebo, mas mesmo assim é um absurdo". Não é que não suportávamos perder o chocolate quente. Só não suportávamos perder nossa liberdade de escolher chocolate quente se um dia quiséssemos.

O behaviorista B. F. Skinner observou que as pessoas não veem mal em dar dinheiro ao governo na forma de bilhetes de loteria porque é uma questão de escolha.[5] Ser obrigado a pagar impostos, porém, deixa muitos de nós com raiva, embora dependamos de estradas, escolas e outros serviços que eles financiam. Ter que pagar impostos é como ser obrigado a usar máscara durante uma pandemia — uma vitória para o bem comum que vem sob o risco de críticas.

Em 2010, um movimento chamado Segunda Sem Carne buscava incentivar as pessoas a comerem menos carne. Algumas pessoas acreditam que uma refeição não é completa sem carne. E se elas pudessem experimentar refeições fartas e deliciosas sem carne uma vez por semana? Talvez abrissem um pouco a mente. Seria um pequeno passo.

A equipe do Google Food decidiu testar a Segunda Sem Carne na sede da empresa, em Mountain View, na Califórnia. Testariam primeiro em um projeto-piloto nas segundas-feiras de setembro, quando dois restaurantes do Google deixariam de servir carne de porco, boi e frango (embora servissem peixe). Ainda haveria 22 outros restaurantes servindo carne todos os dias no campus do Google, então a maioria não se importou. Mas aqueles que se importaram não esconderam seus sentimentos. A equipe de alimentos recebeu mensagens como esta:

> Parem de me dizer como viver minha vida. Se não quiserem nos proporcionar os benefícios alimentares tradicionais, então fechem todos os restaurantes. Sério, parem com essa ***** ou vou pra Microsoft, pro Twitter ou pro Facebook, onde eles não f***** com a gente.

A reação não parou nos e-mails. Funcionários descontentes fizeram um churrasco de protesto bem na frente do restaurante da Segunda Sem Carne. O Google entendeu a mensagem, e o experimento acabou.

Olhando em retrospecto, uma grande parte do problema foi o enquadramento. Embora "sem carne" fosse verdadeiro, estava destacando a perda. *Vamos tirar a sua carne.* O Google estava restringindo a liberdade dos funcionários. O subtexto também era um problema. *Por que* os funcionários estavam sendo aconselhados a ficar sem carne? Talvez por questões de saúde, pelo bem dos animais que seriam comidos ou para beneficiar o planeta. Mas, sinceramente, qualquer uma dessas explicações pode se tornar espinhosa e fazer as pessoas se sentirem julgadas, o que as torna ainda mais propensas a resistir. Ou a serem mais resistentes por pirraça.[6] Qual abordagem seria mais efetiva para promover uma dieta baseada em vegetais?

Ethan Brown tem cinco cachorros, dois cavalos, um gato, uma tartaruga e um porco vietnamita chamado Wilbur. Quando era criança, sua família tinha uma fazenda leiteira e ele adorava os animais. Ele também adorava carne, especialmente hambúrguer. Seu sanduíche favorito era o Double R Bar Burger da Roy Rogers: cem gramas de carne moída cobertos de queijo derretido e fatias finas de presunto. Hmmm. Delícia. Mas Ethan era uma criança que gostava de filosofar e se questionava por que abraçávamos os cachorros e fatiávamos os porcos. Ele deixou de comer animais, depois deixou de ser vegetariano, depois deixou de comer animais de novo. Era difícil.

Mas Ethan soube que nunca mais deveria voltar a comer animais quando descobriu que a pecuária industrial talvez prejudicasse o planeta tanto quanto os combustíveis fósseis. Na época ele estava trabalhando com células de hidrogênio como combustível, uma nova fonte mais sustentável para substituir o petróleo. Perguntou-se: e se houvesse uma fonte nova e mais sustentável de carne para substituir os animais?

Ethan Brown reenquadraria a carne. E se a carne significasse a combinação de proteínas, gorduras e sabores que tivessem uma aparência e um gosto específico mas não necessariamente viesse de animais? Entrou em contato com dois professores na Universidade do Missouri que já estavam fazendo experimentos com proteínas vegetais. Com um grupo crescente de pesquisadores, Ethan descobriria como tirar as moléculas de proteína dos vegetais e reconfigurá-las para criar o sabor e a textura de frango, bife e porco. Eles criaram salsichas, hambúrgueres, iscas e linguiças. Até imitaram sangue a partir do suco de beterraba. A produção de sua carne vegetal exigiria 99% menos água e 93% menos terra, e emitiria 90% menos gases do efeito estufa do que a produção de carne animal.

Como ele próprio havia sido um amante de carne, Ethan imaginava a resistência a ser enfrentada. Ele entendia que, quando a comida é enquadrada como saudável, algumas pessoas interpretam isso como sabor ruim ou repreensão a seus hábitos alimentares.[7] E Ethan entendia que os consumidores de carne (assim como todas as outras pessoas) não gostam de ouvir que suas escolhas os tornam pessoas más.[8]

Tendo tudo isso em mente, Ethan decidiu não enquadrar os benefícios dos hambúrgueres sem carne em torno da virtude. Em vez disso, concentrou-se no sabor, batizando o novo produto de Beyond Meat [Além da Carne]. Igual à carne, só que melhor! Os vegetarianos poderiam resistir a um enquadramento como esse, mas Ethan estava tentando alcançar os consumidores de carne. Nos supermercados, ele posicionou sua Beyond Meat na seção de açougue, e não no corredor de alimentos saudáveis. Decidiu deixar de lado as embalagens de papelão colorido típicas de hambúrgueres vegetais e vendeu os Beyond Burgers em bandejas para ficarem parecidos com outros produtos de carne.

Para destacar a mensagem de que não estavam tentando obrigar ninguém a ser saudável, Ethan e sua equipe fizeram uma parceria com restaurantes de fast-food para oferecer no cardápio regular alternativas vegetais. Não comida de coelho de baixa caloria, mas cheeseburguers gordurosos, baguetes com almôndega e sanduíches de linguiça defumada — versões vegetarianas do que as pessoas já estavam com vontade de comer. A Beyond Meat nunca alegou princípios morais, e sua comercialização não envolvia nenhum tipo de pressão.

Outras marcas pagavam celebridades para promover seus produtos, mas Ethan e sua equipe seguiram uma estratégia contrária. Entraram em contato com atletas famosos para *pedir* dinheiro em vez de pagar a eles. Kyrie Irving, Chris Paul e Shaquille O'Neal subiram a bordo como investidores da empresa.

Em 2018, poucos norte-americanos tinham ouvido a expressão "carne baseada em vegetais", mas, no fim de 2019, mais de 40% já a haviam experimentado — e a maioria não era vegetariana. A Beyond Meat triplicou suas vendas naquele ano para 98,5 milhões de dólares. Em 2021, seus produtos estavam sendo vendidos em 100 mil restaurantes e supermercados em oitenta países. A Pizza Hut estava vendendo Beyond Pan Pizzas e o McDonald's havia anunciado um novo McPlant Burger, desenvolvido em conjunto com a Beyond Meat. Ethan Brown tinha se tornado multimilionário e faria o discurso como convidado de honra na formatura de uma turma da universidade onde havia estudado. Ao prever a resistência aos termos "sem carne" e "saudável" e, em vez disso, focar a atenção no "sabor", Ethan conseguiu oferecer aos consumidores uma alternativa saudável e mais sustentável a comer animais.

A Segunda Sem Carne e a Beyond Meat mostram como a psicologia representa um papel importante em qualquer tentativa de influência. As pessoas estão vendo sua grande ideia como uma pressão ou como um convite? Como uma perda dolorosa ou um ganho irresistível? Na próxima seção, vamos dar uma olhada no que você pode fazer quando alguém estiver se opondo — ou quando você achar que essa pessoa pode vir a se opor — à sua sugestão. Vai aprender como pode se abrir à resistência das pessoas sem se meter em uma disputa e como pode voltar depois de ouvir um não sem que isso as incomode.

LIDAR COM AS OPOSIÇÕES COMO UM MESTRE DE AIKIDO

O princípio central do aikido é responder a um ataque redirecionando a força do oponente ao mesmo tempo que se tenta proteger ambos de um ferimento. *Aikido* significa "o caminho do espírito harmonioso". É nesse espírito que ofereço as estratégias a seguir para lidar com objeções que você talvez encarasse como uma leve forma de ataque. Se reagir com seu próprio ataque, é provável que as pessoas resistam mais, tornando-se mais ferrenhas nas próprias visões e decisões. Em vez disso, você pode tentar as opções a seguir. Não é um processo passo a passo, mas um cardápio para você escolher quantas opções quiser.

TESTEMUNHE E EXPLORE A RESISTÊNCIA DO OUTRO

Já mencionei que um grande vendedor pode voltar várias vezes depois de ouvir uma negativa. O que o torna bem-vindo (em vez de irritante) é que ele pediu e recebeu permissão e aprendeu a estar presente com a resistência dos outros. Se a pessoa não estiver pronta para aceitar, ele não leva isso para o lado pessoal. Pelo contrário, se mantém receptivo e curioso. Não insiste nem desiste; presta atenção e escuta, mesmo que o que esteja sendo dito não seja agradável nem fácil de escutar.

Ser testemunha da resistência significa observá-la sem julgamento. Ao não insistir nem intervir nem tomar a situação para nós mesmos — simplesmente concentrando a atenção no outro, prestando atenção e expressando o que observamos ou intuímos —, criamos espaço para que ele fale e bote para fora o que está sentindo.

A resistência quer ser testemunhada. Se pensamos que sabemos ao que a outra pessoa vai se opor ou pressentimos resistência sobre uma questão em particular, um golpe de aikido é apresentar isso em palavras antes dela: "Você pode pensar que não temos muito tempo". Ou: "Pode parecer muito dinheiro". Ou: "Posso parecer um pouco jovem para um cargo de diretoria". Ao ler a mente do outro e articular a objeção, dispersamos a atenção dele da própria voz interior para que possa dar ouvidos a nós. Assim também demonstramos ser inteligentes e razoáveis, já que conseguimos ver o ponto de vista do outro.

Não quer dizer que precisamos adivinhar e acertar toda vez. Pode ser útil dizer apenas: "Posso ver que você tem algumas dúvidas". Ao mostrar que consideramos os sentimentos do outro, criamos uma sensação de afinidade. Se a outra pessoa já tiver expressado uma objeção (por exemplo, alguém já tentou essa ideia e não deu certo), ela vai achar que vamos contra-atacar. Em vez disso, podemos respirar e esperar com calma para que ela conte mais, ou testemunhar espelhando os sentimentos dela de volta para ela mesma: "Nossa, que desastre", "Deve ter sido muito frustrante", "Se eu fosse você, também me sentiria assim" — o que, claro, é sempre verdade.

Dando um passo além, podemos explorar com delicadeza o motivo da resistência. Demonstrar curiosidade sobre o tema, em vez de agir na defensiva, estimula a pessoa a baixar a guarda. Podemos dizer: "Você poderia me contar mais sobre isso?". Ou: "E o que aconteceu?". Ou: "Acho que sei o que você quer dizer, mas me conte mais". Esse espírito de abertura pode desarmar a pessoa e nos dizer muito.

Se "me conte mais" não for apropriado, podemos convidar a outra pessoa a se abrir espelhando a frase dela na forma de uma pergunta.[9] Se ela disser que só não está a fim, podemos responder: "Você não está a fim?". Esse golpe de aikido diz: *Quero ter certeza de que entendo você*. Porque as pessoas querem se sentir compreendidas, e assim conseguimos a informação que pode ser útil. Também podemos sondar se há outras questões que ainda não foram mencionadas: "E no que mais você está pensando?", "Essa não deve ser sua única preocupação. Tem mais alguma coisa sobre a qual deveríamos falar?", "Quais são suas outras preocupações?". É possível treinar essa abordagem sempre que alguém estiver reclamando, mesmo que as queixas não tenham nada a ver conosco. As pessoas vão nos amar por isso.

REAFIRME A LIBERDADE DE ESCOLHA DO OUTRO

Tecnicamente, todos sempre têm liberdade de escolha. Mesmo que alguém aponte uma arma para a cabeça de uma pessoa enquanto pede a carteira dela, ainda existe a escolha de entregar a carteira. Mas ela não vai se *sentir* livre para escolher se alguém estiver impondo suas vontades. E, se ela se sentir coagida, vai resistir — agora ou depois — procurando uma saída.

Quando quero influenciar alguém, gosto que essa pessoa saiba que está no controle, livre para escolher de uma forma ou de outra. Minha motivação aqui é ao mesmo tempo generosa e egoísta. É generosa porque sentir-se no controle deixa as pessoas mais felizes. Também é egoísta porque, como eu disse antes, deixar as pessoas mais confortáveis para dizerem não as torna mais dispostas a dizerem sim. Isso não quer dizer que elas sempre vão obedecer, mas que, se não obedecerem, deve ser porque há um bom motivo. Além do mais, se disserem sim sem coação, elas vão se sentir responsáveis pela própria escolha. Isso as faz se sentirem melhores sobre a decisão que tomaram e ajuda a decisão a se firmar. Pesquisas mostram que, por exemplo, depois de aceitar um leve incentivo para mentir, as pessoas se tornam mais receptivas a acreditar na mentira.[10] (Não é assim que queremos influenciar as pessoas, mas é interessante, não é?)

Você pode reafirmar a liberdade de escolha pedindo permissão para perguntar. As pessoas vivem atirando coisas em cima de nós: convites de reunião, links, livros que vamos adorar, conselhos úteis. Você não quer ser uma dessas pessoas; além disso, a reação instintiva de todo mundo a coisas não solicitadas é "não". (Em um estudo, uma placa de dinheiro grátis fez as pessoas passarem direto ou atravessarem a rua para evitar que os pesquisadores lhes entregassem uma nota de cinquenta dólares.)[11] Em vez disso, compartilhe com a pessoa a versão mais breve possível da sua grande ideia e pergunte se ela gostaria de saber mais: "É algo que poderia interessar?", "Gostaria que eu mandasse um link?".

Pedir permissão para perguntar funciona assim: "Posso pedir seu conselho?", "Podemos conversar sobre o que deu errado?", "Podemos ter uma conversa sobre meu plano de carreira?", "Podemos nos encontrar para discutir meu salário?". Você também pode perguntar quando seria um bom horário. Se a pessoa concordar em combinar um horário, ela também vai concordar em ouvir com a mente mais aberta possível. Você ainda pode perguntar como ela preferiria se comunicar — e-mail, telefonema, chamada de vídeo, um café. Algumas pessoas têm preferências fortes e sentiriam que já sacrificaram algo se tivessem que se comunicar no seu modo escolhido, e não no dela.

Pedir consentimento antes de dar um conselho é um golpe de aikido porque, embora as pessoas sejam naturalmente resistentes à pressão, elas também são naturalmente curiosas. Mesmo que não estejam procurando conselhos, quando você diz "Acho que sei algo que pode ajudar. Gostaria de ouvir?", a curiosidade torna difícil recusar. É o efeito Zeigarnik em ação mais uma vez. E, quando ela disser sim, estará mais aberta à sua ideia porque ouvir foi uma escolha dela.

Parece um pouco esquisito, mas você também pode reafirmar a liberdade de escolha do outro falando literalmente que ele é livre para escolher.[12] Claro, não se trata de conceder liberdade de escolha à pessoa; isso ela já tem. E você não está dizendo que vai ficar contente com qualquer resultado, está apenas reafirmando a verdade fundamental de que ela já é livre. Além de não pressionar, você está dizendo que não está pressionando — o que sugere que também não vai pressionar no futuro. Algumas destas frases podem ajudar: "Sem pressão", "Sinta-se livre para dizer não", "Sei que você deve estar ocupado, então vou entender se não puder", "Por favor, aceite apenas se estiver completamente à vontade", "A decisão é toda sua", ou até "Quem manda é você". Uso muito essas frases em parte porque são úteis, mas também porque as digo com sinceridade. Quero que as pessoas digam sim apenas se acharem que é a coisa certa.

Quando há uma diferença hierárquica, porém, é bom ser delicado em relação a como se afirma a liberdade de escolha do outro. Se ele tiver um cargo mais elevado, dizer "A decisão é toda sua" pode não adiantar de nada. Ele já sabe que a decisão é dele. Mas, nesse caso, pode ser bem-vinda uma frase como "Sei que você deve estar ocupado, então vou entender se não puder". Ele está ocupado, aprecia que você reconheça isso e provavelmente prefere não aborrecê-lo. Ao reafirmar a liberdade de escolha de alguém de um cargo inferior, você deve tomar cuidado para não pressionar sem querer. Se disser "A decisão é sua" mas seu tom de voz expressar *Mas vou ficar muito desapontado com você se tomar a decisão errada*, isso não vai dar nenhuma sensação de liberdade.

SUAVIZAR A RESISTÊNCIA COM UM PEDIDO SUAVE

Depois que uma pessoa recusa seu pedido, é difícil fazê-la mudar de ideia. (Isso tem a ver com o truque psicológico que discutimos há pouco: as pessoas tendem a dar mais peso às decisões que elas próprias tomam.) Uma estratégia melhor seria avaliar como a pessoa se sente fazendo uma pergunta hipotética que não a prenda. Chamo isso de *pedido suave*.[*]

Um pedido suave é algo como: "É algo em que você poderia se interessar?". Ou: "Se eu pedisse para você _____, o que você acharia?". Ou: "Você se sentiria à vontade em fazer _____?". Ou: "Sem querer obrigar você a decidir, mas, em uma escala de um a dez, em que ponto você está, considerando que dez é totalmente a favor e um é 'nunca vai acontecer'?".

---

[*] Se você já trabalhou em vendas, isso está relacionado ao conceito de "fechamento de suposição".

Pedidos suaves são eficazes por diversos motivos, mas acima de tudo são uma forma de conseguir informações valiosas com baixo risco. Não há por que perder seu tempo ou o da outra pessoa discutindo uma coisa que nunca vai acontecer. Também não há por que perder tempo se ela já tiver topado. Além disso, pedidos suaves protegem os sentimentos de ambos os lados quando há uma rejeição. Digamos que você sente atração por um amigo e quer explorar as possibilidades. Se fizer a pergunta de maneira hipotética ("O que você acharia de ir a um encontro comigo algum dia?") e ele disser que prefere ficar só na amizade, isso magoaria um pouco mas não custaria muito. Era só uma ideia, e vocês provavelmente ainda vão se dar bem. Mas, se fizer uma pergunta direta como "Quer sair comigo?" e receber uma recusa direta, vai ser mais difícil continuarem amigos.

Um pedido suave também é uma jogada inteligente quando se está pedindo uma referência de trabalho ou uma carta de recomendação. Em vez de dizer "Você escreveria uma carta de recomendação para mim?", pergunte: "Você se sentiria à vontade em me escrever uma carta de recomendação?", ou "Você se sentiria à vontade em me dar uma boa referência?". Essa estratégia torna mais fácil que a outra pessoa recuse, e você definitivamente quer que seja fácil. Por quê? Porque o pedido suave o protege de receber uma recomendação morna que poderia prejudicar suas chances. E, se quem for recomendar você disser sim, ele vai apoiá-lo com todo o entusiasmo possível, tendo se comprometido a fazer isso por livre e espontânea vontade.

O BRONTOSSAURO GENTIL

Se um mestre em vendas volta a um cliente potencial seis ou sete vezes depois de ouvir um não, quantas vezes você acha que um vendedor *médio* volta? Três vezes. Quantas vezes você acha que a pessoa média (que não trabalha com vendas) volta depois de ouvir um não? Pois é, zero. A persistência é uma virtude subestimada.

Um modelo de influência adorado pelos meus alunos é o *Brontossauro Gentil*: um herbívoro afável que não aceita não como resposta. É uma técnica enganosamente passiva, e é simples — tudo que você precisa fazer é esperar. Mas você *não* fica esperando invisível no canto com os dedos cruzados. Não; você vai se manter otimista no campo de visão, como um dinossauro bem chamativo: *Olá! Sou eu aqui. (Ainda.) Só dando uma passada!* O Brontossauro Gentil é paciente, educado e persistente. Você pede o que quer, depois recua. Volta a perguntar. Espera, e volta, quantas vezes precisar. Ninguém pode ficar com raiva nem tem como ignorar o Brontossauro Gentil. E é difícil continuar recusando um ser tão bacana. Persistência e não agressão podem ser uma combinação irresistível.

A jornalista e escritora Jessica Winter conta como o Brontossauro Gentil consegue um lugar num voo lotado.[13] Quando o agente de aeroporto diz que é impossível, você responde com simpatia que tem certeza de que é possível dar um jeito. Depois recua. Winter escreve:

> Você deve ficar em silêncio e um pouco inclinado para a frente, com as mãos levemente entrelaçadas em um gesto que lembra uma oração. Você vai ficar na visão periférica do agente — perto o bastante para ele não ter como escapar da

sua presença, mas não perto a ponto de ficar em cima dele — e manter o olhar sereno fixado no rosto dele em todos os momentos. Sustente uma expressão compreensiva, como a de um santo. Não fale a menos que lhe façam uma pergunta. Sempre que o agente disser alguma coisa, quer seja para você ou outro aspirante a passageiro, concorde de maneira enfática. Continue assim até o agente lhe dar o número do seu assento. O Brontossauro Gentil sempre consegue um assento.

Quando meu ex-aluno Tiago Cruz recebeu uma proposta para trabalhar em uma grande empresa de consultoria depois da formatura, ele fez um pedido maluco: seria possível ter um carro da empresa? Novos MBAS não recebem carros da empresa em nenhum lugar que eu conheça, mas Tiago é o tipo de pessoa para quem você quer dizer sim, e eles de fato disseram. Depois, porém, pediram desculpas. Na verdade, os gerentes não tinham permissão para ter carros da empresa. Tiago respondeu: "Ah, que pena! Bom, tomara que possamos encontrar algum jeito". Ele voltou a perguntar no mês seguinte, dizendo que estava ansioso para saber se haviam encontrado uma forma de fazer isso, por mais maluco que fosse. Ainda não. No mês seguinte, ainda não. Ele foi incansável e persistentemente amistoso. E esperançoso. Voltou, um mês depois do outro, até, para minha total surpresa, a empresa encontrar um jeito.

Uma das melhores formas de demonstrar respeito enquanto se é persistente é perguntar se é possível voltar para perguntar outra vez. E quando é possível voltar. Depois, quando tiver voltado, você pode dizer: "Você mencionou que eu poderia voltar a ver esse assunto com você na sexta à tarde. Ainda é um bom horário?". Preste atenção a sinais verbais e não verbais quando voltar. É nesse momento que você descobre se está sendo bem recebido ou se está sendo uma praga.

Você não vai persistir depois de cada negativa (por favor, não faça isso em situações românticas) e não vai querer perder seu tempo. Os melhores vendedores persistem apenas depois de encontrar quem poderia estar aberto à ideia *e* capaz de se comprometer com ela; só então investem nessas relações. No jargão deles, eles não vão investir tempo a menos que tenham um *lead* qualificado. Eles não ficam voltando a qualquer um.

COMO É LIDAR COM OBJEÇÕES

Quando abordamos objeções em aula, os alunos praticam encenando. Se você tiver um parceiro com quem praticar uma situação da vida real, ele vai representar o seu papel e você a pessoa resistente. Normalmente, os estudantes escolhem uma situação relacionada a trabalho ou faculdade, como um problema com o chefe ou um colega de equipe. Mas Niv Weisenberg queria que o ajudássemos a lidar com a resistência da esposa dele a adotar um filhotinho de cachorro. Niv era tranquilo e engraçado, o tipo de pessoa que você quer que tenha sucesso, e todos estávamos torcendo para ele adotar esse filhotinho (porque... afinal, são filhotinhos).

O treino de aikido com Niv foi mais ou menos assim:

Testemunhe e explore a resistência

ELE: Você pode me ajudar a entender qual é o maior obstáculo, na sua opinião, para adotarmos um cachorro?

ELA: É o trabalho que dá, não só para adestrar. É como ter um filho.

ELE: Como ter um filho?

ELA: Os passeios, o adestramento, ter que voltar para casa para levar o cachorro para passear. Os uivos de noite enquanto ele é treinado a ficar na casinha. E é mais complicado para viajar.

ELE: Parece muito trabalho. E parece que você está imaginando que vai ter que assumir esse trabalho.

ELA: Ah, sim. Porque você nunca teve um cachorro e não faz ideia de onde está se metendo.

ELE: Entendo que você não queira assumir mais trabalho. Tem mais alguma coisa que te incomode sobre a ideia de um cachorrinho?

ELA: Ah, ele não poderia dormir na nossa cama, sem dúvida. Você sabe que fico mal-humorada se não durmo bem.

Reafirme a liberdade de escolha do outro

ELE: Hahaha, sei bem. A gente precisaria dar um jeito no trabalho e no sono. E, claro, a gente não pegaria um cachorrinho a menos que você quisesse.

ELA: É, sim.

Suavize a resistência com um pedido suave

ELE: Posso perguntar, só como hipótese, se você não tivesse que fazer nada para cuidar do filhotinho, e ele dormisse em outro cômodo e não te acordasse, você gostaria de ter um filhotinho para brincar?

ELA: Você sabe que adoro cachorros. É por isso que cuidei da Zumi quando minha irmã estava viajando. Mas eu voltava do trabalho no horário do almoço para sair com ela, e era um estresse. E você vai arranjar um trabalho novo. Como a gente não faz ideia de qual vai ser, nem onde a gente vai morar, também não vejo como você possa se comprometer com um cachorro.

Seja um Brontossauro Gentil

ELE: Certo. Bom, obrigado por conversar comigo sobre esse assunto, e acho que você tem razão que faz sentido esperar. Tudo bem se voltarmos a conversar sobre esse cachorrinhozinho tão fofo depois que pensarmos na nossa situação de trabalho e casa?
ELA: Está bem. Até lá, arranje um trabalho.
ELE: Certo. Vou cuidar disso!

Essa foi apenas uma encenação e, mesmo nessa conversa, os golpes de aikido não levaram a mulher de Niv de um não para um sim em um passe de mágica. Mas Niv conseguiu pressentir que a oposição dela a adotar um cachorro diminuiria um pouco, e que ela poderia estar mais aberta para voltar a conversar sobre o assunto em um momento melhor. É isso que os golpes de aikido podem fazer por você. A prática vai dissipar parte da sua própria resistência e oferecer uma linguagem para facilitar essas conversas.

Em uma conversa anterior sobre o poder do não, eu disse que "Não" é uma frase completa. Isso é verdade, mas não quer dizer necessariamente não para sempre. Ao explorar as preocupações do outro, podemos descobrir se ele pode estar aberto a colaborar ou mudar de ideia no futuro. Quando você respeita as intenções, a inteligência e a liberdade fundamental das pessoas, suas tentativas de influenciá-las correrão melhor. À medida que você se torna mais experiente, pode até receber bem a resistência e o fato de que ela ensina mais sobre a pessoa com quem você está negociando do que um simples sim ensinaria (embora um simples sim também fosse legal).

Ah, a propósito, Niv persistiu, e ele e a mulher estão felizes com a decisão. Este é o Tink.

6½. Escuta profunda

Às vezes testemunhar a resistência de outra pessoa pode parecer muito trabalhoso porque você tem que lidar também com sua própria resistência. Você está preso dentro da própria cabeça. Todos estamos. Mesmo em uma conversa amigável, estamos ocupados lembrando de experiências semelhantes que já tivemos ou pensando no que dizer em seguida. Num desentendimento, a mente amplia esses impulsos. O Jacaré filtra a maior parte do que você ouve, e o Juiz elabora uma crítica condenatória de todas as informações que chegam. Esse processo mental nos leva a caricaturizar a visão das pessoas que discordam de nós e a imaginá-las como muito mais extremistas do que realmente são.

Essas distorções acontecem em todas as esferas — pessoal, profissional e política. Nos Estados Unidos, democratas e republicanos acreditam que os membros do outro partido têm visões mais extremas do que eles. Quando se trata da questão polêmica da imigração, por exemplo, os democratas partem do princípio de que os eleitores republicanos querem fechar as fronteiras por completo enquanto os republicanos presumem que os eleitores democratas querem abri-las por completo. Mas os dois estão errados;

existe um grau significativo de interseção nas opiniões sobre imigração.

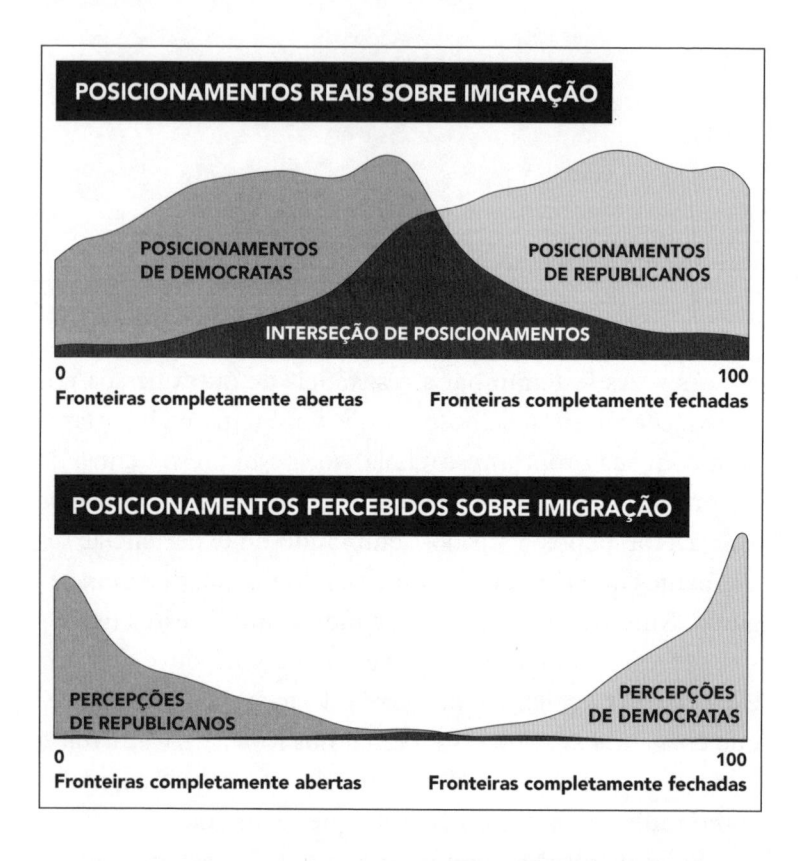

POSICIONAMENTOS REAIS SOBRE IMIGRAÇÃO

POSICIONAMENTOS DE DEMOCRATAS

POSICIONAMENTOS DE REPUBLICANOS

INTERSEÇÃO DE POSICIONAMENTOS

0 — Fronteiras completamente abertas

100 — Fronteiras completamente fechadas

POSICIONAMENTOS PERCEBIDOS SOBRE IMIGRAÇÃO

PERCEPÇÕES DE REPUBLICANOS

PERCEPÇÕES DE DEMOCRATAS

0 — Fronteiras completamente abertas

100 — Fronteiras completamente fechadas

Esse fenômeno é conhecido como *viés de falsa polarização*,[1] e pesquisadores o documentaram em todo tipo de campo. Membros de grupos religiosos e étnicos acreditam que as percepções dos outros sobre eles são mais negativas do que de fato são. As pessoas calculam mal como os membros do lado oposto discordam delas sobre assuntos polêmicos como controle de armas, racismo e religião.[2] E, quanto mais veementes são nossas próprias visões, mais extremas imaginamos ser as visões do outro lado.[3]

O segredo para fazer essa ponte é escutar, e o primeiro passo subestimado para escutar é literalmente ouvir a voz do outro. Os psicólogos sociais Juliana Schroeder e Nick Epley identificaram que, quando ouvimos a voz de uma pessoa em vez de apenas ler as palavras dela, nós a achamos mais competente, ponderada e inteligente. Nós preferiríamos contratar essa pessoa — e esse "nós" inclui recrutadores profissionais. Quando alguém discorda de nós, não podemos desconsiderar essa opinião[4] tão facilmente se ouvirmos sua voz; isso nos lembra que esse alguém também é um ser humano com pensamentos e sentimentos.

Mas como escutar outra pessoa quando o desentendimento motiva você a se voltar para dentro? Quando peço aos meus alunos que escutem um colega falar, mesmo que seja por apenas um minuto, eles relatam todas as suas distrações habituais, que costumam se resumir a *O que vou dizer quando for minha vez de falar?* Mas você pode voltar o foco para o outro traçando objetivos de escuta mais específicos.

O objetivo mais simples é *escutar o que o outro está pensando*. Tente ouvir os pensamentos conscientes da outra pessoa em vez dos seus. Você não é nenhum leitor de mentes, mas consegue fazer inferências com base nas palavras do outro.

Para ir além, você pode *escutar o que o outro está sentindo*, sintonizando-se às reações do Jacaré dele. Pode fazer isso classificando as emoções do outro como "nervoso", "preocupado", "orgulhoso" ou o que quer que perceba. Em silêncio ou em voz alta. Expressar os sentimentos alheios em palavras tem o efeito de aliviar o estresse no seu cérebro[5] e ajuda a manter o foco. Ou você pode tentar deixar seu Jacaré vivenciar as emoções do outro para se sentir mais próximo daquela pessoa mesmo que não seja o mesmo que você sinta. (Vamos tratar de acertos e erros daqui a pouquinho.)

Para ir ainda mais além, você pode *tentar escutar os pensamentos que não estão sendo ditos*. Você está libertando seu Sherlock Holmes interior, usando raciocínio e intuição. Henry Kissinger uma vez descreveu esse tipo de escuta como o segredo para a diplomacia de sucesso, e pode ser surpreendentemente útil — mesmo que você esteja errado. Existe um risco de você se sentir superior, se achar que descobriu algo de que o falante pode não ter se dado conta ou não queira que você saiba. Tente controlar esse sentimento. Por enquanto, você está apenas formulando hipóteses — e pode estar enganado.

Para ir mais além ainda, você pode *tentar escutar os valores tácitos do outro*. Por que ele se importa com as coisas que está dizendo? Se ele está indignado, qual princípio fundamental está sendo ameaçado ou violado? Se está eufórico, qual valor está sendo saciado ou vingado? Essa forma mais profunda de escuta é particularmente útil em conflitos e queixas, mas você pode usá-la a qualquer momento. É possível encontrar um traço desses mesmos valores em você mesmo, o que ajuda a desenvolver empatia[6] e se conectar com a pessoa que está escutando.

Depois que tiver terminado de escutar, espelhe de volta para a outra pessoa o que você ouviu ou intuiu, para ver se entendeu bem e conseguir uma compreensão mais precisa. Colocar os sentimentos da outra pessoa em palavras faz com que ela se sinta vista e entendida e acalma a ativação na amídala dela, a região onde o cérebro processa medo e estresse.[7] Nesse caso, você não está apenas repetindo o que ela disse feito um papagaio, está acrescentando sua interpretação — algo que ela *não* disse. Isso serve como um convite para se aprofundar ainda mais na conversa, para que vocês possam se entender melhor. Pode ser um dom que ajuda o outro a se entender melhor também.

Um amigo me descreveu um momento na terapia que surgiu depois de semanas sofrendo com uma dinâmica familiar dolorosa. Sempre que desentendimentos domésticos se acaloravam, tanto sua esposa como sua filha adolescente esperavam que ele assumisse o lado de uma delas, e ele odiava ficar preso ali no meio. Depois de ouvir com atenção, o terapeuta do meu amigo disse: "Parece que você se importa muito com paz".

No silêncio que caiu em seguida, meu amigo teve uma sensação profunda de peças se encaixando. Até aquele momento, ele vinha culpando sua experiência dolorosa pela ambivalência ou fraqueza. Um grande peso foi tirado de suas costas quando ele viu seus próprios sentimentos com mais clareza e sem julgamento.

Você não é terapeuta e não tem décadas de prática nisso, mas não precisa acertar; precisa apenas tentar. Depois que escutar alguém com um objetivo específico em mente — compreendendo os pensamentos, ou sentimentos, ou o que não foi dito, ou os valores do outro, ou todas as anteriores — e transmitir seu melhor palpite de volta para a pessoa sem julgamento, ela vai gostar que você esteja tentando entendê-la.

Não é um teste de suas habilidades, é uma conversa. Se estiver tentando escutar os valores, pode dizer: "Me parece que você dá muito peso a _____" (preencha a lacuna com aprendizado, ou justiça, ou criatividade, ou liberdade, ou qualquer que seja o valor que você tiver testemunhado). Se estiver equivocado, a pessoa vai esclarecer para que você entenda melhor. Espelhar de volta o que ouviu pode transformar a conversa para os dois lados. Em uma conversa amigável, cria intimidade. Em um desentendimento, ajuda a conter sentimentos antagônicos ao mesmo tempo que amplia sentimentos de solidariedade.

O DESAFIO DA EMPATIA

Para entender os valores das pessoas, meus alunos praticam um exercício de escuta chamado Desafio da Empatia. Nesse desafio, você escuta três pessoas diferentes que discordam de você em um assunto que você considera importante. Você começa cada uma dessas conversas partindo do princípio — ou enquadramento — de que a outra pessoa é inteligente e bem-intencionada. Enquanto eles explicam sua posição, você tenta ouvir seus valores subjacentes. Por fim, busca um terreno em comum enquanto espelha esses valores de volta para a pessoa. É isso.

Antes de aplicar o Desafio da Empatia, eu mesma o experimentei. Isso foi em 2016, dois meses antes da eleição presidencial dos Estados Unidos. Eu não conseguia entender por que pessoas inteligentes e bem-intencionadas votariam no candidato republicano, então me dispus a ouvi-las pessoalmente. Alguns dos meus amigos progressistas se irritaram com meu projeto. "Por que somos *nós* que sempre temos que escutar?" Mas eu sabia que não estava escutando de verdade; graças ao viés da falsa polarização, eu vinha caricaturizando as visões dos outros sem ter feito nenhuma pergunta direta.

Por isso, tive três conversas com eleitores republicanos.

A primeira foi com um judeu ortodoxo que morava em Nova York. O adesivo de Trump no carro dele era motivo de provocação frequente de estranhos, e ele também estava em conflito com amigos e familiares. Quando perguntei por que apoiava o candidato, ele elevou a voz ao enumerar suas críticas contra Hillary Clinton. Segurei a língua até ele terminar. Então disse: "Já que você mantém esse adesivo no para-choque do carro mesmo com as pessoas buzinando e gritando com você, você deve ser um verdadeiro fã de Donald Trump. Estou curiosa. Pode me ajudar a entender por que gosta dele?".

Ele começou a falar sobre sua fé e sobre ser perseguido por aquilo em que acreditava. Significava muito para ele que a filha de Trump e o marido dela fossem judeus. Depois me contou uma história que tinha ouvido sobre Donald Trump ter bancado as despesas médicas de um menino judeu ortodoxo que estava gravemente doente.

Eu não tinha como saber se a história era verdadeira. Se meu objetivo fosse vencer a discussão, poderia ter contestado a veracidade dela. Em vez disso, fiquei em silêncio por alguns momentos antes de comentar: "Parece que você se importa muito em ajudar os outros".

"É claro que sim. É necessário."

"E parece que você tem um fraco por heróis."

Ele riu. "Acho que sim."

"Eu também tenho."

Conversamos mais sobre sua vida na comunidade judaica ortodoxa e sobre o curso que eu estava dando. Eu conseguia me identificar com o sentimento de lealdade a seus heróis e de querer ajudar pessoas que ajudam pessoas. Se compartilhasse das visões daquele homem sobre Donald Trump, também teria no para-choque um adesivo escrito Make America Great Again. Nossa conversa acabou de maneira amigável.

Para minha surpresa, o mesmo aconteceu nas duas conversas posteriores. Precisei segurar a língua várias vezes, mas entrar nessas conversas com a expectativa de que o outro era inteligente e bem-intencionado ajudava. No segundo caso, concordei sinceramente com a paixão de um emigrado russo pela liberdade. Na terceira conversa, me identifiquei com a necessidade profunda de autenticidade de um advogado.

Essas conversas não mudaram a opinião de ninguém sobre os candidatos a presidente; esse não era o objetivo. Mas eu estava desenvolvendo empatia e encontrando um ponto de consenso que pudesse servir de base para concordar em outras questões. E também estava aprendendo que pessoas que discordam de mim não concordam necessariamente umas com as outras. Experiências únicas basearam suas opiniões, elas tinham graus variados de entusiasmo pelo candidato e cada uma sentia uma conexão com a plataforma de Trump por motivos diferentes — nenhum dos quais se revelou ser os motivos que eu teria previsto. É fácil não notar que estamos projetando opiniões nos outros quando não os escutamos de verdade.

Alguns dos meus alunos que fizeram o Desafio da Empatia viveram experiências transformadoras. Uma estudante antiaborto ouviu uma amiga próxima explicar por que era a favor da descriminalização. A amiga revelou que tinha sido estuprada e havia engravidado. Minha aluna se deu conta de que, nessas circunstâncias, também poderia ter levado um aborto em consideração. Outra estudante superou um conflito familiar sobre um casamento arranjado e, quando os pais sentiram que seus valores estavam na verdade sendo reafirmados, foram mais flexíveis sobre deixar a filha continuar na universidade. E os alunos LGBTQIA+ que entraram em contato com familiares que não haviam aceitado sua sexualidade acabaram encontrando mais amor lá do que imaginavam.

Os exercícios de escuta que fazemos em aula e o Desafio da Empatia nos ajudam a entrar em desacordo de maneira pacífica e nos lembram de buscar a fonte das opiniões arraigadas das pessoas. Aprendemos a aceitar que você pode se sentir de determinada forma sobre o movimento Black Lives Matter se seu irmão é policial e você teme pela segurança dele, e de outra se você é um homem negro que teme pela própria segurança e precisa segurar a língua o tempo todo para não falar coisas que assustem alguém.

Essas conversas não são só paz e amor. Algumas ficam acaloradas. Mas estamos tentando. Ter empatia não define nada sobre quem está certo ou errado. Estamos apenas buscando entender cada um como outro ser humano. Ao escutar com habilidade, dar o exemplo de abertura e deixar nossas ideias de lado para nos identificarmos com a experiência do outro, mostramos o que é empatia. Ao criarmos conexões dessa forma, abrimos mentes e corações — incluindo os nossos — para a influência.

7. Negociações criativas

Em uma pequena aldeia na região rural da Zâmbia perto de uma reserva natural, Gloria Steinem se sentou com um grupo de mulheres numa grande lona no meio de um descampado. Ela havia assistido recentemente a uma conferência sobre tráfico sexual, e aquelas aldeãs estavam sofrendo pela perda de duas jovens que tinham acabado de ser levadas por traficantes sexuais. Em vez de oferecer conselhos, Gloria fez uma pergunta: "*O que seria necessário* para impedir que isso se repetisse?".

Elas responderam: uma cerca elétrica.

Uma cerca elétrica?

As mulheres contaram que, quando o milho chegava a certa altura, elefantes vinham comê-lo, pisoteando os campos e deixando as famílias famintas e vulneráveis à exploração.

"Certo. Se eu arrecadar o dinheiro", Gloria perguntou, "vocês vão limpar os campos e fazer todo o trabalho para montar a cerca?"

Elas disseram que sim. Então ela arrecadou os milhares de dólares necessários, e as mulheres tiraram os tocos e pedras com as mãos. Na visita seguinte de Gloria à vila, ela viu uma colheita abundante de milho, intocada pelos elefantes.

E, como a cerca tinha sido erguida, nenhuma jovem da vila havia sido levada pelo tráfico sexual.

O que seria necessário?

Eu chamo isso de Pergunta Mágica, e é minha estratégia de influência favorita.

Quando eu era estudante de MBA, fiz um estágio em uma empresa de biotecnologia chamada Guidant, que fabrica produtos para cirurgia cardíaca. Quando a Guidant lançou um sistema novo de stent, suas previsões apontavam que ela poderia conquistar a maior parte do mercado. Mas não tinham previsto que o mercado também cresceria rápido, e a demanda logo superou a oferta. Era um problema bom, mas ainda assim era um problema. Para que a Guidant atendesse sua avalanche de pedidos, os funcionários precisavam fazer três turnos por dia, sete dias por semana, incluindo o Dia de Ação de Graças e o Natal.

Coube a Ginger Graham, uma das principais líderes da empresa, fazer isso acontecer.[1] Ela poderia ter exigido horas extras compulsórias, mas os funcionários ficariam desmotivados. Então, em vez disso, explicou a situação e perguntou: "*O que seria necessário* para trabalharmos juntos para atender esses pedidos?". Os funcionários debateram até chegar a uma lista de pedidos que incluía delivery de pizza, táxis tarde da noite, babás e alguém que embrulhasse os presentes de Natal. Quando Ginger e sua equipe administrativa atenderam esses pedidos, os funcionários apareceram em tempo integral e trabalharam com afinco. A produção atingiu novos recordes, as vendas triplicaram e todos receberam um bônus generoso. Não pareceu o resultado de uma negociação; pareceu um esforço conjunto. Foi as duas coisas.

Negociar um aumento ou uma promoção é tão estressante que a maioria das pessoas nunca faz isso.[2] Mas considere como a Pergunta Mágica poderia reenquadrar essa situação para que não parecesse tão delicada ou antagônica. Ela poderia apontar você na direção de um resultado que tanto você como seu chefe querem — você fazendo um ótimo trabalho com prazer. E se você simplesmente perguntasse: "*O que seria necessário* para que eu desse esse próximo passo na carreira?" ou "*O que seria necessário* para que eu estivesse na faixa salarial mais alta para essa função?".

Na posição de gerente, como você se sentiria se um funcionário lhe fizesse essas perguntas? Você provavelmente ficaria feliz em explicar: "O que precisaria acontecer é o seguinte". Em algum momento, seu funcionário pode voltar e dizer: "Você disse que seria necessário isso para que eu ganhasse um aumento. Foi o que fiz. Agora pode me ajudar?". Se suas condições tiverem sido atendidas, você o apoiaria.

A Pergunta Mágica funciona com clientes, com crianças, com todo mundo. Você pode usá-la repetidas vezes com a mesma pessoa, mesmo se ela já souber como a Pergunta Mágica funciona. Meus alunos, amigos e parentes a usam uns com os outros e comigo porque a ensino para todos. Rimos quando a ouvimos, mas depois respondemos: "O que precisaria acontecer é o seguinte...". E funciona. Como mágica. Proporciona muitos dos ingredientes que você está buscando em uma negociação.

Primeiro, é um catalisador de criatividade. "O que seria necessário?" é um convite para deixar de lado ideias convencionais e considerar uma abordagem nova.

Segundo, a Pergunta Mágica demonstra respeito. Ao fazê-la, você está admitindo que não é nenhum especialista na situação da outra pessoa, nas necessidades nem nos obstáculos dela para fechar um negócio. *Ela* sim é a especialista. Isso desarma a reação de ameaça do Jacaré dela e abre a possibilidade de que essa negociação possa proporcionar vitórias fáceis para ambos os lados. E respeito, assim como gentileza, tende a ser retribuído, deixando todos mais felizes.

Terceiro, a Pergunta Mágica pode desvendar informações importantes. Sem ela, Gloria Steinem nunca teria descoberto que o problema de tráfico sexual naquela aldeia era, no fundo, um problema de elefantes. Ginger Graham nunca teria pensado em contratar alguém para embalar presentes de Natal. Coletar informações é essencial em qualquer negociação e, se você tratar a outra parte bem, ela pode ser sua melhor fonte.

Por fim, a Pergunta Mágica não apenas desvia a conversa do confronto como também a guia rumo à colaboração. É isso que criatividade, respeito e informação podem fazer por você. Além de tornar o processo mais fácil e divertido, a colaboração torna a solução mais duradoura. Depois que as mulheres da aldeia tiveram a ideia da cerca elétrica e concordaram com sua parte do acordo, elas ficaram motivadas com o resultado. Elas também estavam fazendo um acordo implícito de proteger a aldeia do tráfico sexual depois que a cerca fosse levantada.

A Pergunta Mágica costuma levar a soluções que são mais simples do que você teria imaginado, exigindo menos do que você teria disposição para fazer. Mas nem sempre vai ser simples: a Pergunta Mágica costuma levar a mais discussões. O que nos traz de volta à esfera da negociação.

Uma negociação é apenas uma conversa com o objetivo de chegar a um acordo. Nada mais do que isso. Tudo que você aprendeu sobre influência se aplica a negociações. Timing, enquadramento, lidar com resistência, tudo. Até agora, estávamos falando sobre situações em que você tem uma grande ideia e a outra pessoa diz sim ou não, ou você está tentando expressar seu ponto de vista, ou está tentando estabelecer uma conexão. Negociar acrescenta uma camada de complexidade; em vez de um simples sim ou não, você tem uma conversa que vai e vem.

Então por que a maioria das pessoas detesta a ideia de negociar? Quando faço essa pergunta, elas descrevem uma negociação com palavras como "tensa", "agressiva", "bajuladora" e "acirrada". Mas a verdade é que estão descrevendo mais os medos do que as experiências reais, que costumam ser limitadas. Como as negociações mais importantes acontecem atrás de portas fechadas, as negociações que observamos costumam ser fictícias. E como romancistas e roteiristas adoram um drama, suas histórias envolvem tiranos tentando demolir um ao outro em uma situação de soma zero: eu ganho, você perde, hahaha, otário. Na realidade, porém, essas negociações agressivas são raras. E, quando acontecem, geralmente é porque negociadores iniciantes temiam que fosse exatamente assim.

Vejo como essa falta de experiência acontece em sala de aula. Por semanas, os alunos praticaram como ser cordiais, assertivos e influentes. Estamos nos tornando pessoas para quem os outros querem dizer sim. Mas, assim que formamos duplas para uma "negociação" de mentirinha, a maioria da turma fica tensa e algumas duplas se esquecem de tudo que aprenderam. Partem para cima, lançam ultimatos, mentem e tentam pressionar seus parceiros. Ou se rendem e dizem: "Certo, fique com tudo!". As duas são reações do Jacaré diante de ameaças. Jogar duro leva a um impasse ou a uma rendição. Se há um impasse, ninguém ganha, e a rendição cria acordos frágeis que podem ruir. Ao contrário do que se pensa, a estratégia de intimidação tem um baixo índice de sucesso na vida real.

Quando recapitulamos o exercício, é surpreendente ouvir a opinião dos negociadores durões. Alguns imaginavam que táticas implacáveis e tapeação fossem parte do jogo da negociação. Muitos achavam que estavam jogando na defensiva, tentando desesperadamente não serem feitos de otários. Isso é comum em negociadores iniciantes, e a maioria de nós se sente iniciante porque não passamos a vida negociando tratados de paz internacional, fazendo acordos em casos criminais nem trabalhando em fusões e aquisições. Podemos pechinchar em pequenas compras às vezes, mas é provável que só tenhamos nos envolvido em poucas negociações de alto risco. E, mesmo nesse caso, é possível que tenhamos tido um agente ou advogado fazendo a negociação por nós. Não é à toa que a maioria se esforça tanto para não fazer papel de bobo: achamos que não sabemos o que estamos fazendo.

Mas sabemos. Lembre-se: estamos negociando desde que usávamos fraldas. E ainda fazemos isso o tempo todo, nas conversas do dia a dia com familiares, colegas e chefes sobre como fazer as coisas acontecerem e quem vai fazer o quê: "Você pode jogar videogame quando tiver acabado a lição de casa", "Que horas vamos nos encontrar para beber depois do trabalho?", "Se eu pegar esse projeto novo, vou ter que parar de trabalhar no atual; para quem posso repassá-lo?". Esses momentos não parecem negociações, mas são.

Mesmo quando estamos negociando com desconhecidos ou fazendo acordos que envolvem dinheiro, normalmente não é tão ruim quanto imaginamos. Embora possamos detestar a *ideia* de negociar e achar o processo estressante, em geral nos sentimos bem quando tudo acaba. Voltei a algumas daquelas pessoas que haviam descrito negociações como "implacáveis" e pedi que me contassem como havia sido sua negociação mais recente: 80% disseram sentir emoções positivas como "felicidade" ou "empoderamento", e quase todas tinham conseguido chegar a um acordo.

A maioria dos negociadores experientes busca soluções de comum acordo. Se a negociação for sobre uma torta, por exemplo, eles não tentam assar uma torta pequena, comê-la toda e deixar você olhando os farelos. Buscam assar uma torta grande e separar pedaços para que todos saiam satisfeitos e felizes. "Você não gosta de abóbora. Tudo bem, que tal maçã? Ótimo, é o que vou fazer. Então pode buscar um sorvete, talvez de nozes?"

Você já está no caminho certo para ser um desses negociadores mesmo que ainda não saiba. Neste capítulo, vou oferecer alguns conselhos sobre preparação, colaboração e estabelecer um limite com os poucos valentões para que você não precise se preocupar em ser feito de bobo. Treinei centenas de estudantes e amigos para terem bons resultados em negociações importantes como ofertas de emprego, aumentos, promoções, acordos comerciais e grandes compras. Mesmo em divórcios, uma boa negociação pode deixar todos menos infelizes.

Quando vêm me pedir conselhos de negociação, as pessoas normalmente esperam que eu mostre o tipo de truque de mente Jedi do qual eu costumava me gabar, algo que vai fazer a outra pessoa ceder à sua vontade. Mas já sabemos que essa não é uma boa ideia. Se tentar, você vai provocar resistência; e, se ganhar, vai provocar ressentimento. Sim, vou mostrar algumas estratégias úteis para serem usadas na conversa, mas a verdadeira arte da negociação tem mais a ver com a mentalidade com que vamos para a situação e com a preparação dessa conversa do que com o que é dito na hora.

REUNIR OS INGREDIENTES PARA UMA TORTA MAIOR

A maioria das negociações em potencial fracassa antes de começar porque nem nos tocamos de que é possível negociar. Quando começamos a negociar com mais frequência, com o tempo nos tocamos que negociar é *sempre* possível. Nem sempre teremos sucesso, mas sempre podemos tentar: "Sei que pode não ser possível, mas existe alguma chance de conseguirmos fazer uma mágica aqui?". Se pedimos de maneira cordial e bem-humorada, as pessoas não se zangam.

Quando temos esse momento eureca sobre a negociação, sentimos um entusiasmo — e talvez até uma pontada de arrependimento por todas as oportunidades que passaram despercebidas. Até esse ponto, a maioria das pessoas seguiu os conselhos e exemplos dos pais, que variam muito. Isso também é distribuído de maneira desigual entre as classes socioeconômicas. Em *Negotiating Opportunities*, a socióloga Jessica Calarco descreve um estudo de anos em uma escola de ensino fundamental. Lá ela observou quais crianças tentavam negociar mais ajuda, melhores notas ou situações mais satisfatórias. Também entrevistou os pais sobre o que estavam ensinando os filhos a fazer e conversou com os professores para entender como eles tomavam as decisões.

As descobertas foram impressionantes: crianças de famílias de classe média negociavam com seus professores com sete vezes mais frequência[3] do que crianças da classe trabalhadora. Os professores não eram tendenciosos ao aceitar os pedidos; tentavam dizer sim a todos quando podiam. Mas, segundo Calarco, "estudantes de classe média raramente aceitavam 'não' como resposta. Em vez disso, tratavam o 'não' como uma abertura dos professores para uma negociação de duas vias". As crianças de famílias de classe média negociavam circunstâncias que lhes permitissem ser mais criativas, se sentir mais à vontade e sofrer menos punições. Crianças de famílias trabalhadoras tentavam se virar sozinhas, passavam mais tempo em dificuldades e concluíam menos tarefas. Calarco atesta que pais de classe média ensinam os filhos a serem influentes e pais da classe trabalhadora ensinam os filhos a serem obedientes.

O que estamos vendo aqui é que o privilégio é ao menos parcialmente negociado. Para abrir um mundo de possibilidades e vantagens, primeiro você precisa saber que negociar é possível. Depois precisa se sentir à vontade fazendo isso. Isso não vale apenas para crianças na escola. Quando a Accenture, uma empresa de consultoria administrativa, conduziu um estudo de milhares de executivos ao redor do mundo, constatou que as maiores insatisfações com o trabalho se concentravam em salários baixos e falta de oportunidade — mas a maioria desses executivos nunca havia tentado negociar um aumento nem uma promoção.[4] (Mas, quando negociaram, 72% conseguiram o que pediram e 25% conseguiram algo ainda melhor.) Eram pessoas inteligentes e bem-sucedidas. Alguns provavelmente estavam ensinando os filhos a negociar com os professores, mas não estavam fazendo o mesmo com os próprios supervisores. Em sua maioria, as pessoas acham negociações de trabalho assustadoras.

Mas não precisa ser assim. Depois que você salta o obstáculo de compreender que tudo é negociável, o próximo passo é ultrapassar a mentalidade de ganhar ou perder, que ativa as defesas do Jacaré e desperta o pior de nós como negociadores — ou nos impede de negociar. Se usarmos a criatividade que inspira a Pergunta Mágica, podemos ver negociações não como uma proposição de ganhar ou perder, mas como uma oportunidade para os dois lados agregarem valor.

ASSAR JUNTOS UMA TORTA MAIOR

A professora de negociação Kimberly Elsbach observou ideias de roteiro sendo apresentadas a cinquenta executivos de Hollywood ao longo de seis anos para entender o que havia de especial nas propostas que levavam a acordos bem-sucedidos. Os estúdios podem aprovar apenas um pequeno número de projetos e a carreira de um roteirista pode ser alavancada com um único grande sucesso, então os riscos são extraordinariamente altos de ambos os lados. A maior diferença que Elsbach identificou entre as propostas com ou sem êxito foi: as primeiras eram conversas colaborativas. Os dois lados faziam perguntas, trocavam ideias e usavam pronomes como "nós". Não era apenas uma questão de química pessoal; negociadores experientes estavam criando essa dinâmica. Como um deles afirmou, "Você deve estimular a pessoa, atiçar a curiosidade dela. E deve querer que ela jogue ao seu lado". Nas melhores negociações, você sai com uma ideia ainda melhor do que aquela com que entrou.

Aqui estão três perguntas que podem ajudar você a ter essa ideia melhor para a torta maior.

AS PERGUNTAS DE CRIAÇÃO DE VALOR

Você pode procurar oportunidades para criar valor tendo ideias ainda melhores antes, durante ou depois de uma negociação. As perguntas que você pode se fazer, e discutir com a outra parte quando fizer sentido, são:
Como isso poderia ser ainda melhor para mim?
Como poderia ser ainda melhor para o outro?
Quem mais poderia sair ganhando?

São convites para sonhar alto. Como elas partem de uma conversa particular entre você e você mesmo, deixe os centros de prazer do seu Jacaré correrem livres (e, por enquanto, não dê ouvidos aos obstáculos apontados pelo Juiz).

Como isso poderia ser ainda melhor para mim? Em uma negociação de trabalho, a coisa óbvia a pedir é dinheiro — um salário mais alto, um bônus de contratação, despesas de deslocamento ou mais opções de ações. Mas talvez eles possam quitar seus empréstimos estudantis! Não seria ótimo se seu novo empregador cobrisse as despesas de viagem enquanto você busca uma casa na nova cidade — ou até cubra seu aluguel enquanto você busca uma casa para comprar? Talvez fazer seu trabalho melhor signifique receber financiamento para participar de conferências em sua área, ou até mesmo ter um orçamento para contratar mais gente! Você poderia ficar feliz se seu novo empregador cobrisse os custos de um segundo mestrado para que você se tornasse mais especializado.

Mas não se limite ao lucro. Sonhe *alto*. Você poderia ficar mais feliz e produtivo se trabalhasse de casa — ou, aliás, por que não da praia, nas Bermudas? Ah, e claro, você precisará das sextas de folga para fazer aquele curso que vai pedir para eles pagarem. Ou talvez sua grande preocupação sobre a potencial mudança seja encontrar uma boa escola para o seu filho; a melhor tem uma longa lista de espera, mas seu novo empregador não poderia dar um jeito de arranjar uma vaga para você? Ou talvez seu companheiro precise de um trabalho. Vai ver seu sonho alto é nunca ir a uma reunião de outro departamento a menos que você queira. Seria possível?

Você raramente vai conseguir aquilo que não pedir e não pode pedir algo que não tiver passado pela sua cabeça, portanto vale a pena passar um tempo nessa fase criativa. E é divertido. Você vai decidir quais dessas coisas pedir, e quantas, dependendo da sua situação em particular e do desenrolar da conversa. Pode acrescentar um ou dois pedidos malucos no fim, dependendo de como for. Pode sonhar alguns desejos que são fáceis de serem concedidos. E continuar explorando formas como isso poderia ser ainda melhor para você com perguntas simples como "Que alternativas poderia haver?" e "Tem mais alguma coisa que você possa oferecer?".

Meus alunos e amigos negociaram com sucesso todos os benefícios da lista acima, entre muitos outros. Não impeça a mágica de acontecer partindo do princípio de que ela não aconteceria.

Sonhos são fundamentais, mas as melhores negociações envolvem criatividade e preparação. Portanto, enquanto estiver usando as Perguntas de Criação de Valor para dissolver as fronteiras convencionais, também reúna evidências para sustentar seu argumento, pedindo conselhos sobre o processo específico em que está envolvido e aprendendo sobre a pessoa com quem você vai negociar.

É aí que entra o Juiz, preparando você para enfrentar a resistência que pode surgir. Em uma negociação no seu trabalho atual, é útil descobrir sobre as políticas de retenção de colaboradores — há dinheiro reservado para cobrir propostas de concorrentes? Parâmetros úteis em toda negociação profissional incluem como os outros estão sendo pagos nesse cargo, organização ou ramo. Você pode pegar esses dados e também ficar sabendo o que outras pessoas conseguiram negociar no passado com amigos ou aliados no setor; ex-alunos da sua faculdade; o recrutador, se estiver trabalhando com um; e até pessoas que você conheceu quando estava sendo entrevistado, se vocês tiverem se dado bem. E, quando falar com essas pessoas, peça o conselho delas. Você pode descobrir que elas são surpreendentemente francas e dispostas a ajudar.

Agora você está pronto para explorar a segunda Pergunta de Criação de Valor: *Como poderia ser ainda melhor para o outro?* Essa pergunta o deixa livre para começar a pensar no que *você* pode oferecer e, durante a conversa, escutar para entender com o que o outro se importa — seus valores e, mais concretamente, suas prioridades e preocupações. Isso se aplica ao ser humano com quem você está falando bem como à pessoa ou organização que ele representa, se houver uma envolvida. Não cometa o erro comum de imaginar que o representante sempre tem os mesmos interesses que a empresa. Pessoalmente, ele recebe muito menos do acordo, então pode estar mais interessado em minimizar os transtornos do que em maximizar os resultados. É bom saber.

Assim como as duas primeiras, a terceira Pergunta de Criação de Valor, *Quem mais poderia sair ganhando?*, começa com você pensando sozinho e então coletando mais informações durante a conversa. Há pessoas que você conhece ou com quem se importa que poderiam sair ganhando? Pessoas que a outra parte conhece ou com quem se importa? Existe uma oportunidade aqui para que você sirva como exemplo? Outras pessoas poderiam partir desse acordo para fazer algo ainda melhor?

Em quase todo acordo negociado, os principais ingredientes são parecidos: sonhos e dados. E, se você se preparar bem, não vai ser feito de bobo. Pegue a compra de um carro, por exemplo, a negociação mais odiada por todos. Você sonha com o carro perfeito, busca modelos que tenham as características importantes para você, faz uma pesquisa na internet e visita concessionárias. E, quando tem uma ideia clara do que quer, procura esse carro específico no menor preço do mercado. Antes de entrar você já sabe quanto custam opções como pacotes de melhorias, financiamento e garantias estendidas. Depois que identificou o carro dos sonhos e encontrou um bom preço, o resto é fichinha.

Se estiver negociando uma compra grande, você pesquisa alternativas. Se estiver negociando um divórcio, busca aconselhamento jurídico. Ouse sonhar — e vá preparado. Estar preparado ajuda a ser cordial e confiante e a manter a presença, além de deixá-lo bem informado. Negociadores experientes fazem duas vezes mais perguntas e passam duas vezes mais tempo escutando do que negociadores inexperientes.[5] Se sentir criativo e no controle da situação aumentam a felicidade. Mesmo que você não se importasse com o bem-estar da outra pessoa — e claro que você se importa —, seria inteligente querer que ela se sinta bem. Pessoas felizes são mais generosas e criativas, levando a acordos melhores e uma probabilidade maior de levarem o acordo a cabo. Na maioria dos casos, generosidade inspira confiança e reciprocidade.[6] (Mas vamos tratar de algumas exceções também.)

Aqui vai como as Perguntas de Criação de Valor funcionaram em uma grande negociação na vida real. Tudo começou com uma conversa com minha coach Mandy Keene, a pessoa que me ensinou a Pergunta Mágica.

Quando eu era pesquisadora de pós-doutorado, recebi meu primeiro convite para dar uma palestra. Era para uma conferência setorial sobre promoção de saúde e, embora não fosse minha área nem meu tema de especialização, eles me queriam. Fantástico! Aceitei apresentar meu único artigo sobre trabalho com saúde. Eu e meu colega Ravi Dhar criamos uma estrutura para aplicar estímulos de economia comportamental no mundo real, e publicamos um artigo técnico com Erin Ratelis e Ro Kichlu no qual discutíamos como aplicar essa estrutura em prol do bem-estar de funcionários.

Depois que aceitei apresentar nosso trabalho na conferência, os organizadores me convidaram para liderar uma sessão adicional sobre "influências sociais na saúde", e eu aceitei, embora não entendesse quase nada a respeito. Antes de entrar na academia, eu havia precisado estudar muitas coisas para ensiná-las. Programação de dados. Italiano. Como cantar rapazes. Quando ainda faltavam meses para a conferência, foi uma sensação boa dizer sim. Agora que estava quase na hora e eu me sentia despreparada, fiquei pensando: caramba! Contei para Mandy que me preparar para essas sessões levaria dias de trabalho com os quais eu não deveria ter me comprometido porque meu verdadeiro trabalho era a pesquisa acadêmica — e tentar arranjar um trabalho na academia.

"Então talvez você não devesse ter aceitado o convite, pelo menos não o segundo", ela me disse. "Mas já aceitou. Tem como desistir?"

"Não. É na semana que vem. Eu me comprometi, estou no programa da conferência e cancelar não é uma opção."

"Então quais são os resultados desse evento para você?"

"Cumpro a obrigação... e aprendo a lição de nunca mais fazer isso de novo?"

"Hmmm. Qual resultado *inspirador* você poderia ter? O que poderia fazer sua participação e toda a preparação valer a pena?"

"Não consigo com isso um cargo de professora, mas talvez eu consiga arranjar um trabalho de consultoria."

Mandy perguntou quanto, se eu tivesse que definir uma quantia em dólares. Pensando em serviços de consultoria, quanto faria esse meu investimento de tempo valer a pena?

"Bom... ganhar muito dinheiro daria muito trabalho, e não consigo arranjar tempo para fazer isso. Mas uma quantidade interessante que pudesse ser razoável? Digamos, uns 50 mil dólares."

Tendo me estimulado a pensar em como a situação poderia ser ainda melhor para mim, agora Mandy fez a Pergunta Mágica: "O que seria necessário para você conseguir 50 mil dólares em consultoria a partir desse evento?".

Isso mudou minha perspectiva.

"Para começar, acho que eu precisaria de uns cartões de visita."

Ela riu. "Certo. E quanto a suas apresentações, como elas vão ajudar a conseguir o resultado de consultoria que você deseja?"

"Bom, eu deveria oferecer o máximo de valor possível."

"E como vai fazer isso?" (Ela estava me guiando na direção de uma intenção de colocar em prática.)

"Na verdade, não faço ideia dos desafios que os participantes enfrentam, nem como é essa conferência, mas meus colaboradores Erin e Ro vão estar lá, então posso perguntar para eles."

Comecei a trabalhar na preparação. Fiz uma encomenda urgente de cartões de visita, tive um jantar divertido e esclarecedor com Erin e Ro e me preparei para dar uma palestra que fosse o mais útil e prática possível. Eu ainda precisaria descobrir o que ensinar na segunda sessão e criar slides.

Com a ajuda de Erin e Ro, a primeira sessão foi um sucesso. Enquanto eu estava descendo pelo corredor depois, ouvi uma voz chamar: "Zoe!". Uma mulher da plateia me alcançou. "Adorei sua apresentação, e deveríamos conversar. Meu nome é Michelle Hatzis e trabalho para o Google. Podemos tomar café amanhã cedo?"

"Obrigada, mas sinto muito", eu disse. "Vou estar preparando outra sessão amanhã."

Ela me deu seu cartão e, enquanto ia se afastando, ouvi a voz de Mandy na minha cabeça. *O que seria necessário...?*

"Espere um segundo, Michelle. Mudei de ideia. Café da manhã seria ótimo."

E foi. Michelle era superinteligente e engraçada. Ela era a nova diretora da equipe do Google Food, e estava tentando descobrir como a ciência comportamental poderia moldar as novas diretrizes globais da empresa. Achou que minha estrutura poderia ser exatamente aquilo de que eles precisavam. Seria um grande projeto, então continuamos a conversar ao longo das semanas seguintes até Michelle confirmar que gostaria de me contratar como consultora. Um projeto como esse traria prestígio e dinheiro e faria uma diferença na vida das pessoas. Era uma oportunidade excelente por vários motivos, mas exigiria muito tempo.

Quando me perguntei *Como esse projeto poderia ser ainda melhor para mim?*, desejei poder passar menos tempo nele para poder me concentrar na pesquisa acadêmica. E seria muito melhor se pudéssemos trabalhar em pesquisas publicáveis — o que me ajudaria na minha busca por um cargo acadêmico — em vez de trabalhar nas diretrizes da empresa. Seria possível?

Quando me perguntei *Como esse projeto poderia ser ainda melhor para Michelle?*, me questionei se ela poderia estar interessada em fazer pesquisas juntas. Ela era uma pesquisadora com um ph.D. que parecia entusiasmada com Yale. Gostaria de estar envolvida em nosso trabalho lá? Quando levei essas questões para Michelle, começamos uma série de conversas que resultou em uma parceria de pesquisa e consultoria entre o Google e os estudantes e professores do Yale Center for Customer Insights (YCCI), um laboratório de ideias dirigido por Ravi Dhar. Publicamos nossa pesquisa conjunta em revistas acadêmicas, em um livro didático e na *Harvard Business Review*. Não fui atrás da remuneração de consultoria, mas receberia uma contribuição para meu orçamento de pesquisa por meio do YCCI. E não sei se o projeto do Google ajudou, mas Yale acabou me oferecendo meu trabalho dos sonhos no corpo docente no ano seguinte.

A resposta para *Quem mais poderia sair ganhando?* era muita gente. Para o Google, era grande o lado positivo de trabalhar com Yale em vez de apenas comigo — muitos cérebros inteligentes dedicados aos desafios da empresa, o que podia acelerar o progresso. O Google escreveu suas diretrizes alimentares com base em nossa estrutura de economia comportamental, de maneira que seus então 50 mil funcionários pudessem fazer escolhas mais saudáveis. E os estudantes de Yale puderam colaborar conosco em uma série de projetos de pesquisa tentando resolver diversos desafios; por exemplo, como incentivar as pessoas a comer mais vegetais, como beliscar menos por impulso e como evitar garrafas de água descartáveis. Eles ganharam experiência em consultoria e adicionaram o projeto em seus currículos. Alguns até conseguiram emprego no próprio Google.

Além de Yale e do Google, a publicação de parte de nosso trabalho na mídia popular inspirou outras organizações a repensarem suas políticas alimentares. E demos um exemplo de parceria frutífera entre o setor privado e a academia, tornando mais fácil para outras organizações fazerem o mesmo. Há quem pense que isso é comum, mas não é; nunca ouvi falar de uma parceria tão mutuamente vantajosa quanto a nossa. Todos saíram ganhando, e esses benefícios continuaram a se expandir. A empresa de arquitetura que projetou as salas de convivência dos funcionários do Google até decidiu usar nossas descobertas para ajudar os funcionários de outras empresas a fazer escolhas mais saudáveis. E, como vida e trabalho se misturaram, Michelle se tornou uma amiga próxima e uma das minhas pessoas mais queridas.

Só anos depois me lembrei da meta financeira que havia sugerido a Mandy. Quando finalmente me afastei para me concentrar em outros projetos, somei as contribuições totais para o orçamento de pesquisa que havia recebido dessa parceria. Eram exatamente 50 mil dólares. Mágica.

As Perguntas de Criação de Valor são ótimas ferramentas para pessoas que querem trabalhar juntas como eu e Michelle queríamos. Mas elas podem ser igualmente úteis quando há um problema a ser resolvido.

Uma das minhas alunas, Natalie Ma, criou um problema por ser influente *demais*. Ela estava usando a base de dados de ex-alunos de Yale para pedir doações para o projeto de arrecadação de fundos da turma sem saber que a faculdade tinha o direito exclusivo de solicitar dinheiro a ex-alunos. Quando o escritório de desenvolvimento me enviou um pedido amigável de cessação de conduta depois de terem sido informados da campanha de Natalie, eu poderia ter respondido à carta com um pedido de desculpas e a promessa de não deixar que aquilo se repetisse. Em vez disso, fiquei curiosa. Afinal, quem trabalha em um escritório de desenvolvimento deve ser um especialista em influência.

Tomei café com dois líderes da equipe para tratar da situação. Eu queria que os estudantes praticassem pedir dinheiro porque é assustador e cria confiança. Eles conseguiam entender isso, claro. Queriam levantar dinheiro para a faculdade, mas também era importante para eles que os ex-alunos não se sentissem bombardeados com pedidos.

Começamos a discutir maneiras criativas de resolver o problema: o que seria necessário para tornar a situação melhor para todos nós, e quem mais poderia sair ganhando? Foi uma conversa tão colaborativa que nem me lembro quem foi o primeiro a propor a realização conjunta de uma noite de ligações para ex-alunos buscando levantar dinheiro para bolsas. Os estudantes praticariam pedir dinheiro por uma noite em vez de um período de semanas. Os ex-alunos poderiam gostar de falar com alunos atuais sobre suas experiências em comum sobre cursos e professores. Essas conversas amigáveis fariam os ex-alunos se sentirem mais envolvidos e inclinados a doar. Estudantes futuros receberiam bolsas, o escritório de desenvolvimento atingiria as metas, e eu também estava ansiosa para falar com alguns dos meus ex-alunos. A conversa de resolução de problemas não pareceu nem um pouco com trabalhar em um problema, nem mesmo pareceu uma negociação.

Quando os estudantes fizeram as ligações, eles arrecadaram dezenas de milhares de dólares, e deu tão certo que transformamos isso em uma tradição anual. Depois evoluiu para uma festa com pizza e cerveja e fantasias. Natalie era uma estrela tão grande que a convidei para ser minha assistente no ano seguinte. Depois da formatura, ela negociou seu caminho pelo mundo em um ano sabático e acabou liderando o desenvolvimento empresarial de uma startup de biotecnologia, negociando milhões de dólares em investimentos de pesquisa para programar os vírus para combater infecções. Todo mundo sai ganhando.

Como isso poderia ser ainda melhor para mim?
Como poderia ser ainda melhor para o outro?
Quem mais poderia sair ganhando?

OUTRAS FORMAS DE ESTIMULAR A COLABORAÇÃO

Uma das maneiras mais simples de inspirar a colaboração é dar opções para a outra pessoa. Mesmo se você achar que sabe a melhor linha de ação, oferecer apenas uma sugestão pode levar a pessoa a se sentir pressionada. Ter opções significa que ela está no controle, o que suaviza a resistência. Também é difícil avaliar algo quando você não tem nada com que comparar. É bom? Ruim? Inteligente? Caro? Rápido? *Comparado com o quê?*

O professor de marketing Daniel Mochon constatou que as pessoas tinham muito mais chance de comprar um produto como uma televisão ou câmera quando ele era apresentado junto com uma alternativa. Em diversos estudos, quando ele oferecia apenas uma opção, até 97% das pessoas preferiam esperar para decidir sobre a compra.[7]

Mesmo oferecendo alternativas, você pode fazer uma recomendação. Um arquiteto pode dizer: "Aqui estão dois projetos. Acho que o primeiro é melhor porque você vai ter muita luz nas áreas comuns, como você queria. Mas o segundo proporciona uma suíte maior". Quando a outra pessoa reconhece os méritos da sugestão em comparação com a opção inferior, ela vê você como alguém em quem pode confiar e se sente no controle da decisão. Colaboração e criatividade também são estimuladas; enquanto você e ela consideram as opções juntos, você pode acabar pensando em algo ainda melhor.

Em um acordo complexo com diversas questões a negociar, como preço, abrangência, data de entrega, termos de pagamento e assim por diante, você poderia oferecer uma seleção de pacotes entre os quais escolher. Por exemplo, como um arquiteto, você pode oferecer um preço por hora de visita, um pacote mais caro para licenças e projetos completos e um pacote mais caro ainda que inclua o gerenciamento do projeto de construção. Defina os pacotes de modo que o deixariam igualmente feliz com qualquer um deles. Você está oferecendo o que se conhece na área como múltiplas ofertas simultâneas equivalentes.[8] A pessoa pode escolher uma opção, mas, mesmo que não escolha, a conversa resultante vai fazer a colaboração avançar, ajudando você a aprender sobre aquilo com que a pessoa se importa.

Se você estiver oferecendo tipos de escolha como bom/melhor/melhor ainda ou pequeno/médio/grande, ajuda saber que as pessoas tendem a preferir as opções médias; em relação aos extremos, elas parecem práticas e fáceis de justificar. E opções médias parecem boas para situações e pessoas típicas. Em um experimento em um museu de ciência, os visitantes eram convidados a escolher uma capa de chuva. Pessoas de tamanho médio escolhiam capas marcadas como "médio" independentemente do tamanho real das capas, embora pudessem ver as capas e algumas dessas médias fossem bem pequenas.[9] Sabendo que as pessoas tendiam a preferir as opções médias,[10] os economistas Carl Shapiro e Hal Varian identificaram o que chamaram de *estratégia Cachinhos Dourados*.[11] Você propõe algo que pensa que será ideal para a outra pessoa, bem como uma alternativa que é muito menos do que você pensa que ela precisa e outra que é muito mais do que pensa que ela precisa. A opção média não parece nem pequena nem grande demais: perfeita. Você não a está manipulando a pegar algo de que não precisa; está incentivando-a a agir em vez de deixar para depois.

LIDAR COM PESSOAS DIFÍCEIS

A maioria das pessoas está aberta à colaboração e prefere colaborar a competir, então, quando você começa uma negociação expressando simpatia e flexibilidade, seu comportamento normalmente provoca a mesma cordialidade e mente aberta do outro lado. Mas às vezes vai ser duro, qualquer que seja sua abordagem. As pessoas podem ser difíceis por diversos motivos, muitos dos quais são benignos. Elas têm medo e agem na defensiva. São inexperientes, ou acham que pegar pesado é o único jeito de negociar. Não são mesquinhas, só já estão oferecendo seu máximo. E algumas gostam de fazer você sofrer. Vão tentar coisas infantis como o aperto de mão "superior", torcendo a mão em cima da sua para demonstrar dominação.

Qualquer que seja a motivação, você não tem como colaborar com alguém que está relutante. Portanto, num caso como esse, não tente ser criativo ou colaborar com ideias novas. O resultado de uma negociação com uma pessoa difícil (se você decidir dar continuidade a ela) se resume a identificar seu poder de barganha e comunicar seus desejos e limites com clareza. Nada mais criativo do que isso.

PODER DE BARGANHA

Em uma negociação, o poder de barganha é aquilo que cada parte pode usar para pressionar o outro lado. O que ela tem que é desejável para a outra parte? Do que ela terá que abrir mão se não houver um acordo? Que coisas desejáveis, incluindo as intangíveis, ela terá que ceder se *houver* um acordo?

Na série *30 Rock*, de Tina Fey, Alec Baldwin representa Jack, um agressivo executivo de uma rede de televisão. Adriane Lenox é Sherry, uma babá que trabalha para ele. Jack reduziu as horas de Sherry, mas Sherry diz que o valor semanal dela permanece o mesmo.

> JACK: Você entende minha confusão. Estou literalmente pagando mais dinheiro para você estar aqui metade do tempo.
> (*Sherry não diz nada.*)
> JACK: Digamos que você está no supermercado comprando batatas. E o saco de dez quilos custa... quatrocentos dólares. Mas então o... funcionário do mercado diz que o saco de cinco quilos custa quatrocentos dólares. Seria um choque, não é?
> (*Sherry não diz nada.*)
> JACK: O que estou dizendo é que valorizamos o que você faz, mas esse preço é, hum... descabido.

SHERRY: Então o que você propõe?
JACK: Você acha que tem o poder de barganha sobre mim, mas não tem. Eu nem ligo para a bebê. Só a conheço faz algumas semanas e, fora o amor pelos seios de Avery, eu e Liddy não temos nada em comum... Além do mais, não acho que Liddy se pareça comigo, o que, do ponto de vista evolutivo, me faz querer comê-la. Em outras palavras, ou você aceita um corte no salário ou vai procurar outro emprego. Quem tem a vantagem agora, hein, Sherry? Diz aí.
(*A bebê chora. Sherry se prepara para sair.*)
JACK: Por favor, fique. Vou mandar toda a sua família para a faculdade.

No mundo lá fora, Jack tem mais dinheiro, poder e status. Ele também tem poder nessa relação profissional, porque pode demitir Sherry. Isso é poder de barganha, e o poder de Sherry depende do quanto ela quer o emprego, o que depende de suas opções externas e de como ela se sente. Por motivos que só nos resta supor, Sherry está mais disposta a perder o emprego do que a aceitar um corte no salário. E Jack não quer que isso aconteça. Ele é um executivo ocupado e, se ela for embora, ele vai ficar com as responsabilidades do cuidado com a filha, o transtorno de encontrar uma nova babá de confiança e talvez uma grande briga com a mãe de Liddy. Então, apesar das aparências, Sherry tem mais poder de barganha. E ela sai vitoriosa.

Quando você se vê negociando com uma pessoa difícil, ou se preparando para isso, concentre-se no poder de barganha. O que ela tem que você quer? O que você tem que ela quer? O que cada lado tem a perder (incluindo o orgulho)? Você consegue melhorar suas alternativas? Se achar que não tem muito poder para barganhar, considere a possibilidade de que pode estar enganado. Para o observador externo, Sherry poderia não parecer ter muito poder de barganha, mas a verdade é que ela tinha mais do que suficiente. Embora possam não saber disso, funcionários têm poder de barganha sobre gerentes, crianças têm poder de barganha sobre os pais e você tem poder de barganha sobre qualquer pessoa que se importe com você, com a relação ou com o potencial acordo, por qualquer motivo que seja.

Quando você tem poder de barganha, não precisa fazer muito, e isso é conveniente ao negociar com pessoas difíceis. Prepare-se para saber quais são suas opções lá fora, o que você quer e quais são seus limites. Diga à outra pessoa o que você quer e espere. Como Sherry fez. Esse é o poder da pausa em uma negociação. Você não precisa se empenhar demais nem reagir à agressão; não precisa ficar com raiva, e definitivamente não precisa debater com ela. Você pode tentar encontrar uma solução criativa sozinho ou entrar em contato com aliados para buscar apoio e conselhos, mas com a pessoa difícil deve manter as coisas simples.

Dizer não sem se irritar pode ser uma experiência quase espiritual. Às vezes tento manter um equilíbrio de Brontossauro Gentil: "Sinto muito, mas não posso", "Infelizmente, não é possível", "Simplesmente não é realista". E às vezes canalizo minha frustração em forma de entusiasmo: "Ai, Deus, não!", "Você deve estar brincando!", "Rá, essa é a pior ideia que já ouvi!". Quando uma pessoa difícil deixa a bola com você, jogue-a de volta com calma: pausa. "Então, o que você propõe?" Estabeleça seus parâmetros com tranquilidade e deixe que ela decida.

PLANO B PARA SALVAR O ORGULHO

Se há uma estratégia de negociação que você conhece, deve ser o blefe de sair andando: "Ou você aceita um corte no salário ou vai procurar outro emprego". Mas não o use. Não deu certo com Jack, e é a técnica que mais vejo dando errado na vida real. Ela pode sair pela culatra porque ameaça o orgulho da outra pessoa e o seu. Quando você dá um ultimato, está tirando a liberdade de escolha do outro colocando-o em uma situação em que ele perde de qualquer modo: ou perde a oportunidade ou perde o orgulho ao ceder. Conversamos sobre como as pessoas odeiam perder a liberdade; portanto, elas podem estar dispostas abrir mão de uma boa oportunidade caso se sintam forçadas a ceder a um blefe se o orgulho estiver atrapalhando.

Um amigo me contou sobre um lindo par de sandálias de couro que ele quase comprou na Grécia. O trabalho artesanal era tão primoroso que ele estaria disposto a pagar ainda mais do que o sapateiro estava cobrando, mas, de acordo com o guia, na Grécia você não deve pagar o valor total, mas pechinchar. Quando o mercador se recusasse a baixar mais, você deveria começar a sair andando, provocando assim um último desconto. Quando meu amigo pediu um desconto nas sandálias, o mercador disse que não negociava preços. Meu amigo pediu de novo; o mercador foi firme. Devia estar se fazendo de difícil. Meu amigo disse deixa para lá, esquece, e saiu andando. Seu blefe foi respondido com silêncio. Por orgulho, meu amigo continuou andando. Isso aconteceu há quarenta anos, mas ele ainda se lembra daquelas sandálias.

A estratégia para evitar que o orgulho atrapalhe é o *Plano B para Salvar o Orgulho*. Essa tática demonstra força em uma postura submissa. Você menciona uma alternativa — ou apenas informa que tem alternativas — enquanto diz ter esperança de que não precise chegar a esse ponto. E seja sincero. Com essa tática, a reação de ameaça do Jacaré da outra pessoa não vai ser ativada. Se ela concordar com sua sugestão, estará sendo generosa. Você vai se sentir grato e ela vai se sentir bem consigo mesma. Se ela não puder ou não quiser, você ainda terá sua opção em aberto porque não se mostrou como se estivesse pronto pra briga.

Você pode usar o Plano B para Salvar o Orgulho em quase qualquer situação difícil. Um diplomata pode dizer: "Escute, isso é o que posso oferecer sob o atual governo, mas as eleições estão aí e não posso fazer nenhuma promessa depois disso". Se você já tiver passado por algum tipo de falha de serviço como cliente e ela não estiver sendo resolvida, você pode dizer (se for verdade): "Costumo postar muitas avaliações na internet e gosto de fazer avaliações positivas. Quase nunca posto uma negativa, mas estou tão frustrado agora que estou tentado a fazer isso. Podemos, por favor, encontrar uma solução justa?".

Digamos que você quer usar uma proposta de outro trabalho como poder de barganha para aumentar seu salário. Um blefe poderia obrigar você a sair; portanto, em vez disso, você pode dizer: "Tenho essa outra oferta com um ótimo salário, mas gosto muito daqui. Se você puder igualar o salário, eu definitivamente ficaria". Se eles igualarem a oferta, ótimo. Se não puderem ou não quiserem, você ainda terá deixado espaço para se decidir. Independentemente do que acontecer quando você usar a estratégia do Plano B para Salvar o Orgulho, você ainda tem opções. E é bom ter opções.

Muitas pessoas que parecem difíceis simplesmente não podem dizer sim ao que você está pedindo. Mas, quando você aborda a pessoa com um bom enquadramento, cordialidade e a mente aberta, ela vai *querer* dizer sim. E, às vezes, vai até ajudar você a encontrar uma ideia melhor. Manus McCaffery, o mesmo estudante que conseguiu um carro a partir de um clipe de papel, teve uma negociação notável com a Patagonia sobre a Patagônia — a empresa de roupas e a região geográfica. Ele e alguns colegas vinham trabalhando com uma ONG para fazer a Patagônia ser designada como Patrimônio Mundial da Unesco, e eles viajariam para lá para um acampamento durante as férias de outono. Então Manus entrou em contato com o gerente da loja da Patagonia em New Haven para dizer: "Ei, a gente sabe que sua empresa tem um compromisso com a preservação, e nós também. Este é o projeto em que estamos trabalhando na Patagônia, olha só. O que acharia de nos dar algumas roupas de graça? Faz muito frio lá!".

O gerente disse que não poderia dar roupas de graça, mas poderia oferecer um desconto de mais de 50%. Incrível! E, inclusive, eles também poderiam fazer um evento de arrecadação de fundos na loja. Ah, e o gerente também conhecia o dono de uma cervejaria que poderia doar cerveja. Manus e seus colegas pediram para outras empresas da região doarem prêmios para uma rifa, convidaram amigos que tocavam em uma banda para se apresentar e todos fomos à loja da Patagonia para curtir a festa. Nos divertimos muito e, claro, fizemos algumas comprinhas, então a loja também saiu ganhando. E então, como agora todos eram amigos e a Patagonia já estava apoiando Manus e seu grupo, um dos diretores do escritório corporativo ofereceu 3 mil dólares em roupas no final. Um resultado ainda melhor do que o audacioso pedido original de Manus.

Os efeitos em cascata de uma boa negociação podem se estender além do que você imaginou a princípio, e nunca se sabe o que as sementes das suas boas ideias vão se tornar. Na aldeia na Zâmbia, as mulheres que se reuniram pela primeira vez no campo quando Gloria Steinem as visitou decidiram continuar a se reunir. Oito anos depois, o grupo tinha se expandido para incluir mulheres de vilarejos vizinhos, e elas já haviam lançado dois coletivos de trabalhadoras: uma granja administrada por mulheres e um serviço de costura. Elas batizaram o grupo de Waka Simba, "Mulheres Fortes".

7½. Negocie como uma garota

Aos 24 anos, Jennifer Lawrence já havia ganhado um Oscar e sido nomeada pela revista *Time* como uma das 100 Pessoas Mais Influentes do Mundo. Era talentosa, rica, bonita, generosa e encantadoramente pé no chão. Fãs usavam camisetas com seu nome. Jennifer havia chegado lá — e muito disso foi obra dela mesma. Uma garota obstinada que sofria de ansiedade social, ela havia largado o ensino médio e se mudado para Nova York sem os pais aos catorze anos. Sabia o que queria, e não deixaria que ninguém a impedisse. Ela tinha *temul* de sobra.

Considerando essa determinação e todo o sucesso, você poderia pensar que Jennifer Lawrence estaria arrasando nas negociações também. Quando o sistema de e-mails da Sony Pictures foi hackeado em 2014, porém, ela descobriu junto com o resto do mundo que havia ganhado milhões de dólares a menos por *Trapaça* do que seus colegas homens de elenco, Bradley Cooper e Christian Bale. Em resposta, publicou uma carta aberta na internet.[1] Ela escreve o que sentiu quando soube do ataque hacker e percebeu o que havia acontecido:

Não fiquei com raiva da Sony. Fiquei com raiva de mim mesma. Falhei como negociadora porque desisti cedo. Não queria continuar brigando por causa de milhões de dólares dos quais, para ser franca, graças a duas franquias, eu não precisava [...]. Na época, parecia que estava tudo bem até eu ver na internet a folha de pagamento e me dar conta de que todos os homens que trabalharam comigo não tinham esse receio de serem tachados de "difíceis" ou "mimados".

Há muita coisa para destrinchar aqui. Quando facilito workshops sobre habilidades de influência como vendas ou oratória, às vezes o tema do gênero aparece. Em workshops sobre negociações, o gênero *sempre* aparece. E, quando estou dando aulas de negociações para um grupo de mulheres, quase nunca completamos o material proposto porque todas temos Tanta Coisa Para Dizer. Desabafos a desabafar, dúvidas a perguntar, conselhos a oferecer, sucessos a celebrar e dificuldades a analisar. Puxe uma cadeira.

São poucas as mulheres que gostam de negociar. Segundo meus levantamentos, 40% dos homens dizem que gostam ou amam negociar, mas apenas 17% das mulheres sentem o mesmo. Como vimos, a negociação de salário é um dos tipos mais estressantes de negociação, portanto não surpreende que as mulheres façam isso menos do que os homens. A empresa global de recrutamento Robert Half constatou que apenas 46% das mulheres haviam negociado quando receberam ofertas de emprego, comparadas com 66% dos homens — e estamos falando sobre profissionais que sabem perfeitamente que ofertas de emprego são negociáveis.[2] A boa notícia aqui é que a disparidade nas negociações está diminuindo — mulheres mais jovens estão negociando muito mais no trabalho do que suas mães faziam.[3] A experiência em negociações ajuda a reduzir a disparidade salarial, e a formação em negociações ajuda a reduzir a disparidade educacional.[4]

Estatisticamente, as mulheres se estressam com mais facilidade: parecemos ter uma tendência maior a "cuidar e conviver" (em vez de lutar ou fugir) quando nos sentimos em pânico. Portanto, em uma negociação estressante, as mulheres são mais propensas a cuidar dos outros e manter a paz, ao passo que os homens são mais propensos a mirar a lua — e continuar atirando. As mulheres tendem a julgar os riscos com maior rigor, o que é um motivo por que se dão melhor do que os homens como operadoras da Bolsa de Wall Street. Também é o motivo pelo qual as mulheres são menos propensas a entrar numa campanha política contra um incumbente, ou seja, a pessoa que já está exercendo um mandato[5] — julgamos o risco, e o estresse, e decidimos que não vale a pena.*

O que observei é que, na tentativa de evitar negociar, as mulheres partem direto para seu limite mais baixo. Do ponto de vista delas, é a coisa generosa a fazer, e realmente é — elas estão dando tudo que podem dar. Mas a complicação aqui é que o outro não sabe que esse número é realmente o limite mais baixo; ele o vê como um ponto de partida e pode interpretar a indisposição a sair dele como teimosia

---

* Em campanhas contra um incumbente, ele costuma ganhar em 95% das vezes. Em primárias abertas — campanhas sem um incumbente —, as mulheres têm mais chances tanto de concorrer como de ganhar. Em 2020, as mulheres democratas eram 37% das candidatas em primárias e 40% nas primárias abertas. Quando enfrentavam os homens em primárias abertas, elas ganharam 73% das vezes. Mulheres republicanas eram 20% dos candidatos nas primárias e 24% nas primárias abertas. Quando enfrentavam os homens em primárias abertas, ganharam 50% das vezes.

ou até avareza. Ele pode se sentir frustrado com a situação e com a própria incapacidade de negociar — talvez tão frustrado que saia andando, impossibilitando assim oportunidades para soluções criativas, colaborativas e até melhores. Não é errado decidir que você simplesmente quer ir direto ao ponto e dar sua oferta final de limite mais baixo e sair andando a menos que ela seja aceita; mas, nesse caso, sua comunicação e seu estilo são especialmente importantes. Entusiasmo, cordialidade, respeito e tudo o mais.

Um motivo pelo qual a simples ideia de negociar pode nos angustiar é o medo de sermos julgadas por apenas pedir, ou por pedir demais. Não é loucura; às vezes enfrentamos críticas por nossos pedidos. Por volta da época em que Jennifer Lawrence estava negociando seu contrato, Angelina Jolie vinha sendo chamada de mimada por suas exigências contratuais; às vezes somos tachadas de termos machistas ainda piores quando buscamos ou usamos poder. Ninguém nunca acusa um homem de ser autoritário demais. Isso não quer dizer que não possamos pedir o que queremos. Devemos pedir. Significa apenas que há ondas sexistas a atravessar, como a expectativa de que mulheres devem ser cordiais e a tendência dos outros a se sentirem ofendidos quando falamos de maneira direta, sem meias-palavras. Isso me irrita. Não sou sempre cordial, e ninguém consegue ser a menos que seja falso. Mas consigo entender que os outros esperam que eu seja cordial e que se eu não demonstrar sinais de cordialidade podem levar isso para o lado pessoal ou me julgar.

Ainda que meu comportamento seja cordial, isso não quer dizer que eu seja ingênua. É isso que as pessoas querem dizer quando falam que gentileza não é uma fraqueza. O que peço ou aceito é completamente diferente de como interajo com as pessoas. Ser cordial deixa as pessoas felizes, o que é algo que eu costumo almejar. E ser cordial também me deixa feliz. Sou uma pessoa geralmente simpática que pede o que quer. Sou clara sobre meus limites e, quando digo não, também tento fazer isso com cordialidade e bom humor: "Está brincando comigo?", "Eu não teria como fazer isso!", "De jeito nenhum, mas nenhum mesmo", "Preferiria morrer afogada". Mas essa sou eu. Seja quem você é.

Quando se trata de pensar no que e como pedir, e quais devem ser os limites, as mulheres estão em desvantagem. Isso é válido ao menos no trabalho, onde não costumamos ter tantos amigos quanto os homens. A pesquisa de Herminia Ibarra sobre networking social descobriu que homens são mais propensos a socializar com colegas do trabalho, enquanto as mulheres tendem a se reunir com amigos fora do ambiente profissional.[6] Se Jennifer Lawrence fosse mais próxima de Bradley Cooper e Christian Bale, ela poderia ter se sentido à vontade para perguntar: "Ei, quanto estão te pagando?". E homens, por favor, compartilhem suas informações de salário conosco, assim como Bradley Cooper e muitos outros atores homens prometeram fazer com suas colegas de elenco. Combinado?

Muitas mulheres foram ensinadas a trabalhar com afinco, completar suas tarefas e ir para casa, acreditando que mais cedo ou mais tarde teríamos o reconhecimento e as recompensas que merecemos. A coach executiva Tara Mohr chama isso de "hábitos da boa aluna".[7] Em *Playing Big*, ela escreve: "E se as meninas só se saírem bem na escola porque ela exige muitos dos mesmos comportamentos e capacidades de ser uma 'boa menina' — respeito e obediência à autoridade, cumprimento criterioso às regras, agradar os outros e prosperar em uma estrutura imposta de fora?". Ela continua: "A ideia de que o bom trabalho basta é muito reforçada na escola, porque se sair bem não exige autopromoção. Exige apenas fazer um trabalho de qualidade e entregá-lo ao professor". Mas os professores não são chefes, e a escola não é o ambiente de trabalho. Precisamos pedir o aumento, a promoção, o projeto bacana. Precisamos descobrir como mostrar às pessoas o trabalho fantástico que já estamos fazendo, e precisamos de redes fortes de homens e mulheres se apoiando no trabalho.

Quando as mulheres definem metas de negociação tão altas quanto os homens, elas costumam se sair tão bem quanto eles.[8] Isso serve como um argumento de que seu resultado pode depender muito mais do *quanto* você pede do que de *como* você pede — por mais importante que isso seja. Quando a economista Nina Roussille analisou dados de milhares de engenheiros buscando empregos em uma plataforma on-line, concluiu que "as diferenças de gênero em pretensões salariais explicam quase toda a disparidade nas ofertas finais. [...] No que concerne a suas características curriculares, as mulheres recebem um número um pouco maior de propostas do que os homens e, em relação a entrevistas, elas têm as mesmas chances que os homens de receber uma oferta final".[9] Em outras palavras, nesse caso pelo menos, os empregadores estão dispostos a pagar às mulheres tanto quanto pagam aos homens, mas precisamos assumir a responsabilidade de pedir tanto quanto os homens pedem, quantas vezes forem necessárias.

Até agora estamos falando de situações em que uma negociação já está em andamento, mas uma das maiores diferenças de gênero em negociações é que as mulheres são muito menos propensas do que os homens a saber que *podem* negociar. Diversos levantamentos, estudos de campo e experimentos verificaram que a disparidade de gênero em negociação é maior quando a situação é ambígua. Minha colega Barbara Biasi constatou que, quando o estado do Wisconsin mudou seu contrato com o sindicato dos professores para permitir uma determinada margem discricionária no salário, os professores homens começaram a receber mais do que as mulheres, com a disparidade de gênero aumentando a cada ano. Quando os homens perceberam que poderiam negociar, eles negociavam; as mulheres nem tanto.[10]

Quando a professora de marketing Deborah Small e seus colegas levaram participantes ao laboratório para participar do jogo de busca de palavras Boggle, os jogadores eram informados que receberiam entre três e dez dólares. Ao fim do jogo, um pesquisador contabilizava os pontos, dava três dólares para a pessoa e dizia: "Aqui estão três dólares. É o suficiente?". (Todos que pediam mais dinheiro conseguiam. Eles poderiam chegar a até dez dólares se continuassem pedindo.) Apenas 3% das mulheres pediram mais dinheiro. Entre os homens, esse número foi de 23%.[11]

Linda Babcock, uma das coautoras do experimento de Boggle que literalmente escreveu um livro sobre gênero e negociações (*Women Don't Ask*), descobriu que até ela tinha pontos cegos de gênero. Constatou que estava distribuindo as melhores tarefas para seus doutorandos homens. Por quê? Porque eles pediam.[12]

Em nome de nós mesmas e daquelas com quem nos importamos, podemos ser como os doutorandos homens de Linda Babcock, se pedirmos. Qualquer que seja nosso gênero, temos que pedir. No entanto, quando estamos em uma posição de poder, não precisamos esperar que os outros peçam. Quando estamos em papéis de liderança, podemos cuidar para que o poder e o dinheiro e o prestígio não fluam apenas para aqueles que pedem mais alto e com mais frequência. E, quando concedemos um pedido a uma pessoa, podemos fazer a mesma oferta a quem não pediu — o que foi o que Linda Babcock fez quando entendeu o que estava acontecendo. Ela começou a delegar tarefas de maneira justa.

Você deve ter ouvido falar que, quando as mulheres negociam em nome de outras pessoas, elas se dão tão bem quanto os homens e às vezes até melhor.[13] Esse sucesso não tem nada a ver com abnegação; é só uma questão de diferença na abordagem. Quando nós, mulheres, negociamos pelos outros, estabelecemos metas mais altas, somos mais persistentes, mais confiantes e cordiais, e menos carentes. Ficamos mais à vontade (menos estressadas) e não levamos a situação para o lado pessoal. Ficamos mais felizes, então o negociador do outro lado fica mais feliz. Mas precisamos encontrar uma maneira de também fazer isso por nós mesmas.

Se a ideia de negociar em nome dos outros faz você se sentir à vontade, tente usar isso como um enquadramento quando estiver negociando por si mesma. É verdade, se parar para pensar: sempre que você negocia, está abrindo caminho para outras mulheres negociarem bem no futuro. Está servindo como exemplo. E, ao negociar mais dinheiro para você, isso lhe permite ser mais generosa com os outros. Ao negociar mais tempo para si mesma, você pode ser o seu melhor com mais frequência, o que também beneficia os outros.

No ano seguinte à invasão dos e-mails da Sony Pictures, Jennifer Lawrence voltou à mesa de negociação, dessa vez para um papel de protagonista no filme *Passageiros*. Embora não saiba que pretensão salarial ela apresentou, sei que os 20 milhões de dólares que ela recebeu a tornaram a atriz mais bem remunerada de Hollywood, e que ela ganhou 8 milhões a mais do que o protagonista homem. Também sei que ela fez uma doação de 2 milhões de dólares para o Kosair Children's Hospital em seu estado natal do Kentucky e se tornou uma grande doadora do Fund for Arts de Louisville.

No passado, Jennifer Lawrence havia desistido de negociar porque não queria continuar brigando por 2 milhões de dólares de que não precisava. Ela ainda não precisava do dinheiro quando negociou o contrato de *Passageiros*, mas dessa vez entendia a diferença que isso poderia fazer e por que era importante dar o exemplo desse comportamento a milhões de mulheres que a admiravam. Sua decisão de negociar foi um presente para si mesma e para muito mais gente.

Quem vai se beneficiar quando você decidir negociar?

8. Defesa contra as artes das trevas

Uma das coisas mais interessantes e perigosas sobre o tubarão é que ele é quase invisível. Você precisa chegar bem perto da cara dele para ver os poros escuros que cobrem seu focinho. Esses poros dão em canais estreitos revestidos de uma substância gelatinosa, que se interligam e desembocam em cavidades chamadas *ampolas de Lorenzini*, batizadas em homenagem ao médico do século XVII que foi o primeiro a descrevê-las. Mas Lorenzini não fazia ideia da finalidade delas. Foi só nos anos 1960 que pesquisadores descobriram que as ampolas funcionam como um sexto sentido. Elas estão sintonizadas com a presença de eletricidade. Todos os seres vivos emitem um campo eletromagnético, e as ampolas permitem aos tubarões localizar suas presas mesmo quando estão escondidas sob a areia. Os eletrorreceptores não são algo exclusivo dos tubarões, mas os tubarões têm os mais sensíveis no reino animal. Um grande tubarão-branco consegue sentir uma mudança eletromagnética da sutileza de um milionésimo de volt. Os tubarões são atraídos, muito literalmente, pela energia. Pelo poder.

Neste capítulo, vamos explorar o lado sombrio da influência. À medida que você amplia seu poder, vai atrair mais atenção de pessoas que agem como tubarões — pessoas para quem você é ao mesmo tempo rival e presa. Elas têm sangue-frio e estão dispostas a intimidar, trapacear, manipular e enganar os outros para conseguir o que querem. Algumas desejam dominação, outras buscam sexo. Mas quase todas estão atrás apenas de dinheiro.

Geneen Roth e o marido, Matt, estavam procurando um consultor financeiro. Geneen era escritora e conselheira de mulheres que sofriam por causa de sua relação com a comida; Matt era palestrante motivacional. Eles não eram ricos, mas levavam uma vida confortável e queriam torná-la um pouco mais confortável.

Louis Izarro parecia ser a pessoa certa para isso. Eles se conheceram na casa dele em uma região vinícola. Louis usava ternos elegantes de alfaiataria e sapatos Gucci, e dirigia uma Mercedes com placa personalizada. O cérebro de Jacaré de Geneen captou todos esses detalhes, que diziam: *Eis um homem que entende de dinheiro.* Ela e Matt o contrataram como consultor fiscal, embora ele não tivesse licença para exercer esse tipo de trabalho. Ele emitia escrituras de alienação fiduciária para que o casal pudesse manter seu dinheiro em segurança.

Ao longo dos anos, Izarro socializou com eles em lançamentos de livros e jantares, até as fronteiras profissionais darem lugar a algo mais próximo de uma amizade. Então, quando comentou casualmente que tinha uma oportunidade exclusiva para investir em ações de tecnologia que ainda não tinham vindo a público — disponibilizadas apenas para clientes mais especiais —, Geneen sentiu o corpo formigar. *Ele nos vê como especiais.*

"Quero que vocês coloquem tudo que têm nisso porque vai render bilhões. Se não der certo, devolvo todos os centavos que vocês investiram."

De repente, Geneen e Matt estavam sendo guiados por uma porta secreta que levava a um universo onde as pessoas se tornavam bilionárias da noite para o dia. Embora não estivessem concentrando esforços em acumular dinheiro, aquela oportunidade inesperada provocou sentimentos de desejo. Por que não deveriam ser como todas aquelas outras pessoas que têm mais imóveis, barcos e todas aquelas roupas maravilhosas? Seria bom demais para ser verdade? Bom, não era assim que os ricos ficavam mais ricos, usando o dinheiro para gerar mais dinheiro? Izarro podia não ter uma licença para investir o dinheiro de Geneen e Matt, mas era amigo deles. E estava fazendo uma oferta sem risco. Para agir com prudência, eles deram a Izarro apenas um quarto de suas economias para investir nas ações de tecnologia. Não precisavam ser bilionários. Multimilionários era suficiente.

Um ano e meio depois, quando as ações estavam prestes a vir a público, Geneen e Matt tentaram entrar em contato com Louis Izarro para discutir os detalhes da transação. Mas ele havia desaparecido. Em pânico, começaram a analisar todos os outros investimentos menores que ele havia gerenciado ao longo daqueles anos, e então descobriram que o dinheiro nunca havia entrado em suas contas. Louis Izarro vinha roubando deles durante todo o tempo em que fingira ser seu amigo.

Abalados pela experiência com Izarro e agora já na meia-idade, Geneen e Matt não queriam mais nada com conselheiros exibicionistas ou esquemas para enriquecer rápido. Queriam algo seguro com retornos modestos mas sólidos, e seu amigo rico e bem-sucedido Richard sugeriu que entrassem em um fundo de investimento que o pai dele descobrira anos antes. Tinha um desempenho melhor que o mercado e, desde sua criação, nunca perdera dinheiro. Era aberto apenas para amigos e familiares, mas Richard queria que eles tivessem acesso a ele depois de perderem tanto com Izarro. E quem melhor para gerenciar seu dinheiro do que o ex-presidente da Nasdaq Stock Market, a segunda maior bolsa de valores do mundo?

Com a exceção de 5 mil dólares em uma conta-corrente e o dinheiro que haviam colocado na casa, Geneen e Matt investiram tudo que tinham com Bernie Madoff. O mercado de ações despencava de tempos em tempos, e amigos que investiam em fundos mútuos reclamavam. Mas a volatilidade nunca atingia os investidores de Madoff. Geneen e Matt recebiam um balanço impresso em uma impressora matricial todo mês mostrando que seus investimentos cresciam de maneira constante.

Embora esses balanços de aparência pitoresca fossem tranquilizadores, algo na situação não parecia certo. Talvez fosse a má experiência com Izarro, mas, quando uma amiga pediu o conselho dela sobre investir com Madoff, Geneen disse para ela diversificar. Não era muito inteligente colocar todos os investimentos em um único lugar, Geneen disse, embora ela mesma tivesse feito isso.

Dúvidas são murmúrios, não sirenes. E a esperança pode obscurecer a clareza de raciocínio. Ao longo dos anos, Geneen perguntou várias vezes a Richard como Madoff conseguia entregar resultados tão consistentes e, toda vez, ele recorria a uma longa explicação da estratégia altamente sofisticada de Madoff conhecida como "*split/strike conversion*". Como disse John Oliver: "Se você quiser fazer algo maldoso, embrulhe num pacote entediante". Aquela estratégia era tão entediante e complicada que a cabeça de Geneen sempre começava a divagar. "Depois de cinco minutos sem entender nada que ele dizia, eu mal conseguia esperar para ele calar a boca", ela escreve em seu livro de memórias, *Lost and Found*. "Eu preenchia as lacunas da minha cabeça com uma fantasia construída por mim mesma: até o dia em que ele foi preso, acreditei que Bernie Madoff era um amigo próximo do pai de Richard e que, juntos, eles tinham começado uma operação de investimento pequena — muito pequena — que incluía a família deles e talvez uns trinta de seus amigos mais próximos. Minha fantasia era linda e estava absolutamente errada."[1]

Quando agentes do FBI bateram na porta do apartamento de Bernie Madoff em Nova York em 11 de dezembro de 2008, ele sabia por que estavam lá.

"Estamos aqui para descobrir se há uma explicação inocente."

"Não há explicação inocente", Madoff respondeu.

Por pelo menos dezesseis anos e talvez décadas a mais, ele vinha dirigindo um esquema Ponzi tão grande que seus ativos — caso realmente existissem — humilhariam qualquer banco de Wall Street. A investigação do FBI revelaria que 37 mil investidores de 136 países tinham (ou pensavam ter) investimentos de 65 bilhões de dólares com Bernie Madoff. Mas, como o dinheiro estava vindo através de fundos *feeder* como o de Richard (que se revelou uma vítima, não um cúmplice), os investidores poderiam ser levados a crer que faziam parte de um pequeno grupo que tinha a sorte de ter uma oportunidade tão especial. Madoff cultivara um mistério que o ajudou a evitar responder perguntas. Se você fosse muito curioso, ele não queria o seu dinheiro. E, se fosse um dos gerentes de fundos que traziam dinheiro, estava recebendo grandes dividendos, então não investigava demais.

Quando Geneen e Matt entregaram suas economias para Madoff, ele já havia ludibriado fundos de hedge, instituições de caridade e grandes bancos, bem como o CEO da DreamWorks, Jeffrey Katzenberg, o sobrevivente do Holocausto e vencedor do prêmio Nobel Elie Wiesel, os donos do time de beisebol New York Mets e o ator Kevin Bacon (que devia ter conexões com todo mundo). Se Madoff tivesse desviado todos os fundos de uma vez, teria sido descoberto. Mas alguns investidores haviam retirado o dinheiro ao longo do tempo, dando ao fundo um ar de legitimidade. Esses saques foram cobertos por investidores novos como Geneen e Matt — é assim que um esquema Ponzi funciona.

Os investidores de Madoff não eram pessoas burras. Os golpistas se aproveitam de pessoas bem-sucedidas — aquelas que ganham salários mais altos,[2] têm maior nível de escolaridade[3] e até conhecimentos financeiros mais elevados[4] — porque elas têm mais dinheiro. Pensam saber o que estão fazendo ou, ao menos, que as pessoas em quem elas confiam sabem o que estão fazendo. Mas é exatamente essa mentalidade que as torna vulneráveis à manipulação.

Somos péssimos em identificar mentirosos. Em experimentos com mais de 15 mil participantes, o psicólogo Paul Ekman constatou que as pessoas conseguem detectar mentiras com uma chance apenas 5% maior do que o acaso. Mesmo especialistas em detecção de mentiras se saem apenas 10% melhor do que o acaso, por mais que tenham confiança[5] em seu julgamento. Até os polígrafos são falíveis, a ponto de não poderem servir como evidência no tribunal. Se você é pai ou mãe, deve ter certeza de que sabe quando seu filho está mentindo, mas provavelmente está enganado sobre isso também. As pistas em que nos baseamos — sinais de desconforto — são enganosas. Muitas pessoas sinceras ficam desconfortáveis, e muitos mentirosos são perfeitamente calmos. Em particular aqueles com muita prática, o que os torna pessoas com as quais você deve tomar cuidado. É por isso que precisamos procurar outros sinais.

Nos Estados Unidos, todos os anos 10% a 15% dos adultos caem em algum tipo de golpe. Mas, em quase todos os casos, há sinais de alerta que poderiam tê-los avisado do perigo se eles soubessem o que procurar. Detectores de tubarão.

OS SINAIS DE ALERTA DA MANIPULAÇÃO

Por mais que os manipuladores se esforcem para não deixar pistas, sempre escapam algumas — sinais de alerta que devem deixar você de sobreaviso. Mas esse primeiro sinal de alerta pode ser difícil de identificar. Táticas manipuladoras são feitas para sintonizar você no modo Jacaré, fazendo com que você reaja em vez de avaliar a situação racionalmente. (É por isso que é muito mais fácil identificar sinais de alerta quando outra pessoa é o alvo: você está no modo Juiz, e ela está no Jacaré.) Manipuladores habilidosos sabem criar o tipo de confusão que vira seu instinto de autopreservação contra você.

Portanto, vamos olhar com mais atenção para os indícios de que você pode ter despertado o interesse de um tubarão. Nenhum deles é necessariamente condenatório por si só, mas, se notar algum desses sinais, fique de olho para ver se encontra outros.

SINAL DE ALERTA Nº 1: O ÉTER

Ser vítima de um tubarão é constrangedor. O que você tinha na cabeça ao fornecer seus dados bancários a um desconhecido? Ou quando deu todo o seu dinheiro para aquele estudante de engenharia que perdeu a carteira e precisava comprar livros didáticos? Todos nós passamos por histórias como essas, e a resposta à pergunta "O que você tinha na cabeça?" pode surpreender.

Nada. Ao menos, não estava pensando como de costume. Vejamos como um golpista descreveu sua estratégia a Doug Shadel, autor de *Outsmarting the Scam Artists*: "Via de regra, meu primeiro objetivo era deixar a vítima 'sob o efeito do éter'. O éter é aquele estado nebuloso quando suas emoções estão alvoroçadas e você fica tão agitado que não sabe diferenciar esquerda de direita. Ao deixar alguém nessa condição, não importa se a pessoa é inteligente ou burra. O éter sempre prevalece sobre a inteligência".

É isso que acontece quando o Jacaré fica sobrecarregado antes que o Juiz tenha chance de intervir. Esse estado alucinado explica o comportamento tantas vezes bizarro que demonstramos em uma crise. Depois que um policial atirou em si mesmo por acidente, ele discou o número 411 diversas vezes antes de finalmente pedir à operadora para ligar para a emergência (911). Em 11 de setembro de 2001, ao descobrir que o prédio em que estavam havia sido atingido por um avião, várias pessoas passaram uma boa meia hora juntando suas coisas e ligando para os familiares antes de procurarem sair dali.

Golpistas e outros manipuladores estimulam nossas emoções de maneira intencional para garantir que não consigamos pensar com clareza. O que agrava isso é o fato de que, *quando você está sob o efeito do éter, você não sabe*. É como um bêbado pegando as chaves do carro cheio de confiança — em um estado alterado mas sem se dar conta disso. Aquelas decisões tão impossíveis de explicar em retrospecto? Éter.

Todo arroubo intenso de emoção pode deixar você nesse estado vulnerável. Numa certa madrugada, fui acordada por um telefonema de um número desconhecido do México. Um estranho com um forte sotaque falava rápido e claramente consternado: "Seu irmão acabou de sofrer um acidente de carro terrível".

Ah, não! Meu coração começou a bater forte. Minha garganta ficou seca.

"Ele está inconsciente, está sendo levado para o hospital."

Quem tinha sofrido um acidente de carro? Será que ele estava falando da minha irmã Mika? Pensei que ela devia estar em casa na Filadélfia, mas será que estava viajando? Eu estava confusa, assustada e louca para fazer alguma coisa. Falei: "Não tenho nenhum irmão, mas me diz o que...". A ligação caiu. Pensando em retrospecto, se o golpista por acaso tivesse dito "sua irmã", eu teria caído na hora.

Outro clássico gerador de éter é a ganância. Como Upton Sinclair escreveu: "É difícil fazer um homem entender algo quando seu salário depende de ele não entender". O desejo sexual é um gerador de éter poderoso. Assim como a raiva. "Acredite ou não", um golpista se gabou, "algumas das minhas melhores vendas vieram de pessoas insatisfeitas me ligando para berrar sobre como tinham sido enganadas em relação ao produto. Eu deixava que desabafassem até perderem o fôlego, então as pegava. Emoção é emoção. Raiva serve tanto quanto empolgação ou medo."

O éter também pode ser induzido fisicamente. Pesquisas recentes confirmam algo que sacerdotes, xamãs, generais e líderes de seitas sabem há muito tempo: quando as pessoas participam de comportamentos sincronizados e rítmicos como batuques, marchas, danças ou cânticos, elas se tornam mais submissas. Como se sentem energizadas e conectadas ao grupo, ficam mais cooperativas. E o éter se torna ainda mais forte quando as atividades grupais rítmicas são combinadas com música alta, luzes estroboscópicas ou privação de sono, o que embaralha a mente. Empolgação, euforia, ansiedade, confusão, conexão ou arrebatamento espiritual: todos esses estados tornam difícil pensar com clareza. O éter pode transformar qualquer um de nós em uma vítima, a qualquer momento, por mais espertos que sejamos. Como provavelmente não vamos nos dar conta de que fomos pegos pelo éter, aqui vão mais alguns sinais de que os tubarões estão rondando. Um dos mais visíveis é um parente próximo do éter: a urgência.

SINAL DE ALERTA Nº 2: A URGÊNCIA

A urgência cria um estado irracional chamado em alemão de *Torschlusspanik*, ou "pânico dos portões se fechando". O termo remonta à Idade Média, quando, ao pôr do sol, os camponeses corriam de volta para casa sob a proteção do castelo, com medo de serem trancados para fora quando os portões se fechassem ao cair da noite.

Para trazer essa palavra arcaica a um contexto contemporâneo, o *Torschlusspanik* foi o que causou o Grande Pânico por Papel Higiênico de 2020. Quando a pandemia de covid interrompeu as cadeias de fornecimento, pessoas de várias partes do mundo correram para comprar todo o papel higiênico possível (em alguns casos o suficiente para durar por anos), assustando outras pessoas e espalhando o *Torschlusspanik* até as prateleiras das lojas se esvaziarem. A polícia precisou separar brigas por papel higiênico em Sydney e na Califórnia. Em Hong Kong, ladrões armados roubaram seiscentos rolos de papel higiênico de um supermercado.

A urgência vem do medo de não ter algo em quantidade suficiente, seja tempo, estoque ou oportunidade. O medo de ficar de fora (o já conhecido Fomo) pode nos levar a fazer coisas que, em circunstâncias normais, nunca nem sonharíamos fazer. Neurocientistas descobriram que a urgência superestimula as partes do cérebro que nos ajudam a atribuir valor (Eu preciso disso!) ao mesmo tempo que enfraquece as partes que nos ajudam a planejar (Orçamento? Que orçamento?). Pensamos que liquidações são empolgantes por causa das ofertas, mas o que nos anima ainda mais é a sensação de urgência que elas criam.

Quase todas as ofertas de vendas transacionais empregam a urgência de alguma forma. Um vendedor pode dizer algo como: "Na nossa empresa, não negociamos preços. Mas oferecemos incentivos para você comprar no mesmo dia. Então, se decidir comprar hoje, posso dar alguns descontos. Parece justo?".

Parece justo, sim, talvez até mais do que justo, certo? Mas o incentivo para comprar no mesmo dia é uma jogada para fazer o Jacaré tomar uma decisão instintiva antes que o Juiz tenha tempo de reconsiderar. Você não pode acreditar que vai tomar decisões inteligentes sob a pressão de um prazo ou quando está no auge do Fomo. Criei a regra de ter uma boa noite de sono antes de qualquer grande decisão e, quando peço a alguém para tomar uma grande decisão, sugiro que pense até o dia seguinte também. É assim que podemos garantir que tanto o Jacaré como o Juiz estão dizendo sim. Quando você adota essa estratégia, logo descobre que as táticas mais urgentes são blefes. Se querem vender algo para você hoje, acha mesmo que vão rejeitá-lo amanhã?

Caso esteja planejando se beneficiar da urgência no seu momento de tubarão, saiba que é comum o tiro sair pela culatra. Em um experimento de pesquisa de marketing envolvendo 310 mil decisões de compra, pesquisadores da equipe britânica de Insights de Mercado do Google constataram que táticas como "Só hoje!" e "Faltam apenas duas vagas" eram as menos eficazes entre todas as estratégias comportamentais testadas.[6] E era também a estratégia com mais chances de encher o saco do cliente. Ou, como os pesquisadores disseram com mais delicadeza, tendiam a "provocar uma reação negativa".

SINAL DE ALERTA Nº 3: A EXCLUSIVIDADE

A exclusividade está relacionada à urgência por também girar em torno de uma disponibilidade limitada, mas é uma variação mais sutil. Dependendo do seu valor — ou da sua riqueza —, podem lhe conceder acesso a uma oportunidade exclusiva, disponível apenas para alguns poucos especiais. Enquanto a urgência é um apelo para sua criancinha interior (*Você não pode ter isso*), a exclusividade mexe com seu adolescente interior (*Quer fazer parte da turminha descola-*

da?). A exclusividade é o crachá VIP, a lista das melhores faculdades, o evento cheio de celebridades, o nível Diamante ou Platina, o clube ou rede social que exige o convite de um membro. A exclusividade promete status. Quando uma parte subconsciente da sua mente se pergunta *Eu sou digno disso?*, as oportunidades exclusivas respondem: *Sim, se...*

Táticas de exclusividade são reforçadas por bajulação, incerteza, Fomo ou todas as anteriores. É fácil resumir as pesquisas sobre bajulação: provavelmente funciona com você, mesmo que você ache que não, mesmo que saiba que há segundas intenções e mesmo que seu bajulador seja apenas um computador dizendo que você é maravilhoso. Insegurança sobre nosso status nos torna especialmente vulneráveis à exclusividade. E o Fomo põe ainda mais lenha na fogueira.

A mais de 1300 dólares o quilo, o *kopi luwak* é o café mais caro do mundo. Ele vem das colinas da Indonésia, lar da civeta-de-palmeira-asiática, ou *luwak*. Essa civeta é um animal marrom que parece um misto de gato doméstico com gambá. Os *luwaks* gostam de comer cerejas de café — o fruto com o grão de café dentro. Quando as cerejas de café passam pelo trato digestório do animal, os grãos — que atravessam o sistema sem ser digeridos — acumulam os efeitos de uma combinação especial de enzimas que parecem deixar os grãos menos ácidos. Depois de excretados, esses grãos são limpos, torrados, coados e bebidos.

Sim, o café mais caro do mundo vem do cocô de gato-gambá.[7] Pode parecer nojento, mas, se você for um turista nas montanhas de Java Ocidental ouvindo o papinho de vendedor, parte de você vai sentir que VOCÊ PRECISA TOMAR O CAFÉ DE GATO-GAMBÁ A QUALQUER CUSTO! Para quem mora nas montanhas de Java Ocidental, porém, o *kopi luwak* é só mais uma bobagem superfaturada que os turistas compram. (Sim, eu comprei. Não, não era tão especial assim. E depois descobri que os animais são maltratados e 80% do *kopi luwak* é falso.)

Bernie Madoff teve enorme sucesso em conseguir que as pessoas lhe dessem seu dinheiro, e parte disso aconteceu porque ele não admitia qualquer cliente. Era preciso uma indicação. Em seitas — seitas de desenvolvimento pessoal, seitas corporativas e seitas espirituais —, a exclusividade assume a forma de acesso caro e limitado a um líder carismático. Um retiro de um pequeno grupo pode custar dezenas de milhares de dólares. A anuidade do círculo VIP pode custar mais de 100 mil dólares. Muitas dessas organizações usam táticas de venda de forte pressão que estimulam seus devotos a gastar um dinheiro que não têm, estourando cartões de crédito ou torrando as economias. Gurus vão dizer que é uma escolha feita por livre e espontânea vontade, mas, quando eles usam uma mistura alucinante de éter e exclusividade sobre os vulneráveis, não é, não.

O poder da exclusividade pode diminuir um pouco quando temos tempo para pensar, mas não significa que necessariamente vai embora. *Ah, oi, ego. Aí está você*. Quando sentir essa pressão, dê uma olhadinha ao redor para ver se não encontra algum predador.

SINAL DE ALERTA Nº 4: O BOM DEMAIS PARA SER VERDADE

Como Maria Konnikova escreve em *The Confidence Game*, "Todo mundo já ouviu o ditado 'Quando parece bom demais para ser verdade, provavelmente é'. Mas, quando acontece conosco, costumamos nos apegar demais a esse 'provavelmente'".[8]

Afirmações que são boas demais para ser verdade costumam vir acompanhadas por uma manobra de urgência. Se você tivesse mais tempo para analisar, começaria a perceber as falhas. No programa de TV britânico *Trapaças Reais*, uma equipe de filmagem acompanha um grupo de atores que cometem golpes famosos em pessoas desavisadas. Em um episódio, numa feira, alguém com muita lábia vende pedaços de papel pintados com spray para uma multidão de pessoas que se acotovelam, com dinheiro na mão, loucas para comprar o máximo de papel possível.

Para você, o observador no modo Juiz, o golpe parece claramente ridículo. A multidão, porém, ouviu que a casa da moeda nacional imprime dinheiro em excesso e, como destruir dinheiro é crime, pintam as notas excedentes de preto para torná-las inutilizáveis. Depois de roubar um caminhão cheio dessas notas, seus novos donos descobriram uma maneira de restaurá-las usando um spray químico especial e um rolo. O vendedor demonstra o processo, transformando o pedaço de papel preto numa nota de dez libras bem diante dos seus olhos — e você pode comprar *dez* dessas notas descartadas, bem como a solução e o rolo, *por apenas 10 libras*. Você ouviu direito: 100 libras em notas descartadas mas facilmente restauráveis — que valem dez vezes mais do que você pagaria por elas. Mas é melhor se apressar; esses homens precisam se livrar do dinheiro sujo agora.

Uma pessoa inteligente não poderia cair nessa história, certo? Mas golpes de lavagem de notas foram executados com sucesso em todo o mundo, tirando milhares de dólares de pessoas inteligentes. Vítimas de golpes quase nunca denunciam a situação para a polícia porque, como é de se entender, estão envergonhadas e, às vezes, como nesse caso, participaram de um negócio escuso.

A uma distância segura do éter — o camelô persuasivo, a multidão acalorada —, é fácil ver que essa oferta é boa demais para ser verdade. Se os ladrões tinham um caminhão cheio de notas descartadas e os meios necessários para restaurá-las, por que as venderiam com um desconto de 90%? E por que confessariam seu crime em público? O cenário não faz sentido, mas tudo está acontecendo muito rápido — e as vítimas veem provas tangíveis: notas pintadas de preto transformando-se em notas de dez libras de verdade. Isso sem mencionar a prova social: muitas pessoas (talvez parte do esquema) estão se estapeando para comprar também.

SINAL DE ALERTA Nº. 5: AS MEIAS-VERDADES

Mentiras são sinais óbvios de encrenca. Mas blefes, deturpações, distorções e exageros também são sinais de alerta. Pessoas que tratam fatos com displicência também vão tratar você com displicência. Um guru de ioga me disse certa vez que conseguia dirigir de um lado a outro de Los Angeles em dez minutos porque "quando se é evoluído espiritualmente as regras usuais de tempo não se aplicam a você". Depois descobri que diversas mulheres o haviam acusado de abuso sexual; acho que as regras de tempo não eram as únicas que não se aplicavam a ele.

Os profissionais de marketing carregam certa responsabilidade pela ideia de que a verdade é opcional. No filme *Um duende em Nova York*, Will Ferrell representa um homem criado por elfos no polo Norte. Pouco depois de chegar a Nova York, ele nota uma placa na frente de uma lanchonete e corre para dentro, exclamando alegremente: "Vocês conseguiram! Parabéns! 'Melhor xícara de café do mundo.' Bom trabalho, pessoal, foi um prazer conhecer vocês!".

A ingenuidade dele é engraçada porque estamos muito acostumados a ignorar frases como essa. Todos sabem que uma placa promovendo a melhor xícara de café do mundo não significa nada. Mas, quando paramos para pensar, significa sim. Significa que quem diz essas coisas não se importa muito se diz a verdade ou não.

Algumas frases sempre chamam minha atenção: "Juro", "Verdade verdadeira", "É verdade esse bilhete", "Sinceramente" e "Vou te mandar a real". Por que essa pessoa sente necessidade de jurar, certificar ou declarar sua sinceridade? Deve achar que você sente alguma desconfiança. Isso não pode ser um bom sinal. Meias-verdades ou juramentos espontâneos devem deixar você em alerta.

SINAL DE ALERTA Nº 6: O PENSAMENTO MÁGICO SOBRE DINHEIRO

Muitos coachs de desenvolvimento pessoal e líderes espirituais dizem que nossos pensamentos são responsáveis pelo que entra em nossa vida. Quando pensamos de maneira positiva sobre riqueza, por exemplo, e nos imaginamos vivendo em abundância, o dinheiro tem mais chances de surgir em nosso caminho; a riqueza será atraída para nós. Para cristãos protestantes, esse é o "evangelho da prosperidade"; para espiritualistas, é a "Lei da Atração".

É natural surgirem evidências anedóticas a partir desses ensinamentos. Quem sabe o que é abundância está ansioso para compartilhar suas histórias porque sua boa sorte pega bem. Essas pessoas são espiritualizadas, "despertas", atentas, amadas por Deus. Você vai ouvir isso de pessoas que eram completamente falidas mas que demonstraram sua fé largando o cartão de crédito, e então um poder superior veio em seu auxílio. Por sua vez, aqueles que continuam pobres ou atolados em dívidas não têm o hábito de se pronunciar devido ao que o seu fracasso significa: eles são indignos e não são amados pelo poder superior.

Barbara Ehrenreich escreve sobre esse tipo de pensamento mágico em seu livro *Sorria: Como a promoção incansável do pensamento positivo enfraqueceu a América*:

> Quando minha irmã chegou de Nova York para passar as festas de fim de ano, ela colocou uma bolsa de couro feita à mão no banco do meu piano e disse: "Está vendo a bolsa linda que manifestei para mim?". O DVD de *O segredo* a havia incentivado a acreditar que merecia aquele objeto, que ele era dela por direito, então ela pagou por ele com seu cartão de crédito.[9]

Se você já deparou com a Lei da Atração em contextos nos quais está sendo incentivado a entregar grandes quantias de dinheiro, pare um pouco. Mesmo que aceite a premissa, você pode saber como sua crença o deixa vulnerável a pessoas que querem se aproveitar.

Assim como outros sinais de alerta que estamos discutindo, este não é uma prova irrefutável. Mas é um convite para olhar com mais atenção e confirmar se o que está acontecendo é legítimo. Se a proposta envolver exclusividade, e quase sempre envolve, talvez você não tenha que pular direto para o Nível Platina. E talvez seja bom manifestar o dinheiro *antes* de passar o cartão.

SINAL DE ALERTA Nº 7: IGNORAR UM NÃO FIRME

Não incentivei você a ser persistente como um Brontossauro Gentil? Sim. Mas um Brontossauro Gentil espera educadamente ou pede permissão para voltar depois. Se pedirem para um Brontossauro Gentil ir embora ou parar de pedir, ele obedece. Quando você responde ao pedido de uma pessoa com um não firme, ela deve deixar você em paz. Se persistir, você saberá que ela não dá a mínima para o que você quer, e esse é um grande sinal de alerta. Se você tiver usado expressões ambíguas, numa tentativa de preservar os sentimentos da outra pessoa, pode achar que houve um mal-entendido. Pode até se sentir responsável por isso. Mas a persistência depois de um não firme é um grande sinal de alerta.

SINAL DE ALERTA Nº 8: MORDER E ASSOPRAR

O maior abuso psicológico que existe é tratar alguém com um misto de gentileza e crueldade. Se você teve uma relação próxima com alguém que fez isso — talvez um dos seus pais, um companheiro ou um chefe —, já conhece esse coquetel tóxico de esperança e pavor. *Talvez, se eu fizer as coisas do jeito certo dessa vez, dê tudo certo.* Se a outra pessoa fosse sempre cruel, ao menos você saberia o que esperar. Poderia se preparar. Mas não saber significa que você nunca consegue relaxar, e o estresse constante pode tornar você submisso: você aceita a situação como o novo normal. Muitas pessoas presas em relacionamentos abusivos não conseguem reconhecer a situação como ela é.

Às vezes, a montanha-russa emocional vem de uma equipe de duas pessoas que trabalham juntas — a fórmula do policial bonzinho e do policial malvado que você já viu em tantos filmes. Essa não é mais a estratégia típica de interrogatórios policiais, se é que um dia já foi; nos anos 1940, já era vista como antiquada. Mas ainda é comum em golpes organizados e situações de venda manipulativas.

Ofertas de *timeshare* são famosas por usar táticas de alta pressão, por isso fiquei curiosa para ver uma. Quando estava em um feriado na praia, ofereceram para mim e minha amiga uma aventura de mergulho autônomo gratuita se escutássemos uma oferta de *timeshare* em um resort sofisticado, então por que não? Antes do discurso, um agente de vendas simpático chamado Carlos conversou conosco durante um café da manhã agradável. Depois da apresentação, demos uma volta pelo lindo resort, e Carlos nos convidou para investir. Recusamos educadamente. Ele baixou o preço. Recusamos de novo. Não era tão ruim, na verdade. Estávamos a fim de mergulhar.

Mas eles não estavam a fim de nos dar os vales. Quando o gerente de Carlos veio ver como estavam as coisas, Carlos lhe disse que não estávamos interessadas. O gerente olhou para mim como um falcão encarando um esquilo e assumiu o lugar de Carlos do outro lado da mesa. Ele nos interrogou, acusando-nos de ser gananciosas e duas caras, de nunca ter pretendido considerar a oportunidade seriamente, de armar para conseguir um mergulho de graça.

Ele tinha certa razão, claro, mas argumentamos o contrário, exatamente como ele pretendia. Ao nos acusar, ele nos deixava numa posição de termos que nos defender. *Claro, tínhamos interesse no resort. Sim, era óbvio que era um refúgio maravilhoso, e um* timeshare *era uma ótima oportunidade para aproveitá-lo a um preço acessível.* Essa tática tinha não só o intuito de nos fazer enumerar os benefícios do *timeshare* mas poderia até nos fazer sentir culpa, a ponto de assinarmos um contrato. Mesmo assim, recusamos. Ele jogou a caneta do outro lado da sala e saiu batendo os pés, furioso.

Carlos, que estava lá parado com o rosto aflito esse tempo todo, nos pediu mil desculpas e perguntou se podíamos esperar só um minutinho. Correu atrás do chefe. Quando voltou, pediu desculpas de novo pelo chefe, que estava tendo um dia péssimo. Ele nos deu uma manta e uma garrafa de rum como oferta de paz. Depois nos apresentou uma cotação mais baixa, um valor que nunca pôde oferecer a ninguém, porque o chefe estava muito arrependido. Carlos nos disse que salvaríamos o dia dele se aproveitássemos essa oferta incrível.

Em algumas situações, o policial malvado é um bicho-papão que nem sequer existe. A pessoa com quem você está conversando adoraria dar o que você quer, mas não cabe a ela decidir. Certa vez trabalhei para o dono de uma empresa pequena cujos cartões de visita diziam "Diretor-assistente". "Então, quem é o diretor?", perguntei. "Ninguém", ele respondeu. "Só quero que as pessoas me vejam como o mocinho."

Sempre que houver um vilão na história, mesmo que ele não apareça, o mocinho pode não ser o que parece.

SINAL DE ALERTA Nº 9: UM MAU PRESSENTIMENTO

Gavin de Becker, um dos maiores especialistas mundiais em segurança pessoal (e violência pessoal), insiste que quase todas as centenas de vítimas de crimes individuais que ele entrevistou tiveram um pressentimento que poderia ter lhes permitido escapar em segurança.[10] O Jacaré estava avisando *Tem algo errado aqui*, mas eles se recusaram a dar ouvidos e racionalizaram a sensação. Criamos desculpas porque não queremos pensar mal dos outros, e preferimos morrer a ser mal-educados. Às vezes literalmente.

Essas sensações de mal-estar podem salvar vidas, mas também são suscetíveis a erros e preconceitos terríveis. Seu sistema de alarme subconsciente é projetado para manter você e sua tribo em segurança, mas também pode ser superprotetor. Aprendemos a ignorar nossos pressentimentos porque é comum eles se revelarem enganosos. A escada rangendo no meio da noite? Deve ser seu filho indo pegar um copo d'água, então, na próxima vez que acordar com um barulho na casa, você imagina que não deve ser nada e volta a dormir.

Ouvimos histórias de terror dos dois lados dessa história. Um pressentimento ignorado pode ter consequências terríveis, mas uma reação excessiva também pode causar uma tragédia. Pode ser difícil entender se o alarme interno instintivo está comunicando um perigo genuíno ou apenas um medo primitivo e preconceito. *É diferente de mim! É diferente de nós!*

Um diplomata britânico que frequentou meu curso como ouvinte compartilhou uma experiência no período que sucedeu o atentado terrorista de 7 de julho de 2005 em Londres. Bombas em três estações do metrô e um ônibus de dois andares haviam matado 52 pessoas e ferido outras setecentas. Sem saber se a violência havia acabado, os londrinos continuaram tensos. O diplomata estava no metrô quando embarcou no vagão um homem bem-vestido que parecia originário de algum país do Oriente Médio. Usava um gorro de oração e carregava uma mochila. O estranho se sentou, abriu uma cópia do Alcorão e começou a rezar. O diplomata sentiu sua pressão arterial disparar. *O que tem na mochila? Por que ele está rezando? Será que é um homem-bomba prestes a cumprir sua missão? Devo alertar o condutor? Devo disparar o alarme? E se eu estiver enganado? E se ele for apenas um devoto?*

O diplomata não disparou o alarme, mas saiu do trem antes de chegar à sua estação, sentindo-se confuso e envergonhado. Ele também reconheceu a ironia da situação: ele próprio era um homem bem-vestido que vinha de uma família do Oriente Médio e estava com uma maleta volumosa em vez de uma mochila. *Ele* também poderia estar causando um mau pressentimento nos outros passageiros.

Não tenho nenhum conselho universal brilhante sobre como diferenciar palpites certeiros dos alarmes falsos. Esse é o território profundo e obscuro do Jacaré. Você não tem controle consciente sobre suas reações e seus medos instintivos. Todos somos tendenciosos em certos sentidos e, embora você possa aprender a notar algumas das suas predisposições, é impossível controlá-las. O que dá para controlar é o que *fazemos* em relação a esses palpites. Você pode distinguir, por exemplo, como reage a pessoas que estão cuidando da própria vida e a pessoas que estão tentando interferir na sua.

Sempre que tiver um mau pressentimento sobre alguém que está tentando influenciar você ou se notar um dos outros sinais de alerta listados aqui, fique atento para ver se encontra outros. Ou apenas diga um não com toda a firmeza necessária e saia andando. E lembre-se de que ninguém é sempre imune a malfeitores, nem mesmo pessoas altamente capacitadas para resistir a eles; quando o Jacaré fica sobrecarregado, é difícil acessar o Juiz. Não se recrimine por isso. Mas, com um pouco de prática, você pode ficar mais atento aos sinais de alerta ao redor e aprimorar seu sexto sentido contra tubarões que possam estar rondando.

8½. Anjos e demônios

Marie era a pessoa mais legal que eu já havia conhecido na vida. Eu tinha dezesseis anos, ela era dois anos mais velha, e nós tínhamos nos mudado para a Itália para passar um ano sem nossos pais, hospedadas por famílias locais. Eu era fã de filmes franceses, e Marie tinha cara de quem estrelaria um desses filmes. Ela não fazia esforço nenhum para ser o centro das atenções, apenas era. Quando ela olhava para você, você se sentia sem roupa. E, claro, ela era linda. Olhos felinos brilhantes com cílios escuros e espessos. Um cabelo longo e cheio de brilho, que ficava sempre solto. Lábios fartos e um dente torto que era de certa forma perfeito. Ela não era magra e não dava muita bola para o que as pessoas pensavam sobre isso. Nem para o que pensavam sobre ela.

Nos Estados Unidos, eu e meus amigos podíamos fingir indiferença para o mundo, mas na verdade vivíamos antenados a todas as reações, de todas as pessoas, a tudo que fazíamos. Eu nem havia notado esse autocontrole obsessivo até conhecer Marie. Ela era impressionante por ser ela mesma. Eu também queria ser Marie, mas entendia que era impossível ser eu mesma tentando ser outra pessoa. Até comecei a fumar por um tempo porque Marie ficava muito descolada inclinando a cabeça para soprar a fumaça para longe, isso tudo sem interromper o contato visual.

Em novembro, quando chegou o Dia de Ação de Graças, um grupo de intercambistas se reuniu em Ancona para celebrar o feriado na casa de uma de nossas amigas norte-americanas. A família com quem ela morava estava viajando, então eu e ela cozinhamos o primeiro peru da nossa vida. Era apenas uma coxa gigante, mas demorou horas e ficou horrível. Nossa amiga holandesa tinha levado algumas garrafas de vinho, então não faltou bebida. Fizemos um show bêbado de mímica, com as mãos nas mangas dos suéteres um do outro. Rimos como crianças porque era isso que éramos.

No fim da tarde, eu e Marie dissemos *ciao* para nossos amigos e caminhamos um quilômetro e meio até o ponto de ônibus, bêbadas e tremendo. Esperamos horas pelo ônibus, que atrasou bastante, e enquanto isso tragávamos os cigarros de Marie tentando sentir um calor imaginário. Bem quando estávamos discutindo o que fazer, uma Mercedes escura parou em silêncio. A janela de vidro fumê do passageiro se abriu, revelando um rosto bonito.

"Vocês parecem estar com frio." Ele sorriu. "Para onde estão indo?"

Ele tinha um sotaque forte, não italiano. Cabelo preto ondulado, pele bronzeada e dentes brancos brilhantes.

"Estamos esperando um ônibus para a estação de trem."

O homem bonito disse alguma coisa para o companheiro, depois voltou o sorriso para nós. "É no nosso caminho." Quando ele saiu para abrir a porta, fez uma reverência com um ar cavalheiresco. "Entrem."

Eu e Marie nos entreolhamos — e demos de ombro. Homens flertavam conosco o tempo todo, mas Marie rechaçava as cantadas com apenas um olhar. A estação ficava a apenas dez minutos, o ônibus poderia nem vir, e estava muito frio. Entramos.

O motorista nos cumprimentou mas parecia não entender italiano. Ele usava óculos de sol e estava concentrado na pista. O homem bonito puxou assunto, perguntando de onde éramos e desde quando estávamos na Itália. Em vez de responder quando perguntamos de onde eles eram, ele nos desafiou a chutar. Nossos palpites o fizeram rir. Ele falou que éramos bonitas e brincou: "Mas talvez não tão inteligentes? Não, não, vocês são muito inteligentes".

Marie foi a primeira a notar que havia algo de estranho. "Precisamos chegar à estação." A estação ficava no Centro, mas o motorista tinha entrado na estrada à beira-mar.

"Esse é o caminho para a estação", nosso amigo bonito tentou nos tranquilizar.

"Não, não é", Marie insistiu. "Temos um trem para pegar e precisamos chegar em casa."

Ele choramingou como um cachorrinho. "Tá bem, desculpa. Confesso que pedi para o meu amigo pegar o caminho mais bonito, mas vamos levar vocês para a estação. Sabe, estamos de férias e achamos as italianas muito antipáticas. Mas vocês duas são legais. Não deve ser tão desagradável conversar com outros turistas como nós só por alguns minutos? Somos inofensivos."

Eu estava ficando nervosa. Enquanto Marie explicava que nossas famílias anfitriãs estavam nos esperando, eu me dei conta de que não havia maçaneta na porta de Marie. Nem na minha. Apertei o botão para abrir a janela e gritar para pedir ajuda, mas a janela estava trancada. Toquei na perna de Marie e encontrei os olhos dela. Ela acompanhou meu olhar até a porta.

"Cadê a porra da maçaneta?"

Nosso sequestrador começou a explicar que o carro tinha acabado de sair da oficina, o mecânico não tinha terminado...

Marie o interrompeu. "Para a porra do carro e deixa a gente sair."

Ele pediu desculpas pelo mal-entendido e disse que não queria nos assustar. Mas eu estava com muito medo do que eles queriam fazer conosco e como poderia ser pior se os deixássemos nervosos.

Marie, porém, ficou furiosa. Ela bateu no banco da frente, gritando a plenos pulmões: "PARA A PORRA DO CARRO! PARA A PORRA DO CARRO! PARA A PORRA DO CARRO, SEUS MONSTROS!".

Nosso sequestrador parou de fazer charme. "Calma, sua louca!"

Marie gritou e chutou enquanto o motorista xingava em sua língua e saía da rodovia. Marie estava em fúria, e eu estava admirada. O motorista parou o carro e o homem que já nem era mais tão bonito saiu para abrir a porta para nós. "Você é uma doida, sabia?"

Saímos e inspirei o ar frio como se fosse a primeira vez.

Há um ditado no adestramento de animais: "Tudo que tem boca morde". Você nunca deve partir do princípio de que, só porque uma criatura é pequena ou fofa, ela não pode fazer mal. Eu não sabia que se podia levantar a voz para um estranho, ainda mais para um homem adulto. Não tinha passado pela minha cabeça, mesmo em pânico, não ser gentil. Mas Marie era um bicho, um dragão, um demônio. Ela me ensinou que eu também era um animal com boca.

Quando minha filha Ripley tinha dez anos, estávamos tomando café da manhã em um hotel ao ar livre. Não havia mais ninguém onde estávamos. Um homem veio até nós com sua bandeja, disse oi e fez um comentário sobre o clima. Concordei que estava ótimo. Ele tentou puxar conversa e respondi com frases curtas, achando que ele entenderia o sinal educado universal de "vá embora".

"Será que posso me sentar com vocês?"

"Não, obrigada. Queremos comer sozinhas."

Ele estava se preparando para sentar. "Não se preocupe, sou inofensivo. Só gosto de conversar com garotinhas."

Eu me levantei, fiz sinal para ele parar e ergui a voz. "Você não pode se sentar conosco. Não convidamos você e NÃO QUEREMOS VOCÊ AQUI. SAIA."

Ele me chamou de louca e saiu. Ripley ficou surpresa e impressionada. Agora ela sabe que também pode levantar a voz, e que sua vida não precisa estar em perigo antes de ela mandar um maluco cair fora.

Ser uma pessoa gentil não significa que você não pode se defender. E ser um guardião não significa que você precisa parecer um anjo.

9. Sonhe mais alto e melhor

Conforme avança no caminho de se tornar uma pessoa cada vez mais influente, em algum momento você pode se ver pronto para sonhar mais alto do que nunca. Você vai olhar para o mundo ao redor e se perguntar: *Como isso poderia ser ainda melhor?* E uma ideia vai surgir. Ela pode não estar batendo panelas para chamar sua atenção nem repreendendo você sobre o que deveria estar fazendo com sua vida preciosa, maluca e única. Ela pode ser tão silenciosa quanto um vaga-lume. Mas você vai sentir a mágica e se perguntar: *Quem, eu?*

Talvez sua maior ideia, sua ideia mais ambiciosa, seja criativa — o livro que só você pode escrever, a próxima startup unicórnio, o filme que vai mudar o mundo. Talvez seu grande sonho seja uma fundação, uma plataforma ou um movimento. Talvez seja correr o risco de deixar de lado a vida certinha que construiu e descobrir o que faz você se sentir vivo. Talvez seu sonho seja enfrentar um problema grande a ponto de ser digno de você: atingir a justiça social; resolver a crise climática; garantir que todos tenham acesso a água limpa, medicamentos e educação. Talvez seja alcançar as estrelas ou as profundezas inexploradas do oceano.

Quando correr atrás desse sonho, você vai enfrentar adversários à sua altura, externos e internos. E vai precisar de todas as ferramentas de influência à disposição. Vai ser complicado — e vai ser lindo. Embora o estudo sobre influência seja uma ciência, a prática é uma arte.

DEIXEM A TUNÍSIA FAZER HISTÓRIA MAIS UMA VEZ

No fim de 2010, na costa do Norte da África, a Tunísia estava sofrendo o 23º ano da ditadura de Zine El Abidine Ben Ali. Trinta por cento dos jovens do país estavam desempregados; eles também estavam endividados, pobres demais para se casar e com o peso da responsabilidade de sustentar suas famílias. Um deles era um jovem chamado Mohamed Bouazizi, que vendia maçãs sem ter uma licença para isso. Quando sua balança foi confiscada pelas autoridades, ele ficou tão desesperado que exigiu uma reunião com o governador, mas sua solicitação foi recusada. Na rua em frente ao gabinete do governador, diante de uma multidão de curiosos horrorizados, Bouazizi jogou gasolina no próprio corpo e ateou fogo em si mesmo. "Como vocês esperam que eu me sustente?", ele gritou.

Essa foi a fagulha que acendeu a Primavera Árabe.

Cinco mil pessoas compareceram ao funeral de Bouazizi. A partir daí, os protestos cresceram e a revolta se espalhou. Os 5 mil viraram 10 mil, multidões ocuparam as ruas e se espalharam por todas as praças da cidade, exigindo a renúncia do presidente Ben Ali. Em 14 de janeiro, Ben Ali fugiu do país, e seu sucessor foi escolhido na primeira verdadeira eleição democrática do mundo árabe. Os protestos na Tunísia inspirariam protestos e revoltas por toda a região, com o povo do Egito, da Líbia e do Iêmen forçando a destituição de seus ditadores. As pessoas se uniram para levantar a voz e exigir mudança. O mundo assistiu a tudo com a respiração suspensa.

Uma das pessoas atentas à cobertura jornalística era Belabbes Benkredda, um estrategista alemão de ascendência argelina. Embora seu pai tivesse sido um combatente pela liberdade na revolução argelina, Belabbes nasceu e foi criado na Alemanha, onde ser um rebelde significava deixar o cabelo crescer e cantar numa banda de rock grunge, que era o que ele fazia. Belabbes estudou relações internacionais no Reino Unido e conseguiu um bom emprego em Dubai, trabalhando como marqueteiro para o governo. Antes da Primavera Árabe, ele gostava do desafio intelectual do seu trabalho e do conforto do estilo de vida de um expatriado. Mas, enquanto assistia ao nascimento da democracia, ele ouviu uma voz sussurrando: *O que você vai fazer?* A democracia árabe era jovem, frágil e precisava de toda ajuda possível.

Belabbes largou o emprego e fundou uma organização sem fins lucrativos chamada Iniciativa Munathara, cuja missão era promover o envolvimento cívico por meio de debates — *munathara* significa "debate" em árabe. Ele usou suas economias, cobrou todos os favores que podia e, em menos de trinta dias, a Munathara transmitiu seu primeiro programa. Ao longo dos anos seguintes, a organização se expandiu por toda a região árabe. Patrocinou workshops de formação em debates para mulheres, jovens e minorias carentes. E seus programas televisivos, que levavam vencedores de concursos on-line de debates para enfrentar celebridades, eram vistos por milhões de telespectadores.

O sucesso trouxe altos e baixos. Belabbes venceu um

prêmio de democracia concedido por Madeleine Albright, mas sua organização foi fechada pelo governo dos Emirados Árabes Unidos, que não estava tão interessado na liberdade de expressão. Ele lidou com a rejeição transferindo a base de operações, e seu trabalho, para a Tunísia.

Conheci Belabbes quando ele foi convidado para participar do programa de liderança mais seleto da Universidade Yale, o World Fellows. Ele assistiu ao meu curso como ouvinte; com seu paletó e um lenço no bolso, sentou-se no fundo da sala e ouviu atentamente, como pessoas muito influentes costumam fazer. Quando nos conhecemos fora da sala, descobri que ele era um visionário e uma pessoa parecida comigo. Por mais engomadinho que parecesse, ele se revelou um piadista capaz de imitar qualquer sotaque. Ele também era um ótimo pai. Como nós dois éramos divorciados, levamos nossas filhas da mesma idade para brincar de gostosuras ou travessuras juntas no Halloween. Jogamos tênis de mesa depois do trabalho. Conversamos muito, escutamos muito, e nos apaixonamos. Uma das coisas que mais admiro em Belabbes é que ele sonha alto. Essa é a história de um sonho que tive o privilégio de testemunhar.

Em 2019, a Tunísia ainda era a única democracia de verdade na região árabe, e sua segunda eleição estava iminente. Isso oferecia uma oportunidade sem precedentes de estabelecer normas para um processo eleitoral livre e justo, tanto na Tunísia como na região como um todo. Debates seriam fundamentais. Eu havia crescido perto de Washington, DC, vendo a democracia e os debates presidenciais como algo normal. É óbvio que a gente votava, e é óbvio que assistíamos aos debates, embora a escolha se limitasse a dois partidos. Depois da revolução na Tunísia, haviam se formado *setenta* partidos — e você nem precisava ser membro de um para se candidatar. Sem os debates, como as pessoas poderiam ouvir todos aqueles candidatos, que dirá compará-los? Jacarés, seguindo o caminho da menor resistência, votariam em um rosto conhecido; sem debates, a eleição da Tunísia seria definida pelo reconhecimento de nomes.

Belabbes se perguntou: *O que seria preciso para organizar uma série de debates presidenciais televisionados?* Ele nunca tinha feito isso antes — mas, para ser justa, ninguém no mundo árabe tinha feito algo assim. Quando a grande ideia surgiu, ele também ouviu uma voz mais ríspida sussurrar: *Quem você pensa que é?* Por um tempo, ele se sentiu paralisado e incapaz de agir. Mas, quando criou coragem, se perguntou, como sempre fazia: *Como isso poderia ser ainda melhor?* Câmaras de eco na política eram um problema nos Estados Unidos, mas nada comparado com a Tunísia, onde treze emissoras de televisão davam as notícias e uma família de cinco pessoas poderia estar assistindo a cinco canais de notícias, cada um recebendo uma versão e uma série de fatos diferentes. Não havia uma realidade política compartilhada, nem mesmo uma simples polarização, como temos nos Estados Unidos. Belabbes se perguntou: *O que seria preciso para levar a transmissão de debates simultaneamente a todas as emissoras?* Nunca havia acontecido antes, mas por que não?

O grande sonho de Belabbes tinha quase zero chance de sucesso. Ele estaria pedindo a pessoas e organizações que nunca haviam colaborado entre si — em nenhuma escala, que dirá em uma escala grande — para deixarem o ego de lado e trabalharem juntas. Ele estaria promovendo a importância dos debates para partidos políticos, o governo e a mídia. E, antes que isso tudo pudesse começar, o projeto exigiria dinheiro.

O Ministério das Relações Exteriores da Alemanha havia apoiado a Munathara no passado, mas isso fora anos antes e os contatos de Belabbes haviam partido para outra. *Basta pedir, basta pedir, basta pedir.* Ele pegou o telefone e começou a fazer ligações, pedindo à operadora para conectá-lo ao departamento que supervisionava os assuntos culturais no Oriente Médio e no Norte da África. Ela transferiu a ligação. Belabbes explicou a oportunidade histórica resumidamente, mas, para evitar afugentar todo mundo, começou com um pequeno passo, apresentando um projeto menor: debates parlamentares televisionados. Ele perguntou o que seria preciso para receber ajuda e, milagrosamente, foi convidado a enviar uma proposta. Ele correu para elaborar um documento de vinte páginas resumindo seu sonho.

Para ter uma chance mínima de inspirar investidores, políticos, burocratas do governo e parceiros em emissoras a se unirem, Belabbes precisava de um enquadramento estimulante. Ele pensou em: *Deixem a Tunísia fazer história mais uma vez*. Era uma oportunidade monumental: fazer história com a primeira série televisionada de debates eleitorais no mundo árabe. Mas era manejável. A Tunísia já tinha feito história uma vez como o berço da Primavera Árabe; se você consegue uma revolução democrática bem-sucedida, sem dúvida consegue um debate. E a palavra *deixem* adicionava um toque de mistério e suspense: será que eles conseguiriam mesmo?

Depois de muitas rodadas de revisões na proposta de subsídio de Belabbes, o Ministério das Relações Exteriores da Alemanha disse sim para financiar o projeto. A aprovação levou outras pessoas influentes a participar também.

Fadwa Zidi, uma jornalista de TV e produtora da Middle East Broadcasting Networks, ficou tão inspirada que viajou de Dubai para passar as férias na Tunísia trabalhando longas horas nos planos de produção. Ao fim das duas semanas, ela e Belabbes tiveram um momento John Sculley & Steve Jobs quando ela considerou a oportunidade que perderia se voltasse para casa. Ele ainda não tinha como bancar o salário dela, mas ela ficou, por acreditar no sonho e com a possibilidade de depois se tornar diretora operacional e produtora executiva da Munathara e de todos os programas de debates. Se os debates fossem possíveis, ela os tornaria espetaculares.

Belabbes promoveu o "Deixem a Tunísia fazer história mais uma vez" ao comitê eleitoral tunisiano, à agência de radiofusão nacional e ao líder do consócio televisivo privado. Ele levou a grande ideia de debates presidenciais simultâneos para o Ministério das Relações Exteriores suíço e para as Open Society Foundations. Foi aconselhado por organizadores de debates eleitorais nos Estados Unidos, no Chile e na Jamaica. Recebeu o apoio de um famoso satirista político, que ofereceu conselhos e provocou aliados resistentes até eles concordarem. Contra ventos e marés, uma aliança estava tomando forma.

Quanto mais animadas as pessoas ficavam, e quanto mais energia e entusiasmo Belabbes investia no projeto, mais ele tinha a ganhar. E a perder. Quando você ousa sonhar alto, deixa seu coração vulnerável. Conforme seu sonho começava a parecer possível, eu ficava cada vez mais preocupada. Todos os dias eram uma montanha-russa. Doente, o presidente da Tunísia faleceu, o que lançou incertezas sobre a eleição, que acabou sendo adiantada em dois meses. Isso tornou o cronograma tão apertado que Belabbes precisou emitir comunicados de imprensa antes de todos os acordos terem sido finalizados, uma tática que se provou tão angustiante quanto efetiva.

À medida que o sonho passava de uma visão maluca de dois debates para uma série de sete debates presidenciais e parlamentares com um segundo turno na primavera, o custo disparou de 300 mil dólares para 1,4 milhão de dólares. De alguma forma, Belabbes havia conseguido obter compromissos de financiamento para cobrir essas despesas, mas nem um centavo do dinheiro havia entrado — e era preciso contratar os prestadores de serviço e pagar a publicidade. Belabbes estourou seu cartão de crédito e liquidou nossos fundos de aposentadoria para cobrir as despesas temporariamente. Então, quando parecia que as várias emissoras parceiras estavam alinhadas, uma tentou recuar e roubar a ideia dos debates para si. Mas, assim que Belabbes descobriu, ele marcou uma conferência de imprensa para anunciar os planos "oficiais" de debate para o mundo todo, e a concorrente decidiu voltar a se tornar uma aliada.

Conforme o planejamento para os debates se acelerava, o campo presidencial estava tomando forma. Vinte e seis candidatos haviam se apresentado, incluindo duas mulheres, o atual primeiro-ministro, o ministro da Defesa e o ex-presidente. Belabbes e sua equipe teriam que persuadir todos a se comprometerem com uma rodada inicial de debates e, então, depois do primeiro turno, um debate final para os dois candidatos mais votados. A vantagem para os candidatos era clara: reconhecimento e a chance de divulgar sua plataforma. No entanto, o custo potencial também era evidente. Se você já era conhecido, tinha menos a ganhar — e poderia perder apoio se não tivesse um talento em debates. Portanto, Belabbes elaborou um Plano B para Salvar o Orgulho — a regra do púlpito vazio: *Detestaríamos ter um púlpito vazio com seu nome escrito, e esperamos que isso não aconteça. Junte-se a nós.*

A estratégia foi eficaz, e 24 dos 26 candidatos aceitaram participar. Todos exceto os dois que definitivamente não podiam. Um candidato havia fugido do país para evitar a prisão. E outro, o líder nas pesquisas, tinha sido preso por suspeitas de lavagem de dinheiro e evasão fiscal. Ele era um magnata da mídia chamado Nabil Karoui, que era chamado jocosamente de Nabil "Makrouna", em alusão ao macarrão que distribuía para famílias pobres com muito alarde, transmitindo esses atos de generosidade em sua emissora de televisão.

Se a Tunísia estava mesmo fazendo história de novo, o mundo precisava saber. Portanto, Belabbes voltou a atenção para a imprensa internacional. Comunicados de imprensa levaram a entrevistas, que levaram a mais entrevistas e manchetes ecoando seu enquadramento monumental. Belabbes estava na televisão quase todo dia espalhando a notícia. No entanto, os debates em si seriam transmitidos apenas em árabe e em sua variação tunisina, então quem não falava essas línguas teria que esperar até as traduções oficiais serem publicadas no dia seguinte. Mas o momento da verdade para as notícias é sempre quando ela surge. Portanto, Belabbes e Fadwa contrataram os melhores intérpretes de francês e inglês do país e convidaram diplomatas e correspondentes estrangeiros para irem assistir aos encontros e ouvir os debates traduzidos em tempo real. Transmissões ao vivo seriam veiculadas na internet, onde qualquer pessoa poderia ter acesso a elas, e matérias poderiam ser escritas na hora da verdade, enquanto os debates acontecem.

Quando o primeiro debate presidencial foi ao ar em 7 de setembro de 2019, televisores em casas, cafés, bares de narguilé e salões de cabeleireiro estavam sintonizados no evento. Grupos se reuniam pelas ruas do centro de Túnis enquanto os telespectadores acompanhavam os candidatos assumirem seus lugares nos oito púlpitos translúcidos no cintilante palco azul e vermelho. Louise de Souza, a embaixadora britânica, e Olivier Poivre d'Arvor, o embaixador francês, se reuniram com Belabbes para assistir, assim como jornalistas da CNN, da BBC, da Agence France-Presse e centenas de outros. Canais de notícias em todo o mundo estavam cobrindo o evento histórico. Três milhões de tunisianos — mais da metade da população votante — e milhões de pessoas no mundo árabe ouviam cada candidato dar seu argumento.

Um candidato em particular capturaria a atenção dos telespectadores — um professor de direito constitucional calvo chamado Kaïs Saïed. Era um candidato independente cujo comitê de campanha era seu apartamento. Saïed falava um árabe empolado e formal em vez do dialeto tunisiano, de um jeito tão travado que as pessoas o apelidaram de Robocop. Quando o primeiro turno foi contabilizado, Saïed obteve 18% dos votos e Karoui apenas 16%. Os dois se enfrentariam na eleição final.

A essa altura, o sonho que tinha parecido tão improvável estava não só se concretizando mas indo *bem demais*. Nabil Karoui, ainda na cadeia, ameaçou contestar os resultados da eleição, alegando que ser impedido de participar da primeira rodada de debates havia lhe custado o primeiro lugar. Provavelmente, era verdade. Então, Kaïs Saïed concordou em se abster de fazer campanha enquanto Karoui continuasse atrás das grades. Com os debates e até mesmo a eleição em jogo, Belabbes publicou um editorial defendendo a libertação de Karoui, enquanto Fadwa fazia planos de contingência para transmitir o debate da cadeia.

Karoui acabou sendo libertado em 9 de outubro. O último debate frente a frente aconteceria em 11 de outubro, a última noite de campanha antes da eleição, que ocorreria apenas 48 horas depois. Isso significava que o debate de duas horas teria um papel enorme em determinar quem se tornaria o próximo presidente da República.

Era fácil assistir ao debate Karoui-Saïed porque era impossível assistir a qualquer outra coisa — estava sendo transmitido em todas as emissoras de TV e rádio. Seria o evento televisivo mais assistido na história da Tunísia. Cerca de 6,5 milhões dos 11 milhões de cidadãos estavam sintonizados, sem incluir os que acompanharam pelo rádio e on-line, ou os milhões de outros espectadores que assistiram a transmissões no Egito, Marrocos, Líbia, Iraque e Argélia, além dos canais pan-árabes e serviços de TV a cabo pelo mundo. Nenhum evento televisivo na história norte-americana atingiu uma parcela tão grande da população — embora os primeiros passos de Neil Armstrong na Lua tenham chegado perto.

Desde o momento em que o debate começou, ficou claro que Saïed era mais preparado e persuasivo. Embora ele tivesse aquele jeito cerimonioso, sua formalidade conferia autoridade. Karoui dava respostas desconexas e improvisadas. Tropeçava nas palavras, e suas declarações políticas eram vagas. Então, percebendo que o mau desempenho do marido poderia lhe custar a presidência, Salwa Smaoui, a esposa de Karoui, invadiu a sala onde Fadwa e a equipe de produção estavam controlando a transmissão ao vivo. Smaoui e seu advogado exigiram que o programa fosse encerrado imediatamente. A equipe disse que não ia fazer isso. Samoui perguntou se poderia passar um bilhete para o marido, mas recusaram o pedido. O programa continuou. O desempenho de Karoui não melhorou.

Dois dias depois, em 13 de outubro, os tunisianos elegeram Kaïs Saïed em uma vitória esmagadora, com 73% dos votos. Nabil Karoui admitiu a derrota e enviou uma nota de parabenização. A Tunísia fez história — mais uma vez. Os problemas do país não se resolveram por milagre, mas, inspirada pela iniciativa, a Argélia logo organizaria seus primeiros debates televisionados, e eleitores em outros países árabes começariam a se perguntar: *Por que não nós? Por que não aqui?*

Belabbes Benkredda fez seu sonho impossível se tornar realidade usando muitas das ideias e estratégias que discutimos. Ele aceitou a rejeição, lidou com a resistência, negociou acordos, identificou e enfrentou déspotas e tubarões, criou valor, facilitou, aproveitou momentos de verdade, projetou carisma e ofereceu um enquadramento atraente. Mas, na maioria das vezes, não estava consciente de usar nenhuma ferramenta de influência em particular porque, com a prática, elas haviam se tornado naturais. Jacaré em vez de Juiz. Em muitos momentos críticos, ele não estava usando ferramenta nenhuma; estava apenas sonhando alto, fazendo pedidos ousados e sendo um Brontossauro Gentil. Às vezes, ele nem precisava perguntar. Tinha se tornado uma pessoa com boas ideias para quem os outros queriam dizer sim; eles o procuravam, perguntando: "Como posso ajudar?". Para seu grande sonho ter sucesso, ele precisou de trabalho duro, muitos aliados e uma boa dose de sorte, como acontece com os grandes sonhos.

O sucesso também exigiu que ele encarasse a pergunta "Eu sou digno disso?" mais uma vez. Quanto mais alto você sonhar, mais bem-sucedido se tornar, maiores são as chances de que os obstáculos internos surjam para bloquear seu caminho. O sucesso pode mexer com a sua cabeça. Você fica com receio de nunca mais ter uma grande ideia. Pensa que foi um golpe de sorte. Isso também é parte da jornada. Sinto essas dúvidas toda vez que arrisco algo maior do que nunca fiz, e vejo algumas das pessoas mais inteligentes e bem-sucedidas que conheço sofrendo com essas mesmas dúvidas. Eu me consolo com uma anedota de Neil Gaiman, autor de romances e graphic novels, sobre o medo de grandeza. Talvez seja um consolo para você também.

> Alguns anos atrás, tive a sorte de ser convidado para um encontro de pessoas incríveis: artistas e cientistas, escritores e gente que havia descoberto coisas. E senti que a qualquer momento perceberiam que eu não era qualificado para estar ali, entre aquelas pessoas que fizeram coisas de verdade.
>
> Na minha segunda ou terceira noite lá, eu estava no fundo do salão, durante uma apresentação musical, e come-

cei a conversar sobre várias coisas com um senhor de idade muito gentil e educado, incluindo nosso primeiro nome em comum. Então ele apontou para as pessoas e disse algo como: "Fico olhando para toda essa gente e penso: o que é que estou fazendo aqui? Eles fizeram coisas incríveis. Eu só fui para onde me mandaram". E eu respondi: "Sim. Mas você foi o primeiro homem na Lua. Acho que isso vale alguma coisa".

Então me senti um pouco melhor. Porque, se Neil Armstrong se sentia um impostor, talvez todos se sentissem. Talvez não houvesse adultos, apenas pessoas que trabalharam duro e também tiveram sorte e estavam um pouquinho perdidas, e isso é tudo que podemos almejar.

Quando você exerce sua influência sobre o mundo, experimentando e assumindo riscos, não há garantias de sucesso. Você já sabe disso. Muitos elementos estão além do seu controle. Mas você pode escolher ser como Neil Gaiman, Neil Armstrong, Belabbes, Davis, Derren, Ethan, Gloria, Jennifer, Jia, Manus, Marie, Natalie, Prince, Shaquille, Stanislav, Sukari e quem mais você admira. Você pode dar o seu melhor. E deixar o seu amor brilhar.

9¾. Você, eu, nós

Conforme nossos caminhos se cruzam, se entrelaçam, divergem e se reconectam, formamos um todo maior, uma rede viva e vasta de influência. Você já é parte desse poder coletivo. A raiz da palavra "influência" vem do latim *influere*, "fluir em". Como um rio. Uma corrente. Sua influência flui de outras pessoas e para outras pessoas, e delas para outras, e assim por diante. Às vezes você já está consciente dos próprios efeitos em cascata, às vezes não. Pequenos estímulos aqui e ali, sacrifícios de indivíduos corajosos e comprometidos, atos gentis de pessoas empenhadas, acidentes e obras do destino: tudo se conecta.

Despertar para essa rede é como entrar num livro em que você escolhe sua própria aventura. Você pode assumir o papel de herói, representar um papel coadjuvante como braço direito, se manter firme como um aliado ou deixar essa passar. Também pode mudar de ideia ao longo do caminho. Nem toda grande ideia será a ideia certa para você. Mas, quando resolver agir, agora pode fazer isso num nível mais alto e melhor.

Poucos pontos decisivos na história podem ser creditados a apenas um herói. Ninguém surgiu voando com uma capa ou balançando numa teia de aranha para salvar o mundo sozinho. Havia um exército de anjos que espalharam a palavra, dizendo: "É isto que vamos fazer". Ou simplesmente foram lá e fizeram. Trabalhando junto em 1943, o povo dinamarquês salvou 99% de seus vizinhos judeus do Holocausto. No meio da noite, eles os embarcaram em pequenos barcos de pesca para a Suécia com segurança. Trabalhando junto em 2005, a Cajun Navy resgatou 10 mil de seus vizinhos do furacão Katrina, um dos piores da história dos Estados Unidos. Como disse Rebecca Solnit em *Hope in the Dark*, "centenas de donos de barcos resgataram pessoas — mães solteiras, crianças de colo, avós — presas em sótãos, em conjuntos habitacionais, hospitais e edifícios escolares alagados... Nenhuma dessas pessoas disse: *Não posso resgatar todos*. Todos disseram: *Posso resgatar uma pessoa, e esse trabalho é tão significativo e importante que vou arriscar a vida e desafiar as autoridades para fazer isso*. E fizeram".[1]

Nem todas as batalhas cabem a você combater. Mas minha esperança é que, quando escolher as suas, as ferramentas e ideias neste livro ajudem a recrutar aliados que melhorem suas chances de sucesso e tornem o processo mais agradável. "Nunca duvide que um pequeno grupo de pessoas conscientes e empenhadas possa mudar o mundo.[2] Na verdade, sempre foi assim que o mundo mudou." Quando Margaret Mead disse essa famosa frase, era da influência que ela estava falando.

Juntos, e com sonhos grandes o suficiente, podemos fazer a magia acontecer. Podemos reverter o curso da mudança climática. Podemos erradicar os sistemas de castas que mantêm gerações de pessoas pobres, doentes e humilhadas.

Podemos colaborar em soluções técnicas para curar doenças graves. Podemos nos unir para enfrentar a escuridão e ir além dos nossos medos.

Você não precisa mudar o mundo *todo*. Nem salvar o mundo. Mas cada um de nós pode fazer a diferença para alguém. Você pode ajudar na sua comunidade. Pode convencer seus líderes a aprovar medidas que facilitem a vida das pessoas no trabalho, na escola ou na cidade. Pode organizar os membros da sua igreja, mesquita ou templo para proteger e ajudar os que estão precisando. Pode mediar um conflito na família. Pode ser um exemplo. Um mentor. Um professor.

Se achou este livro útil, espero que compartilhe o que aprendeu. Ensine uma ferramenta. Conte uma história. Discuta uma ideia. E talvez você encontre um minuto para me contar como pôs sua influência em prática. Nada me daria mais prazer do que ouvir suas histórias de amor. Manus e Tom trocando um clipe de papel até conseguir um carro, Stanislav Petrov dizendo *nyet*, Belabbes fazendo suas ligações, Jackie assando os donuts dos anéis olímpicos, Jennifer Lawrence jogando mais alto e compartilhando a riqueza — todas essas são histórias de amor. Pessoas fortes e vulneráveis afirmando: *Talvez juntos, talvez assim*. O que você faz com este livro pode ser uma história de amor também. Eu e você não precisamos ser pioneiros solitários cortando a própria lenha, construindo a própria cabana e consertando a própria cerca. Não temos que fazer isso sozinhos. Não sei você, mas eu nem gostaria disso.

Em dias frios de inverno, eu e Ripley gostamos de lareira e chocolate quente, mas nosso momento de inverno mais feliz aconteceu no dia em que um furgão dos correios ficou atolado na neve e paramos para ajudar. Chamamos alguns passantes e, em pouco tempo, outros pararam para ajudar. A neve estava funda e os pneus do furgão ficavam girando sem sair do lugar. Vizinhos de casas próximas trouxeram pás e papelão, e logo éramos dez pessoas trabalhando juntas. Empurramos com toda a força que tínhamos. Alguns caíam na neve semiderretida quando nossas botas escorregavam, mas voltávamos a nos levantar. E, finalmente, fizemos o furgão andar.

O motorista nos agradeceu com um aceno pela janela e saiu para entregar a correspondência. Enquanto comemorávamos, o rosto de todos estava radiante. Não estávamos ali trabalhando juntos porque era divertido estar no frio e na umidade; trabalhamos juntos porque agir em equipe tinha tornado aquilo divertido *apesar* do frio e da umidade.

Adultos brincando juntos é muitas vezes chamado de "trabalho", embora nem sempre vejamos dessa forma. Às vezes temos sucesso, e às vezes nosso coração se parte. Às vezes a inspiração vem, o timing é perfeito, a sorte está do nosso lado e os portões do paraíso se abrem. E, o tempo todo, as sementes da nossa influência flutuam como os tufos de um dente-de-leão, levados pelo vento a lugares que nem conseguimos ver. Querendo ou não, estamos plantando sementes. Estamos fazendo história.

Vamos ser amigos

Foi um prazer escrever este livro para você. Se gostou da leitura, espero que ponha suas grandes ideias em prática! E eu adoraria saber o que aconteceu.

Se quiser, há muitas formas de mantermos contato, a começar pelo meu site, zoechance.com. Há um enorme conteúdo aberto, on-line e gratuito, com desafios da vida real baseados em alguns dos materiais deste livro. Você também pode se cadastrar para receber uma newsletter com dicas de influência e inspirações de outras pessoas nesse caminho, eventos pelo mundo, workshops em Yale e grandes ideias e colaborações que estão acontecendo.

Se quiser ajudar a difundir essas ideias, eu ficaria muito, muito, muito grata! Você poderia compartilhar nas redes sociais que está fazendo coisas boas acontecerem — ainda que seja um pequeno passo. Por favor, me marque para que eu possa comemorar com você. Uma resenha, ainda que pequena, seria incrível! Ou leve este livro para sua organização ou sua equipe. Talvez você tenha outras ideias. E, se quiser fazer um convite para palestras, consultoria, mídia ou colaboração de pesquisas, acesse meu site. Sou bem ocupada, mas muito boa em dizer não. :-)

E, se quiser compartilhar um comentário particular sobre o que mudou em você depois deste livro, escreva para friends@zoechance.com.

Com amor, Zoe

P. S.: Esta é Ripley (e seu relutante namorado, Gavin).

Índice de ferramentas e técnicas

Brilhar, 100
Brontossauro Gentil, 153
Customer Effort Score, 50
Desafio da Empatia, 164
Desafio do Não, 59
Desafios de rejeição, 69
Diminuir os diminuidores, 86
Efeito Zeigarnik, 130
Enquadramento, 114
Escuta, 161
Estratégia Cachinhos Dourados, 190
Falar em seu tom grave natural, 93
Fio invisível, 94
Intenções para colocar em prática, 108
Jogo do Maior e Melhor, 116
Lembretes de mensagem, 52
Momentos de verdade, 106
Monumental, manejável e misterioso, exemplos, 132
Mudar o foco para a outra pessoa, 89
Múltiplas ofertas simultâneas equivalentes, 189
Múltiplas opções, 188

Não (exemplos), 61
Pausas corporais, 98
Pedidos absurdos, 78
Pedidos suaves, 151
Pequenos passos, 54
Pergunta Mágica, 169
Perguntas de Criação de Valor, 178
Plano B para Salvar o Orgulho, 194
Poder de barganha, 191
Reafirme a liberdade de escolha do outro, 148
Sinais de alerta de manipulação, 213
Teste de Stroop, 30
Testemunhar e explorar resistência, 146
Uso de pronomes, 82

Questões para discussão

Como muitas coisas na vida, este livro é mais divertido quando compartilhado com amigos. Aqui estão dez perguntas para instigar você a discutir algumas das ideias.

1. Por que a influência interpessoal funciona como um superpoder?
2. Para você, qual é a diferença entre influência e manipulação?
3. Se você experimentou algo novo com este livro, como as 24 Horas do Desafio do Não ou a Pergunta Mágica, qual foi o resultado? O que você aprendeu?
4. Qual estratégia deste livro você gostaria de experimentar?
5. Em que situações você acha difícil pedir algo para você ou se defender de alguma coisa? Quando precisa falar de dinheiro? Em uma relação romântica? Com pessoas específicas? Em que situações você acha fácil?
6. O que a rejeição significa para você? Como poderia dar um novo enquadramento a ela?
7. Qual é sua experiência pedindo aumentos ou promoções? Tem alguma coisa que você gostaria de fazer de diferente no futuro?

8. Você se identificou com alguma das situações das "artes das trevas" no capítulo 8? O que aconteceu, e que conselhos daria aos outros?
9. Se pudesse influenciar mais do que consegue hoje em dia, o que você faria?
10. Identifique uma intenção de pôr em prática que você aprendeu com este livro ou com esta conversa.

Cartas de amor

Este livro foi trazido a você por toda uma equipe de heróis, cada um com seus poderes especiais.

Obrigada à nossa equipe editorial e de texto. Nós nos comprometemos a fazer o que fosse necessário para tornar este livro o melhor possível — e conseguimos. Quando pensamos que estávamos perto de acabar, achamos que não estava bom o suficiente e recomeçamos do zero. Poderíamos ter enlouquecido, mas, em vez disso, obtivemos o melhor um do outro. Hilary Redmon, seu estilo de liderança incorpora a mensagem deste livro. Você estabeleceu altos parâmetros para nós, nos abriu vórtices temporais, criou entusiasmo na Random House e trabalhou como uma cirurgiã nos fins de semana fazendo cortes meticulosos e pequenas suturas por toda parte. Você é a editora com que os autores sonham. Ann Marie "Quer que eu prepare um rascunho?" Healy, você é a escritora mais destemida que já conheci. Seu amor incondicional manteve nosso projeto em pé enquanto o mundo desmoronava ao redor. E, por "amor", não estou falando apenas do seu brilho radiante mas também do seu trabalho em meio a ensino remoto e mudanças e mortes e férias familiares. Você superou "ao infinito e além" há muito tempo. Namastê. Peter Guzzardi, Mágico de Nós, você viu ordem no caos, encontrou pontos brilhantes na escuridão, desembaraçou fios, fez perguntas difíceis e poliu nosso manuscrito com primor. Você trabalhou arduamente por longas horas e me deu o presente mais belo que um autor pode receber: me ensinou a escrever de verdade.

Obrigada a Alison MacKeen e Celeste Fine, as agentes fadas-madrinhas que colaboraram comigo por anos e deixaram todos tão animados que fui acometida pela síndrome do impostor. Vocês entenderam antes de mim sobre o que eu realmente deveria escrever, ajudaram a fazer a proposta decolar e nunca pararam de ajudar. (E os feitiços e os Ring Pops realmente fizeram mágica.) Vocês mudaram minha vida.

Obrigada à pesquisa brilhante e à equipe de checagem: Sarah Jeong, Sophie Kaldor e Ana Victoria Gil. Vocês fizeram o trabalho duro e pesado de investigação, descobrindo novas pérolas e separando o falso do verdadeiro para podermos basear este livro em ciência pura. Vocês já estão mudando o mundo — Sarah ao incluir vozes indígenas nas políticas neozelandesas de sustentabilidade; Sophie ao abrir novos caminhos na psicologia do extremismo; e Ana ao influenciar o discurso público sobre a Suprema Corte da Costa Rica. Vocês são uma inspiração para todos e com toda a certeza para mim. Não vejo a hora de ler os livros de vocês.

Obrigada, Rodrigo Corral, pela capa da edição original. Amo seu trabalho.

Obrigada aos consultores e colaboradores que contribuíram com seus talentos ao longo do caminho. Obrigada, Catherine MacCoun, pelas conversas sobre a ideia de "má influência" desenvolvida no capítulo 8. Obrigada, Dedi Felman, pela intensa orientação editorial sobre a proposta. Obrigada, Eamon Dolan, pelo nosso trabalho breve mas relevante juntos e por mudar a maneira como penso sobre ser "boazinha". Obrigada, Ryan Holiday, por me salvar da minha grande ideia de livro. Recomecei por sua causa. Shane Frederick, obrigada por explorar a fundo a ciência no capítulo 2 e por me influenciar a estabelecer parâmetros altos para a ciência, tanto neste livro como na vida.

Obrigada, Angela Duckworth, Art Markman, Ashley Merryman, Charles Duhigg, Mike Norton e Nick Christakis — segui os conselhos de vocês sempre que pude. Obrigada, Joe Kavanagh, por suas ideias sobre como ajudar isso a decolar. Obrigada, Clevon Hicks; ainda amo o conceito da pistola de água. Obrigada aos autores da Bling pela sensatez, pela amizade e pelo impulso. Obrigada à equipe de brainstorm — Bun Lai, Emily Gordon, Mason Rabinowitz, Nitya Kanuri e Slate Ballard — por suas grandes ideias sobre as minhas ideias.

Obrigada aos profissionais de influência que acharam que essas ideias mereciam ser difundidas — e que as estão difundindo. Obrigada, Nicole Dewey, Rachel Rokicki, Rachel Parker e Melanie DeNardo, por usarem sua inteligência e seu entusiasmo para atrair publicidade para nosso projeto. Obrigada, Ayelet Gruenspecht, Emani Glee e Barbara Fillion, pelos conselhos sábios e o conhecimento em negócios — e por me ensinarem sobre o marketing de livros. Obrigada, equipe de vendas da Random House, por colocarem esses livros nas mãos dos leitores. Obrigada, Tom Perry, pelos conselhos estratégicos, pelas bênçãos e por ser um exemplo. Obrigada à Fun Team pelo entusiasmo em ajudar na divulgação.

Obrigada à equipe internacional de agentes especiais levando esse trabalho para tantos países que já perdi a conta. Denise Cronin, Donna Duverglas, Jessica Cashman, Joelle Dieu, Rory Scarfe e Toby Ernst — vocês fizeram a magia acontecer. Susanna Abbott e outros editores internacionais: suas grandes expectativas diferentes me assustaram e me motivaram a dar o melhor de mim. À equipe Yale-Coursera, que dá vida a essas ideias em nosso curso global on-line — Belinda Platt, Sara Eppinger, Thom Stylinski e Rick Leone —, uau, que presente trabalhar com vocês.

Obrigada, Stephanie Dunson, sábia e gentil coach de escrita, por me ensinar a "jardinar". Obrigada a outros parceiros de escrita que tornaram escrever um prazer: Amy Dannenmueller, Ann Marie Healy (de novo), Ashley Merryman (de novo), Christa Doran, Christine Chmielewski, David Chance, David Tate, Doina Moulin, John Gonzalez, Kyle Jensen, Margo Steiner, Marianne Pantalon, Natalie Ma e Teresa Chahine. Obrigada, Teri e Tom do Cedarhurst Café, pelo espaço de coworking extraoficial e por todo o café.

Obrigada pela ajuda extra, Jaidree Braddix, Tangela Mitchell e Erin Wynne. Obrigada pela rveisão meticulosa, Muriel Jorgensen e Louise Collazo.

Obrigada aos estudantes, professores assistentes e assistentes do curso de Como Dominar a Influência e a Persuasão, por explorarem essas ideias em workshops junto comigo. Aprendi mais com vocês do que vocês comigo. Obrigada, Stephen Dionne, gerente operacional extraordinário.

Obrigada aos gigantes cujos trabalhos inspiraram o meu. Sem vocês, não haveria nada.

Também estou em dívida com todos com quem não trabalhei diretamente neste projeto mas que exerceram uma profunda influência nele.

Obrigada às pessoas que cuidaram da minha vida para que a escrita pudesse acontecer. Karen Chance, mãe, professora espiritual, amiga próxima e responsável pela minha filha — você tornou isso possível. E nossas conversas sobre o livro estão todas aqui. Mandy Keene, coach, líder de torcida, professora e amiga de longa data, você é responsável por grande parte da minha felicidade e do meu sucesso. A Pergunta Mágica foi apenas o começo. Xiomara Sacaza, obrigada por colocar ordem no caos e me mostrar o que é a fé.

Sou grata a todos que me ajudam a levar as ideias além deste livro. Obrigada à equipe da Stern Speaking por acreditar em mim antes que eu mesma acreditasse, e obrigada à equipe de comunicações da Yale SOM por terem sido alguns dos primeiros leitores e por compartilharem meu curso com o mundo. Obrigada aos mentores que me inspiraram a sonhar alto e me divertir — Bob Goff, Dan Ariely, Jeff Arch, Kim Benston, Mark Young, Mike Norton (de novo) e Rob Sherman: estou passando isso para a frente. Obrigada a Katie Orenstein e a The OpEd Project: vou ser eternamente grata por como a Public Voices Fellowship me ajudou a encontrar minha voz.

Obrigada a Andrew Metrick, Edi Pinker, Gal Zauberman, Jim Baron, Nathan Novemsky, Ravi Dhar e Ted Snyder por me ajudarem a trocar meu trabalho por uma vocação para que eu pudesse escrever este livro e fazer ainda mais o que amo.

Obrigada a todos os amigos e familiares que me ensinam como ser bondosa e influente. Christy, Jess, Jen, Molly, Taly, Talula e Teresa (de novo) por me fazerem seguir em frente, e pelas gargalhadas. Pai, Jaye, Mika e Shane (de novo), por seu amor e apoio sempre. Lulu: ao fim do multiverso e além! Amira, quis ser sua madrasta desde que nos conhecemos. Belabbes, principal conselheiro, maior sonhador, verdadeiro amor, eu me casaria com você de novo um milhão de vezes.

Obrigada, querido leitor, por interagir com essas ideias. Se elas o ajudarem a se tornar mais influente, ou ajudarem você a ajudar os outros ao longo do caminho, nossos esforços de amor terão sido bem aproveitados.

Créditos das imagens

p. 29: adaptada de Mapping Specialists Ltd.
pp. 119 e 120: Escola de Administração de Yale.
p. 139: Nobuyuki Kawai.
p. 158: Niv Weisenberg.
p. 160: arte original de Beyond Conflict e aperfeiçoamentos de Mapping Specialists Ltd. Reproduzido com permissão de Beyond Conflict. Dados retirados de Moore-Berg et al., *PNAS* 2020.
p. 245: Zoubeir Souissi/Reuters.
p. 254: Ashley McNamara.

Notas

Preparei estas notas com o máximo de atenção possível aos detalhes e à precisão. Já omiti do manuscrito muitos experimentos famosos porque dados novos questionaram os resultados originais, mas sem dúvida é possível que parte dos trabalhos que citei se revelem não replicáveis. E, claro, pesquisas futuras vão nos ajudar a entender melhor ainda a influência. Portanto, de tempos em tempos, vou atualizar essas observações em <zoechance.com>. Aproveitem.

1. TORNAR-SE ALGUÉM PARA QUEM AS PESSOAS QUEIRAM DIZER SIM [pp. 9-20]

1. Isso vem de uma pesquisa que realizei com participantes de diversos países. Perguntei a alguns quais palavras vinham à mente quando ouviam a palavra "influência". A maioria (73%) usou termos positivos como "líder", "poderoso" e "útil". Mas, quando perguntei sobre "estratégias de influência" e "táticas de influência", a maioria (57% e 83%) usou termos negativos como "manipuladoras", "ardilosas", "coercivas", "dissimuladas" e "agressivas".

2. Posso não concordar com tudo nesses livros, mas eles são geniais. Bob é um pesquisador que conduziu muitos dos estudos mais famosos sobre influência. Antes de escrever seu livro, ele trabalhou disfarçado como vendedor de carros. Chris é um ex-negociador de reféns do FBI. Robert B. Cialdini, *Influence, New and Expanded: The Psychology of Persuasion* (Nova York: Harper Business, 2021); Chris Voss e Tahl Raz, *Never Split the Difference: Negotiating as If Your Life Depended on It* (Nova York: Harper Business, 2016).

3. Nalini Ambady, Debi LaPlante, Thai Nguyen, Robert Rosenthal, Nigel Chaumeton, e Wendy Levinson, "Surgeons' Tone of Voice: A Clue to Malpractice History", *Surgery*, v. 132, n. 1, pp. 5-9, 2002. Disponível em: <https://doi.org/10.1067/msy.2002.124733>.

4. John Antonakis, Marika Fenley e Sue Liechti, "Can Charisma Be Taught? Tests of Two Interventions", *Academy of Management Learning and Education*, v. 10, n. 3, pp. 374-96, 2011. Disponível em: <https://doi.org/10.5465/amle.2010.0012>.

1½. EM BUSCA DO *TEMUL* [pp. 21-3]

1. Jack M. Weatherford, *Genghis Khan and the Making of the Modern World* (Nova York: Crown, 2004).

2. Infelizmente, a coisa sobre a qual os estudantes de ph.D. mais erram é a própria decisão de fazer pós-graduação — 50% deles não concluem, porque o curso não era o que imaginavam. Robert Sowell, Ting Zhang e Kenneth Redd, *Ph.D. Completion and Attrition: Analysis of Baseline Program Data from the Ph.D. Completion Project*, Council of Graduate Schools, 2008. Disponível em: <https://legacy.cgsnet.org/sites/default/files/phd_completion_attrition_baseline_program_data.pdf>.

2. A INFLUÊNCIA NÃO FUNCIONA COMO VOCÊ PENSA [pp. 24-47]

1. Alfred N. Whitehead, *An Introduction to Mathematics* (Nova York: Henry Holt, 1911).

2. Se existe uma bíblia sobre economia comportamental, é esta: Daniel Kahneman, *Thinking, Fast and Slow* (Nova York: Farrar, Straus and Giroux, 2011). [Ed. bras.: *Rápido e devagar: Duas formas de pensar*. Rio de Janeiro: Objetiva, 2012.]

Se preferir ler sobre o trabalho de Danny Kahneman em um formato jornalístico, este livro do autor de *Moneyball: O homem que mudou o jogo* também é ótimo: Michael Lewis, *The Undoing Project: A Friendship That Changed Our Minds* (Nova York: W. W. Norton, 2017). [Ed. bras.: *O projeto desfazer: A amizade que mudou nossa forma de pensar*. Rio de Janeiro: Intrínseca, 2017.]

E, se quiser ponderar sobre o pensamento atual a respeito de Sistema 1 e Sistema 2 com mais profundidade, este artigo pode interessar: Keith

Stanovich e Richard West foram os primeiros pesquisadores a cunhar os enquadramentos Sistema 1 e Sistema 2 e a reunir outros processamentos duais sob esse guarda-chuva: Jonathan St. B. T. Evans e Keith E. Stanovich, "Dual-Process Theories of Higher Cognition: Advancing the Debate". *Perspectives on Psychological Science*, v. 8, n. 3, pp. 223-41, 2013. Disponível em: <https://doi.org/10.1177%2F1745691612460685>.

3. J. Ridley Stroop, "Studies of Interference in Serial Verbal Reactions", *Journal of Experimental Psychology*, v. 18, n. 6, pp. 643-62, 1935. Disponível em: <https://doi.org/10.1037/h0054651>.

4. Colin M. MacLeod e K. Dunbar, "Training and Stroop-like Interference: Evidence for a Continuum of Automaticity", *Journal of Experimental Psychology: Learning, Memory, and Cognition*, v. 14, n. 1, pp. 26-35, 1988. Disponível em: <https://doi.org/10.1037/0278-7393.14.1.126>.

5. John A. Bargh e Tanya L. Chartrand, "The Unbearable Automaticity of Being", *American Psychologist*, v. 54, n. 7, pp. 462-79, 1999. Disponível em: <https://acmelab.yale.edu/sites/default/files/1999_the_unbearable_automaticity_of_being.pdf>.

6. Esse estudo é tema de discussão e discórdia entre pesquisadores de ciência comportamental. Os resultados relatados são mais acentuados do que se poderia esperar em uma replicação, mas o padrão persistiu quando os pesquisadores refizeram suas análises em uma resposta de refutação. (Se você estiver familiarizado com ciência comportamental, sabe que não é raro experimentos publicados exagerarem a relação geral realista entre duas variáveis. Na verdade, essa é a regra.)

O artigo original: Shai Danziger, Jonathan Levav e Liora Avnaim-Pesso, "Extraneous Factors in Judicial Decisions", *Proceedings of the National Academy of Sciences*, v. 108, n. 17, pp. 6889-92, 2011. Disponível em: <https://doi.org/10.1073/pnas.1018033108>.

As críticas: Keren Weinshall-Margel e John Shapard, "Overlooked Factors in the Analysis of Parole Decisions", *Proceedings of the National Academy of Sciences*, v. 108, n. 42, p. E833, 2011. Disponível em: <https://doi.org/10.1073/pnas.1110910108>.

Andreas Glöckner, "The Irrational Hungry Judge Effect Revisited: Simulations Reveal That the Magnitude of the Effect Is Overestimated", *Judgment and Decision Making*, v. 11, n. 6, pp. 601-10, 2016. (Glöckner questiona racionalmente a magnitude do efeito.) Disponível em: <http://journal.sjdm.org/16/16823/jdm16823.pdf>.

A resposta dos autores ("Os resultados originais se replicam em todas as análises; ordem dos casos e intervalo para refeições se mantêm como elementos que têm grande influência na decisão de liberdade condicional"): Shai Danziger, Jonathan Levav e Liora Avnaim-Pesso, "Reply to Weinshall-Margel and Shapard: Extraneous Factors in Judicial Decisions Persist", *Proceedings of the National Academy of Sciences*, v. 108, n. 17, p. E834, 2011. Disponível em: <https://doi.org/10.1073/pnas.1112190108>.

7. Nalini Ambady e Robert Rosenthal, "Half a Minute: Predicting Teacher Evaluations from Thin Slices of Nonverbal Behavior and Physical Attractiveness", *Journal of Personality and Social Psychology*, v. 64, n. 3, pp. 431--41, 1993. Disponível em: <https://doi.org/10.1037/0022-3514.64.3.431>.

8. Nalini Ambady, Mary Anne Krabbenhoft e Daniel Hogan, "The 30--Sec Sale: Using Thin-Slice Judgments to Evaluate Sales Effectiveness", *Journal of Consumer Psychology*, v. 16, n. 1, pp. 4-13, 2006. Disponível em: <https://doi.org/10.1207/s15327663jcp1601_2>.

9. Nalini Ambady, Debi Laplante, Thai Nguyen, Robert Rosenthal, Nigel Chaumeton e Wendy Levinson, "Surgeons' Tone of Voice: A Clue to Malpractice History", *Surgery*, v. 132, n. 1, pp. 5-9, 2002. Disponível em: <https://doi.org/10.1067/msy.2002.124733>.

10. Nalini Ambady e Robert Rosenthal, "Thin Slices of Expressive Behavior as Predictors of Interpersonal Consequences: A Meta-Analysis", *Psychological Bulletin*, v. 111, n. 2, pp. 256-74, 1992. Disponível em: <https://doi.org/10.1037/0033-2909.111.2.256>.

11. Todorov, Anesu N. Mandisodza, Amir Goren e Crystal C. Hall, "Inferences of Competence from Faces Predict Election Outcomes", *Science*, v. 308, n. 5728, pp. 1623-6, 2005. Disponível em: <https://doi.org/10.1126/science.1110589>.

Ainda mais surpreendente: as avaliações de crianças são igualmente certeiras. Quando crianças suíças viram pares de rostos e escolheram quem elas prefeririam que fosse o capitão do seu barco, suas escolhas previram com 71% os resultados do segundo turno da eleição parlamentar francesa. A precisão não estava relacionada à idade. John Antonakis e Olaf Dalgas, "Predicting Elections: Child's Play!", *Science*, v. 323, n. 5918, 2009, p. 1183. Disponível em: <https://doi.org/10.1126/science.1167748>.

12. Pessoas que decidem com foco no Jacaré são mais felizes com suas decisões e sentem que elas refletem seu verdadeiro eu. Sam J. Maglio e Taly Reich, "Feeling Certain: Gut Choice, the True Self, and Attitude Certainty", *Emotion*, v. 19, n. 5, p. 876, 2019. Disponível em: <https://doi.org/10.1037/emo0000490>.

E são mais propensos a defender essas decisões: Sam J. Maglio e Taly Reich, "Choice Protection for Feeling-Focused Decisions", *Journal of Ex-

perimental Psychology: General, v. 149, n. 9, pp. 1704-18, 2020. Disponível em: <https://doi.org/10.1037/xge0000735>.

13. Ambady e Rosenthal, "Thin Slices of Expressive Behavior as Predictors of Interpersonal Consequences: A Meta-analysis", *Psychological Bulletin*, v. 111, n. 2, pp. 256-74, 1992. Disponível em: <https://doi.org/10.1037/0033-2909.111.2.256>.

14. Este é um livro fascinante sobre a neurobiologia do risco, do estresse e da tomada de decisões: John Coates, *The Hour Between Dog and Wolf: How Risk Taking Transforms Us, Body and Mind* (Nova York: Penguin, 2012).

15. Paul Rozin e April E. Fallon, "A Perspective on Disgust", *Psychological Review*, v. 94, n. 1, pp. 23-41, 1987. Disponível em: <https://doi.org/10.1037/0033-295X.94.1.23>.

16. Este livro excelente aborda na verdade a neurociência da mágica de prestidigitação: Stephen Macknik, Susana Martinez-Conde e Sandra Blakeslee, *Sleights of Mind: What the Neuroscience of Magic Reveals About Our Everyday Deceptions* (Nova York: Henry Holt, 2010). [Ed. bras.: *Truques da mente: O que a mágica revela sobre o nosso cérebro*. Rio de Janeiro: Zahar, 2011.]

17. Zoe Chance, Michael I. Norton, Francesca Gino e Dan Ariely, "Temporal View of the Costs and Benefits of Self-Deception", *Proceedings of the National Academy of Sciences*, v. 108, n. 3, pp. 15655-9, 2011. Disponível em: <https://doi.org/10.1073/pnas.1010658108>.

Zoe Chance e Michael I. Norton, "The What and Why of Self-deception", *Current Opinion in Psychology*, v. 6, pp. 104-7, 2015. Disponível em: <https://doi.org/10.1016/j.copsyc.2015.07.008>.

Zoe Chance, Francesca Gino, Michael I. Norton e Dan Ariely, "The Slow Decay and Quick Revival of Self-deception", *Frontiers in Psychology*, v. 6, p. 1075, 2015. Disponível em: <https://doi.org/10.3389/fpsyg.2015.01075>.

18. Eldar Shafir, "Choosing versus Rejecting: Why Some Options Are Both Better and Worse Than Others", *Memory and Cognition*, v. 21, n. 4, pp. 546-56, 1993. Disponível em: <https://doi.org/10.3758/BF03197186>.

19. Você também pode encontrar imagens comoventes de outros animais dessa forte campanha. O conceito original da População Por Pixel foi criado para a World Wildlife Fund por Yoshiyuki Mikami, Nami Hoshino e Kazuhiro Mochizuki da Hakuhodo C&D.

20. Michael S. Gazzaniga, "Cerebral Specialization and Interhemispheric Communication: Does the Corpus Callosum Enable the Human Condition?", *Brain*, v. 123, n. 7, pp. 1293-326, 2000. Disponível em: <https://doi.org/10.1093/brain/123.7.1293>.

2½. O CAMINHO DA MENOR RESISTÊNCIA [pp. 48-56]

1. Para uma descrição detalhada do fiasco do 5 por Dia — e as evidências científicas mais confiáveis sobre hábitos, de modo geral —, veja Wendy Wood, *Good Habits, Bad Habits: The Science of Making Positive Changes That Stick* (Nova York: Farrar, Straus e Giroux, 2019).

Ou a versão mais breve aqui: Wendy Wood e David T. Neal, "Healthy Through Habit: Interventions for Initiating and Maintaining Health Behavior Change", *Behavioral Science and Policy*, v. 2, n. 1, pp. 71-83, 2016. Disponível em: <https://doi.org/10.1353/bsp.2016.0008>.

2. Jenny Hope, "Millions Spent on 5-a-Day Mantra but Now We're Eating Even LESS Vegetables", *Daily Mail*, 9 abr. 2010. Disponível em: <https://www.dailymail.co.uk/health/article-1264937/Millions-spent-5-day-mantra-eating-LESS-vegetables.html>.

Sarah Stark Casagrande, Youfa Wang, Cheryl Anderson e Tiffany L. Gary, "Have Americans Increased Their Fruit and Vegetable Intake? The Trends Between 1988 and 2002". *American Journal of Preventive Medicine*, v. 32, n. 4, pp. 257-63, 2007. Disponível em: <https://doi.org/10.1016/j.amepre.2006.12.002>.

3. Com pesquisas sobre criação de filhos, esse livro é tão interessante que eu o dei a um monte de amigos com crianças pequenas. Po Bronson e Ashley Merryman, *NurtureShock: New Thinking About Children* (Nova York: Twelve, 2009). [Ed. bras.: *Filhos: Novas ideias sobre educação*. São Paulo: Lua de Papel, 2010.]

O estudo original de McMaster: Helen Thomas, "Obesity Prevention Programs for Children and Youth: Why Are Their Results So Modest?", *Health Education Research*, v. 21, n. 6, pp. 783-95, 2006. Disponível em: <https://doi.org/10.1093/her/cyl143>.

4. Matthew Dixon, Nick Toman e Rick DeLisi, *The Effortless Experience: Conquering the New Battleground for Customer Loyalty* (Nova York: Portfolio/Penguin, 2013).

Para uma versão mais curta, veja Matthew Dixon, Karen Freeman e Nicholas Toman, "Stop Trying to Delight Your Customers", *Harvard Business Review*, jul./ago. 2010. Disponível em: <https://hbr.org/2010/07/stop-trying-to-delight-your-customers?registration=success>.

5. Peter Henderson, "Some Uber and Lyft Riders Are Giving Up Their Own Cars: Reuters/Ipsos Poll", *Reuters*, 25 maio 2017. Disponível em: <https://www.reuters.com/article/us-autos-rideservices-poll/some-uber-and-lyft-riders-are-giving-up-their-own-cars-reuters-ipsos-poll-idUSKBN18L1DA>.

6. Frank J. Schwebel e Mary E. Larimer, "Using Text Message Reminders in Health Care Services: A Narrative Literature Review", *Internet Interventions*, v. 13, pp. 82-104, 2018. Disponível em: <https://doi.org/10.1016/j.invent.2018.06.002>.

7. "Building Behavioral Design Capacity in Financial Health", *Ideas 42*, 13 dez. 2019. Disponível em: <https://www.ideas42.org/project/behavioral-design-project/>.

8. Katie A. Kannisto, Marita H. Koivunen e Maritta A. Välimäki, "Use of Mobile Phone Text Message Reminders in Health Care Services: A Narrative Literature Review", *Journal of Medical Internet Research*, v. 16, n. 10, p. e222, 2014. Disponível em: <https://doi.org/10.2196/jmir.3442>.

9. Elyse O. Kharbanda, Melissa S. Stockwell, Harrison W. Fox, Raquel Andres, Marcos Lara e Vaughn I. Rickert, "Text Message Reminders to Promote Human Papillomavirus Vaccination", *Vaccine*, v. 29, n. 14, pp. 2537-41, 2011. Disponível em: <https://doi.org/10.1016/j.vaccine.2011.01.065>.

10. William Humphrey Jr., Debbie Laverie e Alison Shields, "Exploring the Effects of Encouraging Student Performance with Text Assignment Reminders", *Journal of Marketing Education*, v. 43, n. 1, pp. 91-102, 2021. Disponível em: <http://dx.doi.org/10.1177/0273475319836271>.

11. Alissa Fishbane, Aurelie Ouss e Anuj K. Shah, "Behavioral Nudges Reduce Failure to Appear for Court", *Science*, v. 370, n. 6517, pp. 1-10, 2020. Disponível em: <https://doi.org/10.1126/science.abb6591>.

12. Katherine L. Milkman, Julia A. Minson e Kevin G. M. Volpp, "Holding the *Hunger Games* Hostage at the Gym: An Evaluation of Temptation Bundling", *Management Science*, v. 60, n. 2, pp. 283-99, 2014. Disponível em: <https://doi.org/10.1287/mnsc.2013.1784>.

3. O NÃO QUE SALVOU O MUNDO [pp. 57-74]

1. Esse incidente histórico só veio a público em 1998, quando o superior de Stanislav Petrov, o coronel-general Yuriy Vsyevolodovich Votintsev, publicou suas memórias. Segundo Petrov, ele não foi "nem premiado nem repreendido" por Votintsev pelo comportamento, mas se aposentou mais cedo no ano seguinte. Em 2013, ele recebeu o prêmio Dresden da paz e, em 2017, faleceu. Adorei este premiado documentário sobre ele: Peter Anthony (dir.), *The Man Who Saved the World* (Statement Film, 2014). Disponível em: <http://themanwhosavedtheworldmovie.com>.

2. Elwyn Brooks White, *Letters of E. B. White* (Nova York: Harper & Row, 1976).

3. Adam Grant, *Give and Take: A Revolutionary Approach to Success* (Nova York: Penguin, 2013). [Ed. bras.: *Dar e receber: Uma abordagem revolucionária sobre sucesso, generosidade e influência*. Rio de Janeiro: Sextante, 2014.]

4. A. Grant, comunicação pessoal, 5 jul. 2021.

5. Não existe livro mais completo sobre os impactos sociais do estresse e do esgotamento do que este: Sendhil Mullainathan e Eldar Shafir, *Scarcity: Why Having Too Little Means So Much* (Nova York: Henry Holt, 2013).

6. Robert F. Lusch e Ray R. Serpkenci, "Personal Differences, Job Tension, Job Outcomes, and Store Performance: A Study of Retail Managers", *Journal of Marketing*, v. 54, pp. 85-101, 1990. Disponível em: <https://doi.org/10.1177%2F002224299005400106>.

7. Naomi I. Eisenberger e Matthew D. Lieberman, "Why Rejection Hurts: A Common Neural Alarm System for Physical and Social Pain", *Trends in Cognitive Sciences*, v. 8, n. 7, pp. 294-300, 2004. Disponível em: <https://doi.org/10.1016/j.tics.2004.05.010>.

8. Você pode assistir a esse vídeo comovente aqui: Jia Jiang, *Rejection Therapy Day 3 — Ask for Olympic Symbol Doughnuts. Jackie at Krispy Kreme Delivers!*, 2012. Disponível em: <https://www.youtube.com/watch?v=7Ax2CsVbrX0>.

E leia mais sobre as rejeições dele aqui: *Rejection Proof: How I Beat Fear and Became Invincible Through 100 Days of Rejection* (Nova York: Harmony, 2015).

9. Dê uma olhada no capítulo 8. Coates também descreve a pesquisa de resiliência em camundongos e estudos de indivíduos que se expõem repetidamente ao estresse. John Coates, *The Hour Between Dog and Wolf: How Risk Taking Transforms Us, Body and Mind* (Nova York: Penguin, 2012).

10. Esse é o número que ouvi de diversos instrutores de vendas e gerentes de vendas. Tentei mas não consegui encontrar uma fonte acadêmica ou de consulta confiável para esse dado — por favor, me avise se tiver uma.

11. Susan Cain, *Quiet: The Power of Introverts in a World That Can't Stop Talking* (New York: Random House, 2012).

3½. BASTA PEDIR [pp. 75-80]

1. Jessica McCrory Calarco, *Negotiating Opportunities: How the Middle Class Secures Advantages in School* (Nova York: Oxford University Press, 2018).

2. Linda Babcock e Sara Laschever, *Women Don't Ask: Negotiation and the Gender Divide* (Princeton, NJ: Princeton University Press, 2003).

3. David A. Frederick, H. Kate St. John, Justin R. Garcia e Elisabeth A. Lloyd, "Differences in Orgasm Frequency Among Gay, Lesbian, Bisexual, and Heterosexual Men and Women in a U.S. National Sample", *Archives of Sexual Behavior*, v. 47, pp. 273-88, 2018. Disponível em: <https://doi.org/10.1007/s10508-017-0939-z>.

Nunca é demais salientar o poder de "apenas" pedir em doações de caridade e arrecadação de fundos. Por exemplo, quando advogados perguntavam se seus clientes queriam deixar alguma herança para a caridade, isso duplicava e às vezes triplicava o número de doações. Michael Sanders e Sarah Smith, "A Warm Glow in the After Life? The Determinants of Charitable Bequests" (documento de trabalho n. 14/326, Centre for Market and Public Organisation, Universidade de Bristol, Bristol, Reino Unido, jun. 2014). Disponível em: <http://www.bristol.ac.uk/media-library/sites/cmpo/migrated/documents/wp326.pdf>.

Hugh Radojev, "Over 80 Per Cent of Public Donate to Charity Because They Are Asked, Says Survey", *Civil Society News*, 12 maio 2017.

4. Jaewon Yoon, Grant Donnelly e Ashley Whillans, "It Doesn't Hurt to Ask (for More Time): Employees Often Overestimate the Interpersonal Costs of Extension Requests" (documento de trabalho n. 19-064, Harvard Business School, Cambridge, MA, 2019). Disponível em: <https://www.hbs.edu/ris/Publication%20Files/19-064%20(3)_5758eb4a-6e1c-47dc-a4af-c21a958460d7.pdf>.

5. Francis J. Flynn e Vanessa K. Bohns, "Underestimating One's Influence in Help-Seeking", in Douglas T. Kenrick, Noah J. Goldstein e Sanford L. Braver, *Six Degrees of Social Influence: Science, Application, and the Psychology of Robert Cialdini* (Nova York: Oxford University Press, 2012), pp. 14-26. Disponível em: <https://doi.org/10.1093/acprof:osobl/9780199743056.003.0002>.

Vanessa Bohns fez muitas outras pesquisas interessantes relacionadas a visões errôneas a respeito de pedir e ajudar, e sobre nossas visões errôneas a respeito de nossa própria influência. Vanessa K. Bohns, *You Have More Influence Than You Think* (Nova York: W. W. Norton, 2021).

6. Jo Cutler e Daniel Campbell-Meiklejohn, "A Comparative fMRI Meta-Analysis of Altruistic and Strategic Decisions to Give", *Neuroimage*, v. 184, pp. 227-41, 2019. Disponível em: <https://doi.org/10.1016/j.neuroimage.2018.09.009>.

Lena Rademacher, Martin Schulte-Rüther, Bernd Hanewald e Sarah Lammertz, "Reward: From Basic Reinforcers to Anticipation of Social Cues", in M. Wöhr e S. Krach (orgs.), *Social Behavior from Rodents to Hu-*

mans, *Current Topics in Behavioral Neurosciences*, v. 30, pp. 207-21 (Cham, Dinamarca: Springer, 2015). Disponível em: <https://doi.org/10.1007/78 54_2015_429>.

7. Ricky N. Lawton, Iulian Gramatki, Will Watt e Daniel Fujiwara, "Does Volunteering Make Us Happier, or Are Happier People More Likely to Volunteer? Addressing the Problem of Reverse Causality When Estimating the Wellbeing Impacts of Volunteering", *Journal of Happiness Studies*, v. 22, pp. 599-624, 2021. Disponível em: <https://doi.org/10.1007/s10902-020-00242-8>.

Francesca Borgonovi, "Doing Well by Doing Good: The Relationship Between Formal Volunteering and Self-reported Health and Happiness", *Social Science and Medicine*, v. 66, n. 11, pp. 2321-34, 2008. Disponível em: <https://doi.org/10.1016/j.socscimed.2008.01.011>.

Stephanie L. Brown, Randolph M. Nesse, Amiram D. Vinokur e Dylan M. Smith, "Providing Social Support May Be More Beneficial Than Receiving It: Results from a Prospective Study of Mortality". *Psychological Science*, v. 14, pp. 320-7, 2003. Disponível em: <https://doi.org/10.1111%2F1467-9280.14461>.

Stephen G. Post, "Altruism, Happiness, and Health: It's Good to Be Good", *International Journal of Behavioral Medicine*, v. 12, pp. 66-77, 2005. Disponível em: <https://doi.org/10.1207/s15327558ijbm1202_4>.

8. Elizabeth W. Dunn, Lara B. Aknin e Michael I. Norton, "Spending Money on Others Promotes Happiness". *Science*, v. 319, n. 5870, pp. 1687-8, 2008. Disponível em: <https://doi.org/10.1126/science.1150952>.

Lara B. Aknin, Christopher P. Barrington-Leigh, Elizabeth W. Dunn et al., "Prosocial Spending and Well-being: Cross-cultural Evidence for a Psychological Universal", *Journal of Personality and Social Psychology*, v. 104, n. 4, p. 635, 2013. Disponível em: <https://doi.apa.org/doi/10.1037/a0031578>.

Elizabeth W. Dunn, Claire E. Ashton-James, Margaret D. Hanson e Lara B. Aknin, "On the Costs of Self-interested Economic Behavior: How Does Stinginess Get Under the Skin?", *Journal of Health Psychology*, v. 15, n. 4, pp. 627-33, 2010. Disponível em: <https://doi.org/10.1177%2F1359105309356366>.

9. Lara B. Aknin, J. Kiley Hamlin e Elizabeth W. Dunn, "Giving Leads to Happiness in Young Children", *PLoS One*, v. 7, n. 6, p. e39211, 2012. Disponível em: <https://doi.org/10.1371/journal.pone.0039211>.

10. É óbvio que você não faria pedidos absurdos repetidas vezes para a mesma pessoa. Mas você já sabe disso.

11. Robert B. Cialdini, Joyce E. Vincent, Stephen K. Lewis, Jose Cata-

lan, Diane Wheeler e Betty Lee Darby, "Reciprocal Concessions Procedure for Inducing Compliance: The Door-in-the-Face Technique", *Journal of Personality and Social Psychology*, v. 31, n. 2, pp. 206-15, 1975. Disponível em: <https://doi.org/10.1037/h0076284>.

A replicação de 2020: Oliver Genschow, Marieka Westfal, Jan Crusius, Leon Bartosch, Kyra Isabel Feikes, Nina Pallasch e Mirella Wozniak, "Does Social Psychology Persist over Half a Century? A Direct Replication of Cialdini et al.'s (1975) Classic Door-in-the-Face Technique", *Journal of Personality and Social Psychology*, v. 120, n. 2, pp. e1-e7, 1975. Disponível em: <https://doi.org/10.1037/pspa000026>.

12. KerryAnn O'Meara, Alexandra Kuvaeva, Gudrun Nyunt, Chelsea Waugaman e Rose Jackson, "Asked More Often: Gender Differences in Faculty Workload in Research Universities and the Work Interactions That Shape Them", *American Educational Research Journal*, v. 54, pp. 1154-86, 2017. Disponível em: <https://doi.org/10.3102/0002831217716767>.

4. AS CURIOSAS QUALIDADES DO CARISMA [pp. 81-104]

1. James W. Pennebaker, *The Secret Life of Pronouns: What Our Words Say About Us* (New York: Bloomsbury Press, 2011).

Se não estiver a fim de ler um livro inteiro sobre pronomes, você pode encontrar parte da pesquisa de Pennebaker resumida aqui: James W. Pennebaker, "The Secret Life of Pronouns", *New Scientist*, v. 211, n. 2828, pp. 42--5, 2011. Disponível em: <https://doi.org/10.1016/S0262-4079(11)62167-2>.

Esses efeitos de poder e status são muito específicos ao contexto. Por exemplo, os pesquisadores a seguir constataram que pessoas que faziam menos postagens em fóruns de comunidades — e, portanto, tinham e sentiam ter um status mais baixo naquela comunidade — usavam "eu" com mais frequência. Amanda Dino, Stephen Reysen e Nyla R. Branscombe, "Online Interactions Between Group Members Who Differ in Status", *Journal of Language and Social Psychology*, v. 28, n. 1, pp. 85-93, 2009. Disponível em: <https://doi.org/10.1177%2F0261927X08325916>.

Pronomes em primeira pessoa não são o único "sinal" linguístico de status mais baixo — o uso de jargão é outro. Zachariah C. Brown, Eric M. Anicich e Adam D. Galinsky, "Compensatory Conspicuous Communication: Low Status Increases Jargon Use". *Organizational Behavior and Human Decision Processes*, v. 161, pp. 274-90, 2020. Disponível em: <http://dx.doi.org/10.1016/j.obhdp.2020.07.001>.

E entre acadêmicos, usar "dr." ou "ph.D." na assinatura também. Cindy

Harmon-Jones, Brandon J. Schmeichel e Eddie Harmon-Jones, "Symbolic Self-Completion in Academia: Evidence from Department Web Pages and Email Signature Files", *European Journal of Social Psychology*, v. 39, n. 2, pp. 311-6, 2009. Disponível em: <https://doi.org/10.1002/ejsp.541>.

2. David M. Markowitz, "Academy Awards Speeches Reflect Social Status, Cinematic Roles, and Winning Expectations". *Journal of Language and Social Psychology*, v. 37, n. 3, pp. 376-87, 2018. Disponível em: <https://doi.org/10.1177%2F0261927X17751012>.

3. Ewa Kacewicz, James W. Pennebaker, Matthew Davis, Moongee Jeon e Arthur C. Graesser, "Pronoun Use Reflects Standings in Social Hierarchies", *Journal of Language and Social Psychology*, v. 33, n. 2, pp. 125--43, 2014. Disponível em: <https://doi.org/10.1177%2F0261927X13502654>.

4. Stephanie Rude, Eva-Maria Gortner e James Pennebaker, "Language Use of Depressed and Depression-vulnerable College Students", *Cognition and Emotion*, v. 18, n. 8, pp. 1121-33, 2004. Disponível em: <https://www.tandfonline.com/doi/abs/10.1080/02699930441000030>.

5. Eric Lofholm, *The System: The Proven 3-Step Formula Anyone Can Learn to Get More Leads, Book More Appointments, and Make More Sales* (Rocklin, CA: Eric Lofholm International, 2013), p. 59.

6. Diana I. Tamir e Jason P. Mitchell, "Disclosing Information About the Self Is Intrinsically Rewarding", *Proceedings of the National Academy of Sciences*, v. 109, n. 21, pp. 8038-43, 2012. Disponível em: <https://doi.org/10.1073/pnas.1202129109>.

7. Karen Huang, Michael Yeomans, Alison Wood Brooks, Julia Minson e Francesca Gino, "It Doesn't Hurt to Ask: Question-Asking Increases Liking", *Journal of Personality and Social Psychology*, v. 113, n. 3, pp. 430-52, 2017. Disponível em: <https://psycnet.apa.org/doi/10.1037/pspi0000097>.

8. Arthur Aron, Edward Melinat, Elaine N. Aron, Robert Darrin Vallone e Renee J. Bator, "The Experimental Generation of Interpersonal Closeness: A Procedure and Some Preliminary Findings", *Personality and Social Psychology Bulletin*, v. 23, n. 4, pp. 363-77, 1997. Disponível em: <https://doi.org/10.1177%2F0146167297234003>.

9. Dennis P. Carmody e Michael Lewis, "Brain Activation When Hearing One's Own and Others' Names", *Brain Research*, v. 1116, n. 1, pp. 153-8, 2006. Disponível em: <https://doi.org/10.1016/j.brainres.2006.07.121>.

Seu cérebro tem uma reação única ao seu nome mesmo quando você está dormindo: Fabien Perrin, Luis García-Larrea, François Mauguière e Hélène Bastuji, "A Differential Brain Response to the Subject's Own Name Persists During Sleep", *Clinical Neurophysiology*, v. 110, n. 12, pp. 2153-64, 1999. Disponível em: <https://doi.org/10.1016/S1388-2457(99)00177-7>.

10. Casey A. Klofstad, Rindy C. Anderson e Stephen Nowicki, "Perceptions of Competence, Strength, and Age Influence Voters to Select Leaders with Lower-pitched Voices", *PloS One*, v. 10, n. 8, p. E0133779, 2015. Disponível em: <https://doi.org/10.1371/journal.pone.0133779>.

11. Cara C. Tigue, Diana Borak, Jillian O'Connor, Charles Schandl e David Feinberg, "Voice Pitch Influences Voting Behavior", *Evolution and Human Behavior*, v. 33, pp. 210-6, 2012. Disponível em: <https://doi.org/10.1016/j.evolhumbehav.2011.09.004>.

12. Casey Klofstad, Rindy Anderson e Susan Peters, "Sounds like a Winner: Voice Pitch Influences Perception of Leadership Capacity in Men and Women", *Proceedings of the Royal Society B: Biological Sciences*, v. 279, n. 1738, pp. 2698-704, 2012. Disponível em: <http://dx.doi.org/10.1098/rspb.2012.0311>.

13. O jornalista Robert Stein escreve sobre conhecer as "duas Marilyns": a discreta, tímida e nem tão bonita Marilyn Monroe dos bastidores e o mulherão público. "De perto, o rosto dela era pálido e frágil, sem nenhum brilho de Technicolor, e seus olhos não tinham nem um pingo da confiança que irradiava na tela." No metrô, ninguém a reconhecia, mas, de volta à rua, ela "tirava o casaco, ajeitava o cabelo e arqueava as costas fazendo pose. Em um instante era cercada, e eram precisos vários minutos assustadores de empurra-empurra para tirá-la da multidão cada vez maior". Robert Stein, "Do You Want to See Her?", *American Heritage*, v. 56, n. 6, nov./dez. 2005. Disponível em: <https://www.americanheritage.com/do-you-want-see-her>.

Olivia Fox Cabane conta essa e outras histórias excelentes. Olivia Fox Cabane, *The Charisma Myth: How Anyone Can Master the Art and Science of Personal Magnetism* (Nova York: Portfolio/Penguin, 2013).

14. Há um "fato" amplamente citado de que as pessoas têm mais medo de falar em público do que da morte — é óbvio que não é verdade. Alguns estudos que pedem para as pessoas marcarem seus medos em uma lista encontraram mais pessoas marcando "falar em público" do que qualquer outra coisa. Mas normalmente só temos medo de algo que enfrentamos (por isso, falar em público surge com mais frequência do que morte, tubarões etc.). E listas como essa ignoram nossos medos reais mais profundos, como não ser digno ou não ser amado. Embora seja verdade que a maioria das pessoas tem certo desconforto ou ansiedade em falar em público, o "fato" de esse medo ser maior que o da morte é apenas produto de uma pesquisa mal elaborada.

Em uma pesquisa com atores profissionais bem-sucedidos, incluindo astros da Broadway e indicados ao Tony, 84% relataram medo do palco. Sou uma oradora profissional e ex-atriz e também tenho medo do palco. Gordon Goodman e James C. Kaufman, "Gremlins in My Head: Predicting Stage Fright in Elite Actors", *Empirical Studies of the Arts*, v. 32, n. 2, pp. 133-48, 2014. Disponível em: <https://doi.org/10.2190%2FEM.32.2.b>.

15. Eu sabia que pausas eram importantes, mas só descobri *quão* importantes eram quando Jeremey Donovan visitou nossa turma como palestrante/coach de apresentação. Eu havia escrito uma carta após ler seu livro, e ele foi ensinar a meus alunos, sobretudo, sobre pausas. Foi transformador. Jeremey Donovan, *How to Deliver a TED Talk: Secrets of the World's Most Inspiring Presentations* (Nova York: McGraw-Hill Education, 2013).

16. Joey Asher, *15 Minutes Including Q and A: A Plan to Save the World from Lousy Presentations* (Atlanta: Persuasive Speaker Press, 2010).

4½. MOMENTOS DE VERDADE [pp. 105-10]

1. A Proctor & Gamble costuma ser creditada pelo conceito de "momentos de verdade", mas na verdade foi Jan Carlzon, o ex-CEO da SAS (Scandinavian Airlines), quem cunhou o termo no contexto da influência. Jan Carlzon, *Moments of Truth* (Nova York: York: Harper Perennial, 1989).

2. A genial e premiada campanha Códigos de Chuva foi idealizada por Kenny Blumenschein, Paul Ho, Sean Chen e Paul Sin da Geometry Global.

3. Essa incrível e premiada campanha foi idealizada por Marcelo Reis, Guilherme Jahara, Rodrigo Jatene, Marcelo Rizério e Christian Fontana da Leo Burnett Tailor Made. A campanha atingiu 172 milhões de pessoas nas redes sociais com apenas seis posts no Facebook e gerou 22 milhões de dólares em *earned media*. O custo total de 6 mil dólares fez dela um dos melhores investimentos em publicidade da história. (Obrigada, Shane, por compartilhar isso comigo.)

O maior fator para determinar se as pessoas se tornam ou não doadoras de órgãos ainda é a facilidade. Quase todas as diferenças em índices de doação de órgãos podem ser explicadas pela facilidade: políticas de adesão ou de não adesão. É fácil marcar um boxe para aderir ou não aderir — mas não tão fácil quanto não marcar um boxe. Eric J. Johnson e Daniel Goldstein, "Do Defaults Save Lives?", *Science*, v. 302, n. 5649, pp. 1338-9, 2003. Disponível em: <https://doi.org/10.1126/science.1091721>.

4. Nira Liberman e Yaacov Trope, "The Role of Feasibility and Desirability Considerations in Near and Distant Future Decisions: A Test of

Temporal Construal Theory", *Journal of Personality and Social Psychologym*, v. 75, n. 1, pp. 5-18, 1998. Disponível em: <https://doi.org/10.1037/0022-3514.75.1.5>.

Yaacov Trope e Nira Liberman, "Temporal Construal", *Psychological Review*, v. 110, n. 3, pp. 403-21, 2003. Disponível em: <https://doi.org/10.1037/0033-295x.110.3.403>.

5. David W. Nickerson e Todd Rogers, "Do You Have a Voting Plan?: Implementation Intentions, Voter Turnout, and Organic Plan Making", *Psychological Science*, v. 21, n. 2, pp. 194-9, 2010. Disponível em: <https://doi.org/10.1177/0956797609359326>.

6. Essa campanha engraçadinha foi idealizada por Matthew Bull, Roger Paulse, Myles Lord e Jason Kempen da Lowe Bull na África do Sul.

5. A MAGIA TRANSFORMADORA DE UM SIMPLES ENQUADRAMENTO
[pp. 111-32]

1. Sério. Além de ser um artista premiado, Derren Brown é um autor de best-sellers engraçados e inteligentes sobre psicologia, mágica e felicidade. Em aula, aprendemos sobre ler a mente de mentira em *Tricks of the Mind*, e assistimos a *The Push* para aprender sobre as artes das trevas da influência. Se você for um nerd de psicologia, vai gostar da replicação do experimento de Milgran em *The Heist*. (Mas meu programa favorito até agora é *Apocalypse*. Ele me disse que é o favorito dele também.) Derren Brown, *Tricks of the Mind* (Londres: Transworld, 2006).

2. Você pode encontrar o vídeo na internet e testar com seus amigos. Eles vão ficar em choque. Daniel J. Simons e Christopher F. Chabris, "Gorillas in Our Midst: Sustained Inattentional Blindness for Dynamic Events", *Perception*, v. 28, n. 9, pp. 1059-74, 1999. Disponível em: <https://doi.org/10.1068/p281059>.

3. Sendhil Mullainathan e Eldar Shafir, *Scarcity: Why Having Too Little Means So Much* (Nova York: Henry Holt, 2013).

4. Se você ainda não conhece Frank Luntz, vai ficar impressionado com o impacto que ele tem na política norte-americana em uma variedade extensa de questões. Enquanto eu escrevia este livro, ele estava colaborando com o ex-diretor do CDC para encontrar um enquadramento que motivasse eleitores de Trump contrários a vacinas a se vacinarem contra covid. (Sua mensagem mais efetiva foi: "Mais de 90% dos médicos a quem a vacina foi oferecida escolheram tomá-la".) Frank Luntz, *Words That Work: It's Not What You Say, It's What People Hear* (Nova York: Hachette Books, 2008).

5. Grant E. Donnelly, Cait Lamberton, Stephen Bush, Zoe Chance e Michael I. Norton, "'Repayment-by-Purchase' Helps Consumers to Reduce Credit Card Debt" (document de trabalho n. 21-060, Harvard Business School, Cambridge, MA, 2020). Disponível em: <http://dx.doi.org/10.2139/ssrn.3728254>.

6. David Gal e Blakeley B. McShane, "Can Small Victories Help Win the War? Evidence from Consumer Debt Management", *Journal of Marketing Research*, v. 49, n. 3, pp. 487-501, 2012. Disponível em: <https://doi.org/10.1509%2Fjmr.11.0272>.

Ran Kivetz, Oleg Urminsky e Yuhuang Zheng, "The Goal-Gradient Hypothesis Resurrected: Purchase Acceleration, Illusionary Goal Progress, and Customer Retention", *Journal of Marketing Research*, v. 43, n. 1, pp. 39-58, 2006. Disponível em: <https://doi.org/10.1509%2Fjmkr.43.1.39>.

Yan Zhang e Leilei Gao, "Wanting Ever More: Acquisition Procedure Motivates Continued Reward Acquisition", *Journal of Consumer Research*, v. 43, n. 2, pp. 230-45, 2016. Disponível em: <https://doi.org/10.1093/jcr/ucw017>.

7. Pesquisadores da Apark Neuro testaram "crise climática", "destruição ambiental" (este com respostas emocionais mais altas entre republicanos do que "crise climática"), "colapso ambiental" e "desestabilização do tempo". Você pode ler sobre o tema aqui: Kate Yoder, "Why Your Brain Doesn't Register the Words 'Climate Change'", *Grist*, 29 abr. 2019. Disponível em: <https://grist.org/article/why-your-brain-doesnt-register-the-words-climate-change/>.

8. Bob Cialdini conta essa história em seu livro que dá sequência a *Influência*. É um livro ótimo. Robert Cialdini, *Pre-Suasion: A Revolutionary Way to Influence and Persuade* (Nova York: Simon and Schuster, 2016).

9. Bluma Zeigarnik, "On Finished and Unfinished Tasks", in W. D. Ellis (org.), *A Source Book of Gestalt Psychology* (Londres: Routledge and Kegan, 1938), pp. 300-14.

10. Marie Kondo, *The Life-Changing Magic of Tidying Up: The Japanese Art of Decluttering and Organizing* (Berkeley, CA: Ten Speed Press, 2014). [Ed. bras.: *A mágica da arrumação: A arte japonesa de colocar ordem na sua casa e na sua vida*. Rio de Janeiro: Sextante, 2015.]

6. CRIANCINHAS INTERIORES [pp. 136-58]

1. Arne Öhman, Anders Flykt e Francisco Esteves, "Emotion Drives Attention: Detecting the Snake in the Grass", *Journal of Experimental Psychology: General*, v. 130, n. 3, pp. 466-78, 2001. Disponível em: <https://doi.org/10.1037/0096-3445.130.3.466>.

2. Nobuyuki Kawai e Hongshen He, "Breaking Snake Camouflage: Humans Detect Snakes More Accurately Than Other Animals Under Less Discernible Visual Conditions", *PLoS One*, v. 11, n. 10, p. e0164342, 2016. Disponível em: <https://doi.org/10.1371/journal.pone.0164342>.

3. O artigo original da teoria da perspectiva é: Daniel Kahneman e Amos Tversky, "Prospect Theory: An Analysis of Decision Under Risk", *Econometrica*, v. 47, n. 2, pp. 263-92, 1979. Disponível em: <https://doi.org/10.1142/9789814417358_0006>.

Agregando mensurações de seiscentos estudos em 150 artigos de diversas disciplinas, esses autores identificaram que o coeficiente médio de aversão à perda é entre 1,8 e 2,1. Alexander L. Brown, Taisuke Imai, Ferdinand Vieider e Colin F. Camerer, "Meta-analysis of Empirical Estimates of Loss-Aversion" (documento de trabalho da CESifo n. 8848, 2021). Disponível em: <https://ssrn.com/abstract=3772089>.

No momento em que escrevo, também há certa controvérsia sobre a prevalência da aversão à perda no mundo real. David Gal e David D. Rucker, "The Loss of Loss Aversion: Will It Loom Larger Than Its Gain?", *Journal of Consumer Psychology*, v. 28, n. 3, pp. 497-516, 2018. Disponível em: <https://doi.org/10.1002/jcpy.1047>.

4. Nesse estudo, o efeito de reatância foi demonstrado apenas em meninos. Alguns estudos encontram diferenças de gênero, mas nem todos. Diferenças de idade também têm um papel, e algumas pessoas simplesmente demonstram mais reatância do que outras. Sharon S. Brehm e Marsha Weinraub, "Physical Barriers and Psychological Reactance: 2-yr--olds' Responses to Threats to Freedom", *Journal of Personality and Social Psychology*, v. 35, n. 11, pp. 830-6, 1977. Disponível em: <https://psycnet.apa.org/doi/10.1037/0022-3514.35.11.830>.

Este artigo resume grande parte da pesquisa sobre teoria da reatância: Anca M. Miron e Jack W. Brehm, "Reactance Theory — 40 Years Later", *Zeitschrift für Sozialpsychologie*, v. 37, n. 1, pp. 9-18, 2006. Disponível em: <https://doi.org/10.1024/0044-3514.37.1.9>.

Pessoas mais difíceis podem ser mais atraentes (como você já sabe). Erin R. Whitchurch, Timothy D. Wilson e Daniel T. Gilbert, "'He Loves Me, He Loves Me Not...': Uncertainty Can Increase Romantic Attraction", *Psychological Science*, v. 22, n. 2, pp. 172-5, 2011. Disponível em: <https://doi.org/10.1177%2F0956797610393745>.

Além disso, as pessoas se lembram mais de objetos proibidos e também os reconhecem com mais rapidez. Grace Truong, David J. Turk e Todd C. Handy, "An Unforgettable Apple: Memory and Attention for Forbidden Objects", *Cognitive, Affective, and Behavioral Neuroscience*, v. 13, n. 4, pp. 803-13, 2013. Disponível em: <https://link.springer.com/article/10.3758/s13415-013-0174-6>.

5. B. F. Skinner, *About Behaviorism* (Nova York: Knopf, 1974).

6. Às vezes, pessoas que têm fortes opiniões sobre uma questão em particular reagem a informações conflitantes adotando um ponto de vista ainda mais extremo — o *efeito backfire*. Quando ele foi documentado pela primeira vez, recebeu muita atenção da mídia e se supôs que era algo comum; agora sabemos que não. Zak L. Tormala e Richard E. Petty, "What Doesn't Kill Me Makes Me Stronger: The Effects of Resisting Persuasion on Attitude Certainty", *Journal of Personality and Social Psychology*, v. 83, n. 6, p. 1298, 2002. Disponível em: <https://psycnet.apa.org/doi/10.1037/0022-3514.83.6.1298>.

Brendan Nyhan e Jason Reifler, "When Corrections Fail: The Persistence of Political Misperceptions", *Political Behavior*, v. 32, n. 2, pp. 303--30, 2010. Disponível em: <https://doi.org/10.1007/s11109-010-9112-2>.

Todd Wood e Ethan Porter, "The Elusive Backfire Effect: Mass Attitudes' Steadfast Factual Adherence", *Political Behavior*, v. 41, n. 1, pp. 135-63, 2019. Disponível em: <https://doi.org/10.1007/s11109-018-9443-y>.

Brendan Nyhan, "Why the Backfire Effect Does Not Explain the Durability of Political Misperceptions", *Proceedings of the National Academy of Sciences*, v. 118, n. 15, p. e1912440117, 2021. Disponível em: <https://doi.org/10.1073/pnas.1912440117>.

7. Raj Raghunathan, Rebecca W. Naylor e Wayne D. Hoyer, "The Unhealthy = Tasty Intuition and Its Effects on Taste Inferences, Enjoyment, and Choice of Food Products", *Journal of Marketing*, v. 70, n. 4, pp. 170-84, 2006. Disponível em: <https://doi.org/10.1509%2Fjmkg.70.4.170>.

8. Julia A. Minson e Benoît Monin, "Do-gooder Derogation: Disparaging Morally Motivated Minorities to Defuse Anticipated Reproach", *Social Psychological and Personality Science*, v. 3, n. 2, pp. 200-7, 2012. Disponível em: <https://doi.org/10.1177%2F1948550611415695>.

9. Aprendi essa com Chris Voss, ex-negociador de reféns do FBI. Ele também me influenciou a perguntar menos "por quê" e mais "como" e "o quê". Em aula, nos matamos de rir imitando a voz de locutor de programa noturno de rádio. Chris Voss e Tahl Raz, *Never Split the Difference* (Nova York: Harper Business, 2016).

10. Leon Festinger e James M. Carlsmith, "Cognitive Consequences of Forced Compliance", *Journal of Abnormal and Social Psychology*, v. 58, pp. 203--10, 1959. Disponível em: <https://doi.org/10.1037/h0041593>.

11. Esse estudo foi conduzido por Ayelet Gneezy, Stephen Spiller e Dan Ariely e relatado no livro *Previsivelmente irracional*. Meus estudantes fizeram experimentos parecidos tentando dar notas de cinco dólares e descobriram que metade das pessoas que eles abordavam se recusava a receber o dinheiro. Dan Ariely, *Predictably Irrational: The Hidden Forces That Shape Our Decisions* (Nova York: Harper Collins, 2009). [Ed. bras.: *Previsivelmente irracional: As forças invisíveis que nos levam a tomar decisões erradas*. Rio de Janeiro: Sextante, 2020.]

12. Essa ideia simples é um divisor de águas. Eu a aprendi com Mike Pantalon, um psicólogo que trabalhava no PS de Yale e tinha poucos minutos para influenciar as pessoas a fazerem coisas muito difíceis, como largar vícios. Seu livro é maravilhoso. *Instant Influence: How to Get Anyone to Do Anything — Fast* (Nova York: Little, Brown, 2011).

O trabalho de Mike se baseia em pesquisas sobre entrevistas motivacionais — por meio de perguntas, persuadir as pessoas a fazer mudanças na vida. William R. Miller e Stephen Rollnick, *Motivational Interviewing: Helping People Change* (Nova York: Guilford Press, 2012).

13. O artigo dela foi o único em que encontrei o Brontossauro Gentil. Adoro esse enquadramento pela persistência delicada, e meus estudantes também. Jessica Winter, "The Kindly Brontosaurus", *Slate*, 14 ago. 2013. Disponível em: <https://slate.com/human-interest/2013/08/the-kindly-brontosaurus-the-amazing-prehistoric-posture-that-will-get-you-whatever-you-want.html>.

6½. ESCUTA PROFUNDA [pp. 159-67]

1. O viés de falsa polarização resulta de um atalho do Jacaré. Depois que organizamos em categorias as coisas em nossa cabeça, ampliamos as diferenças. Como os autores a seguir apontam, até classificar tons diferentes de roxo como "vermelho" e "azul" os faz parecer mais diferentes do que realmente são. Jacob Westfall, Leaf Van Boven, John R. Chambers e Charles M. Judd, "Perceiving Political Polarization in the United States: Party Identity Strength and Attitude Extremity Exacerbate the Perceived Partisan Divide", *Perspectives on Psychological Science*, v. 10, n. 2, pp. 145-58, 2015. Disponível em: <https://doi.org/10.1177/1745691615569849>.

A imagem vem do seguinte artigo: Samantha L. Moore-Berg, Lee-Or Ankori-Karlinsky, Boaz Hameiri e Emile Bruneau, "Exaggerated Meta-Perceptions Predict Intergroup Hostility Between American Political Partisans", *Proceedings of the National Academy of Sciences*, v. 117, n. 26, pp. 14864-72, 2020. Disponível em: <https://doi.org/10.1073/pnas.2001263117>.

Também existe um falso viés de consenso: imaginamos que pessoas como nós, ou pessoas de quem gostamos, concordam conosco mais do que de fato concordam. Sharad Goel, Winter Mason e Duncan J. Watts, "Real and Perceived Attitude Agreement in Social Networks", *Journal of Personality and Social Psychology*, v. 99, n. 4, p. 611, 2010. Disponível em: <https://psycnet.apa.org/doi/10.1037/a0020697>.

2. Ver Yudkin, Hawkins e Dixon, "The Perception Gap: How False Impressions Are Pulling Americans Apart", *More in Common*, jun. 2019. Disponível em: <https://psyarxiv.com/r3h5q/download?format=pdf>.

Também sobre o clima: Adina T. Abeles, Lauren C. Howe, Jon A. Krosnick e Bo MacInnis, "Perception of Public Opinion on Global Warming and the Role of Opinion Deviance", *Journal of Environmental Psychology*, v. 63, pp. 118-29, 2019. Disponível em: <https://doi.org/10.1016/j.jenvp.2019.04.001>.

A cobertura da mídia contribui para o problema: Matthew Levendusky e Neil Malhotra, "Does Media Coverage of Partisan Polarization Affect Political Attitudes?", *Political Communication*, v. 33, n. 2, pp. 283-301, 2016. Disponível em: <https://doi.org/10.1080/10584609.2015.1038455>.

E as redes sociais também contribuem para o problema: William J. Brady, Julian A. Wills, John T. Jost, Joshua A. Tucker e Jay J. Van Bavel, "Emotion Shapes the Diffusion of Moralized Content in Social Networks", *Proceedings of the National Academy of Sciences*, v. 114, n. 28, pp. 7313--8, 2017. Disponível em: <https://doi.org/10.1073/pnas.1618923114>.

3. Daniel Yudkin, Stephen Hawkins e Tim Dixon, "The Perception Gap". Você pode testar sua própria lacuna de percepção neste link (jun. 2021): <https://perceptiongap.us>.

4. Juliana Schroeder, Michael Kardas e Nicholas Epley, "The Humanizing Voice: Speech Reveals, and Text Conceals, a More Thoughtful Mind in the Midst of Disagreement", *Psychological Science*, v. 28, n. 12, pp. 1745--62, 2017. Disponível em: <https://doi.org/10.1177%2F0956797617713798>.

5. Matthew D. Lieberman, Naomi I. Eisenberger, Molly J. Crockett, Sabrina M. Tom, Jennifer H. Pfeifer e Baldwin M. Way, "Putting Feelings into Words", *Psychological Science*, v. 18, n. 5, pp. 421-8, 2007. Disponível em: <https://doi.org/10.1111%2Fj.1467-9280.2007.01916.x>.

6. Ser lembrado de algo que tem em comum com alguém — mesmo que seja algo arbitrário — também aproxima você dessa pessoa. Jay J. Van Bavel, Dominic J. Packer e William A. Cunningham, "Modulation of the Fusiform Face Area Following Minimal Exposure to Motivationally Relevant Faces: Evidence of In-Group Enhancement (Not Out-Group Dis-

regard)", *Journal of Cognitive Neuroscience*, v. 23, n. 11, pp. 3343-54, 2011. Disponível em: <https://doi.org/10.1162/jocn_a_00016>.

7. Lisa J. Burklund, J. David Creswell, Michael R. Irwin e Matthew D. Lieberman, "The Common and Distinct Neural Bases of Affect Labeling and Reappraisal in Healthy Adults", *Frontiers in Psychology*, v. 5, p. 221, 2014. Disponível em: <https://doi.org/10.3389/fpsyg.2014.00221>.

7. NEGOCIAÇÕES CRIATIVAS [pp. 168-97]

1. Ginger Graham, "If You Want Honesty, Break Some Rules", *Harvard Business Review*, v. 80, n. 4, pp. 42-7, 124, 2002. Disponível em: <https://hbr.org/2002/04/if-you-want-honesty-break-some-rules>.

2. *Salary and Compensation Statistics on the Impact of COVID-19*, Randstad, 2020. Disponível em: <https://rlc.randstadusa.com/for-business/learning-center/future-workplace-trends/randstad-2020-compensation-insights>.

3. Jessica McCrory Calarco, *Negotiating Opportunities: How the Middle Class Secures Advantages in School* (Nova York: Oxford University Press, 2018).

4. *Reinvent Opportunity: Looking Through a New Lens*, Accenture, 2011. Disponível em: <https://www.accenture.com/t20160127T035320Z__w__/us-en/_acnmedia/Accenture/Conversion-Assets/DotCom/Documents/About-Accenture/PDF/1/Accenture-IWD-Research-Embargoed-Until-March-4-2011.pdf>.

Mais detalhes sobre a pesquisa da Accenture: 25% das pessoas disseram ter recebido mais dinheiro do que estavam esperando, outros 38% afirmaram ter recebido o aumento que desejavam, 17% conseguiram mais dinheiro mas não tanto quanto queriam e 5% não conseguiram um aumento mas conseguiram algum outro tipo de incentivo. Apenas 15% não conseguiram nada. Kimberly Weisul, "Easiest Way to Get a Raise and Promotion", CBS News, 9 mar. 2011. Disponível em: <https://www.cbsnews.com/news/easiest-way-to-get-a-raise-and-promotion>.

5. Neil Rackham, "The Behavioral Approach to Differences Among Negotiators", in Roy J. Lewicki, David M. Saunders e John W. Minton (orgs.), *Negotiation: Readings, Exercises, and Cases* (Boston: Irwin/McGraw-Hill, 1999), pp. 387-9.

6. Primeiras ofertas generosas inspiram uma generosidade recíproca. Martha Jeong, Julia A. Minson e Francesca Gino, "In Generous Offers I Trust: The Effect of First-Offer Value on Economically Vulnerable Behaviors", *Psychological Science*, v. 31, n. 6, pp. 644-53, 2020. Disponível em: <https://doi.org/10.1177%2F0956797620916705>.

Pessoas agradáveis obtiveram resultados melhores em negociações interdepartamentais. Aukje Nauta, Carsten K. De Dreu e Taco Van Der Vaart, "Social Value Orientation, Organizational Goal Concerns and Interdepartmental Problem-solving Behavior", *Journal of Organizational Behavior*, v. 23, n. 2, pp. 199-213, 2002. Disponível em: <https://doi.org/10.1002/job.136>.

Pessoas que negociavam com atendentes virtuais ficavam mais satisfeitas, mais dispostas a recomendar para amigos e mais dispostas a renegociar quando o atendente era cordial. Pooja Prajod, Mohammed Al Owayyed, Tim Rietveld, Jaap-Jan van der Steeg e Joost Broekens, "The Effect of Virtual Agent Warmth on Human-Agent Negotiation", *Proceedings of the 18th International Conference on Autonomous Agents and MultiAgent Systems*, pp. 71-6, 2019. Disponível em: <http://ii.tudelft.nl/~joostb/files/AAMAS2019.pdf>.

Mas a gentileza nem sempre vence. Aqui vai um contraexemplo. Neste estudo, porém, ser "gentil" é demonstrado a partir de foco em si mesmo, diminuidores e incerteza, ao passo que ser "duro" é demonstrado com urgência. Portanto, a história real é mais complicada. Martha Jeong, Julia Minson, Michael Yeomans e Francesca Gino, "Communicating with Warmth in Distributive Negotiations Is Surprisingly Counterproductive", *Management Science* v. 65, n. 12, pp. 5813-37, 2019. Disponível em: <https://doi.org/10.1287/mnsc.2018.3199>.

7. Daniel Mochon, "Single-Option Aversion", *Journal of Consumer Research*, v. 40, n. 3, pp. 555-66, 2013. Disponível em: <https://doi.org/10.1086/671343>.

8. Geoffrey J. Leonardelli, Jun Gu, Geordie McRuer, Victoria H. Medvec e Adam D. Galinsky, "Multiple Equivalent Simultaneous Offers (Mesos) Reduce the Negotiator Dilemma: How a Choice of First Offers Increases Economic and Relational Outcomes", *Organizational Behavior and Human Decision Processes*, v. 152, pp. 64-83, 2019. Disponível em: <https://doi.org/10.1016/j.obhdp.2019.01.007>.

9. Drazen Prelec, Birger Wernerfelt e Florian Zettelmeyer, "The Role of Inference in Context Effects: Inferring What You Want from What Is Available", *Journal of Consumer Research*, v. 24, n. 1, pp. 118-25, 1997. Disponível em: <https://doi.org/10.1086/209498>.

10. Itamar Simonson, "Choice Based on Reasons: The Case of Attraction and Compromise Effects", *Journal of Consumer Research*, v. 16, n. 2, pp. 158-74, 1989. Disponível em: <https://doi.org/10.1086/209205>.

11. Carl Shapiro e Hal R. Varian, *Information Rules: A Strategic Guide to the Network Economy* (Boston: Harvard Business School Press, 1998).

7½. NEGOCIE COMO UMA GAROTA [pp. 198-206]

1. Jennifer Lawrence, "Why Do I Make Less Than My Male Co-Stars?", *Lenny*, 13 out. 2015. Disponível em: <https://us11.campaign-archive.com/?u=a5b04a26aae05a24bc4efb63e&id=64e6f35176&e=1ba99d671e#wage>.

2. Diane Domeyer, "How Women Can Negotiate Salary", *Robert Half Blog*, 2 mar. 2020. Disponível em: <https://www.roberthalf.com/blog/salaries-and-skills/how-women-can-negotiate-salary-with-confidence>.

3. Benjamin Artz, Amanda H. Goodall e Andrew J. Oswald, "Do Women Ask?", *Industrial Relations*, v. 57, n. 4, pp. 611-36, 2018. Disponível em: <https://doi.org/10.1111/irel.12214>.

4. Segundo uma meta-análise de 51 estudos, grande parte da disparidade de gênero se resume à prática. Jens Mazei, Joachim Hüffmeier, Philipp Alexander Freund, Alice F. Stuhlmacher, Lena Bilke e Guido Hertel, "A Meta-Analysis on Gender Differences in Negotiation Outcomes and Their Moderators", *Psychological Bulletin*, v. 141, n. 1, pp. 85-104, 2015. Disponível em: <https://doi.org/10.1037/a0038184>.

Na Zâmbia, uma intervenção de treinamento em negociações com meninas dos anos finais do ensino fundamental aumentou sua frequência escolar por ajudá-las a negociar com os pais. As intervenções de informação e empoderamento feminino não tiveram efeito. Nava Ashraf, Natalie Bau, Corrine Low e Kathleen McGinn, "Negotiating a Better Future: How Interpersonal Skills Facilitate Intergenerational Investment", *Quarterly Journal of Economics*, v. 135, n. 2, pp. 1095-151, 2020. Disponível em: <https://doi.org/10.1093/qje/qjz039>.

5. Fiquei fascinada pela discussão de Po Bronson e Ashley Merryman sobre a biologia do estresse e diferenças de gênero em estresse e competição; ver capítulos 4 e 5. Po Bronson e Ashley Merryman, *Top Dog* (Nova York: Hachette Books, 2014).

6. O artigo original a documentar as diferenças é: Herminia Ibarra, "Homophily and Differential Returns: Sex Differences in Network Structure and Access in an Advertising Firm", *Administrative Science Quarterly*, v. 37, n. 3, pp. 422-47, 1992. Disponível em: <https://doi.org/10.2307/2393451>.

7. Ver capítulo 5 para essa discussão (mas aprendi algo útil em todos os capítulos). Tara Mohr, *Playing Big: Find Your Voice, Your Mission, Your Message* (Nova York: Avery, 2015).

8. Linda C. Babcock e Sara Laschever, *Women Don't Ask* (Princeton, NJ: Princeton University Press, 2003).

Edward W. Miles, "Gender Differences in Distributive Negotiation:

When in the Negotiation Process Do the Differences Occur?", *European Journal of Social Psychology*, v. 40, n. 7, pp. 1200-11, 2010. Disponível em: <https://doi.org/10.1002/ejsp.714>.

9. Nina Roussille, "The Central Role of the Ask Gap in Gender Inequality" (documento de trabalho da Universidade da Califórnia em Berkeley, jan. 2021). Disponível em: <https://ninaroussille.github.io/files/Roussille_askgap.pdf>.

10. Barbara Biasi e Heather Sarsons, "Information, Confidence, and the Gender Gap in Bargaining", *AEA Papers and Proceedings*, v. 111, pp. 174-8, 2021. Disponível em: <https://doi.org/10.1257/pandp.20211019>.

11. Deborah A. Small, Michele Gelfand, Linda Babcock e Hilary Gettman, "Who Goes to the Bargaining Table? The Influence of Gender and Framing on the Initiation of Negotiation", *Journal of Personality and Social Psychology*, v. 93, pp. 600-13, 2007. Disponível em: <https://doi.org/10.1037/0022-3514.93.4.600>.

12. Graças ao trabalho de Linda Babcock, mais mulheres começaram a negociar, e negociar por mais. A disparidade diminuiu mas ainda persiste. Linda Babcock e Sara Laschever, *Women Don't Ask: Negotiation and the Gender Divide* (Princeton, NJ: Princeton University Press, 2003).

13. Emily T. Amanatullah e Michael W. Morris, "Negotiating Gender Roles: Gender Differences in Assertive Negotiating Are Mediated by Women's Fear of Backlash and Attenuated When Negotiating on Behalf of Others", *Journal of Personality and Social Psychology*, v. 98, n. 2, pp. 256-67, 2010. Disponível em: <https://doi.org/10.1037/a0017094>.

8. DEFESA CONTRA AS ARTES DAS TREVAS [pp. 207-29]

1. O livro de Geneen Roth apresenta lições espirituais que ela aprendeu a partir dessas experiências. Nem consigo imaginar o que é preciso para encontrar gratidão do outro lado. Geneen Roth, *Lost and Found: Unexpected Revelations About Food and Money* (Nova York: Viking, 2011).

2. Se quiser ler mais sobre golpes e golpistas, dê uma olhada no livro meticulosamente pesquisado e perversamente divertido de Maria Konnikova: *The Confidence Game: Why We Fall for It... Every Time* (Nova York: Penguin, 2016).

3. David Tennant, "Why Do People Risk Exposure to Ponzi Schemes? Econometric Evidence from Jamaica", *Journal of International Financial Markets, Institutions, and Money*, v. 21, n. 3, pp. 328-46, 2011. Disponível em: <https://doi.org/10.1016/j.intfin.2010.11.003>.

4. Um golpista diz sem meias-palavras: "Gente burra não tem 50 mil dólares à mão para me dar". Doug Shadel, *Outsmarting the Scam Artists: How to Protect Yourself from the Most Clever Cons* (Hoboken, NJ: Wiley, 2012).
Karla Pak e Doug Shadel, *AARP Foundation National Fraud Victim Study* (Washington, DC: AARP, 2011). Disponível em: <https://assets.aarp.org/rgcenter/econ/fraud-victims-11.pdf>.

5. Paul Ekman escreve sobre pesquisas reunidas sobre detecção de mentiras neste livro: Paul Ekman, *Telling Lies: Clues to Deceit in the Marketplace, Politics, and Marriage* (Nova York: W. W. Norton, 2009).
Policiais têm um desempenho pior que universitários porque acreditam que quase todos mentem. Saul M. Kassin, Christian A. Meissner e Rebecca J. Norwick, "'I'd Know a False Confession if I Saw One' A Comparative Study of College Students and Police Investigators", *Law and Human Behavior*, v. 29, n. 2, p. 211, 2005. Disponível em: <https://doi.org/10.1007/s10979-005-2416-9>.

6. Alistair Rennie, Jonny Protheroe, Claire Charron e Gerald Breatnach, *Decoding Decisions: Making Sense of the Messy Middle* (Think with Google, 2020). Disponível em: <https://www.thinkwithgoogle.com/_qs/documents/9998/Decoding_Decisions_The_Messy_Middle_of_Purchase_Behavior.pdf>.
Pesquisadores constataram que, em situações de recursos escassos, a ativação aumentava em uma região cerebral ligada a valor subjetivo (o córtex orbitofrontal) e diminuía em uma região ligada a objetivos mais avançados e planejamento (o córtex pré-frontal dorsolateral). Como resultado desses vieses cerebrais — superestimar a oportunidade atual enquanto se pensava menos no futuro —, os participantes estavam dispostos a pagar mais por produtos de consumo. Inge Huijsmans, Ili Ma, Leticia Micheli, Claudia Civai, Mirre Stallen e Alan G. Sanfey, "A Scarcity Mindset Alters Neural Processing Underlying Consumer Decision Making", *Proceedings of the National Academy of Sciences*, v. 116, n. 24, pp. 11699-704, 2019. Disponível em: <https://doi.org/10.1073/pnas.1818572116>.

7. Certo, tecnicamente, o café mais caro do mundo é o Black Ivory. Consegue adivinhar do que ele é feito? Exato, cocô de elefante. Mas o mercado global é de apenas 180 quilos por ano.

8. Maria Konnikova, *The Confidence Game: Why We Fall for It… Every Time* (Nova York: Penguin, 2016).

9. Há mais hostilidade e ganância na indústria do "pensamento positivo" do que você imagina. (A história da bolsa não é sobre a irmã de Ehrenreich; ela está citando outra pessoa.) Barbara Ehrenreich, *Bright-Si-*

ded: How the Relentless Promotion of Positive Thinking Has Undermined America (Nova York: Metropolitan Books, 2009). [Ed. bras.: *Sorria: Como a promoção incansável do pensamento positivo enfraqueceu a América*. Rio de Janeiro: Record, 2015.]

10. Este livro vai mudar seu comportamento. Representamos o sequestro do capítulo 4 em aula. Gavin De Becker, *Protecting the Gift: Keeping Children and Teenagers Safe (and Parents Sane)* (Nova York: Dell, 2013).

9¾. VOCÊ, EU, NÓS [pp. 249-52]

1. Rebecca Solnit, *Hope in the Dark: Untold Histories, Wild Possibilities*, 3. ed. (Chicago: Haymarket Books, 2016).

2. Nancy C. Lutkehaus, *Margaret Mead: The Making of an American Icon* (Princeton, NJ: Princeton University Press, 2018).

Índice remissivo

Números de páginas de ilustrações aparecem em *itálico*.

5 Por Dia, campanha, 48-9
24 Horas do Desafio do Não *ver* Desafio do Não
30 Rock (programa de TV), cena de, 191-3
100 Days of Rejection Therapy (canal de vídeo), 69

abrir-se, prazer de, 89-90
Accenture, 176, 287n4
Albright, Madeleine, 238
Ambady, Nalini, 34
ameaça, detecção de, 137-9, *139*, 170-2, 176-7
Armstrong, Neil, 245, 248
Aron, Arthur e Elaine, 90
arrecadação de fundos, 22, 44, 186-8, 195-6, 205-6, 238-41, 275n3
atenção, 36; atenção seletiva, 37-9; bumerangues de atenção, 84; capturar a atenção, 46-7; enquadramento e, 111-32; enquadramentos misteriosos e, 128-9; experimento do gorila invisível, 112-3, 281n2; foco em si e, 82-8, 287-8n6; foco no outro, 88-91, 134; poder do seu nome e, 90-1; processamento visual e, 37, 271n16; viés de confirmação e, 37-8
autoengano, 39
aversão à opção única, 188-9
Avnaim-Pesso, Liora, 32, 269-70n6

Babcock, Linda, 204-5, 274n2, 289-90n8, 290n11, 290n12
Bacon, Kevin, 212
Bale, Christian, 198, 202
Barbie, 16
barganha, poder de, 191-5
Bargh, John, 32
Becker, Gavin de, 227
Benkredda, Belabbes, 237-47, 250, 263; eleição presidencial tunisiana, debates e, 239-46, *245*; Iniciativa Munathara, 237, 240-1; Yale World Fellows e, 238
Berman, Martin, 89

Beyond Meat, 142-6
Biasi, Barbara, 204
Boggle, experimento, 204
Bohns, Vanessa, 76-7, 275n5
bom demais para ser verdade (sinal de alerta), 220-2
Bouazizi, Mohamed, 236
brilhar, 100-4
Bronson, Po, 49, 272n3, 289n5
Brontossauro Gentil, 19, 153-5, 157, 193, 225, 247, 285n13
Brooks, Alison Wood, 90
Brown, Derren, 111-4, 111n, 120, 140, 281n1
Brown, Ethan, 143-5
Brown, Sukari, 96
Bush, George H. W., 127
Bush, Stephen, 124

Cachinhos Dourados, estratégia, 190
café de "cocô", 219-20
Cain, Susan, 73
Cajun Navy, 250
Calarco, Jessica, 175-6
carisma, 16, 81-104; Berman sobre presença de palco, 88-9; brilhar e, 100-4; capacidade de atrair atenção, 88-91; como conexão, 103-4; definição, 81; dois paradoxos do, 81-91; falar em público/presença de palco e, 95-104, 279-80n14; foco em si *versus*, 82-7, 277-8n1; foco no outro, 88-91; gentileza e, 91; lado sombrio do, 220; Manson, Charles, e, 89; Monroe, Marilyn, e, 279n13; pausa corporal e, 99, 280n15; Prince e, 94-5, 100-1, 248; relaxar a voz e, 92-4; teste: quem usa a palavra "eu", 82; treinamento postural, fio invisível, 93-4
Carnegie, Dale, 91
Cebu Pacific, campanha Códigos de Chuva, 106-10, 280n2
cegueira por desatenção, 112
cérebro: amídala processando medo e estresse, 162; circuito de recompensas, 64, 77; córtex pré-frontal dorsolateral, 291n6; de jacarés, 25; detecção de ameaças pelo, 137-9, 139; dor e, 67; experimentos com pacientes epilépticos, 45; prazer de se abrir, 89-90; processamento dual, teoria de cognição do (Jacaré e Juiz), 26-47, 97, 109, 127, 137-40; reação ao próprio nome e, 91, 278n9; resposta à rejeição, 66-7
Chabris, Christopher, 112-3
Chartrand, Tanya, 32
Chiquinho Scarpa, 107-8, 280n3
chocolate em forma de cocô, 36
Cialdini, Robert, 10-1, 78-9, 79n, 267n2, 282n8
Climate Reality Project, 128
clipe de papel, jogo, 116-20
Commonwealth Bank of Australia, 124
Como fazer amigos e influenciar pessoas (Carnegie), 91
comparecimento às urnas, campanhas de, 108-9
Confidence Game, The (Konnikova), 220, 290n2
conquistador, 11
constructo temporal (futuro próximo × futuro distante), 108
contratação, decisões, 41

Cooper, Bradley, 198, 202
crianças, 22, 36, 40-1, 77-9, 111, 136-7, 140, 143, 175-6, 179, 190-3, 250, 270n11, 272n3, 292n10
custódia, exemplo de decisões, 40-1
Customer Effort Score, 50, 53

Danziger, Shai, 32, 269-70n6
Dar e receber (Grant), 63-4
"Deixem a Tunísia fazer história mais uma vez", 240-1
Desafio da Empatia, 164-7
Desafio do Não, 58-63, 60n, 257
Dhar, Ravi, 182, 185
diminuidores/linguagem diminuidora, 84-7, 87-8, 89, 94, 288n6
doação de órgãos, 107-8, 280n3
Domino's, campanha AnyWare, 51
Donnelly, Grant, 124
Donovan, Jeremey, 180n15
donuts com o símbolo olímpico, 69-70, 251
Durex, camisinhas, campanha Feliz Dia dos Pais, 110, 281n6

economia comportamental, 17-8, 26-31; artigo da autora sobre, 182; atenção seletiva e, 37-9; definição, 26; exemplo de decisão de custódia, 40-1; Jacaré, primazia do, 31-6, 271n15; julgar outros e, 34-5, 270n12; processamento dual, teoria de cognição: Sistema 1 (Jacaré) e Sistema 2 (Juiz), 26-47, 268-9n2; raciocínio motivado e, 40-7; razão e, 26-7, 31; regiões do cérebro e, 35-6; Teste de Stroop, 29-31, *29*
Ehrenreich, Barbara, 224, 291-2n9

Ehrich, Kristine, 38
Einstein, Albert, 97
Eisenberger, Naomi, 66
Ekman, Paul, 212, 291n5
elefantes, 168, 171
emoções: detecção de ameaça e, 137; emergências, comportamento bizarro em, 214-5; escutar e sintonizar as emoções do outro, 161; Jacaré, primazia do, 31-6, 271n15; julgar outros e, 34-5, 270n12; manipulação, golpes, 213-6; preservação da vida selvagem e, 42-5, *42-3*, 271n18; pressentimentos, 227-9; raciocínio motivado e, 41; tentativas de influenciar e, 44-7; *Torschlusspanik* (urgência irracional), 216-8
enquadramento, 111-32; Benkredda enquadrando seu projeto, 240-1; Brown, Derren, e, 111-4; combinar enquadramentos, 130-1, *132*; consequências de, 119; "crise climática" e "emergência climática", 128, 282n7; definição, 113; "Deixem a Tunísia fazer história mais uma vez", 240-1; eficaz, 113-4, 126-7; exemplo, a autora reenquadra seu curso, 133-5; exemplo, citar coisas brancas, 113-4; Jobs recrutando Sculley como CEO da Apple, e, 114; Maior e Melhor, jogo, 116-20, *119-20*; manejável, 120, 123-8; misterioso, 120, 128-30; monumental, 120-4, 126-8; "mudança climática" × "aquecimento global", 126-8, 127n; palavras e frases para, *132*; Pergunta Mágica e negociar

aumento ou promoção, 169-71; quitação de dívidas por categoria, 124; Segunda Sem Carne e, 142; timing e, 108; uso da autora (durante apresentações), 114-6
enquadramento manejável, 120, 123-8, 130-2; lidar com medo, tristeza ou dúvida e, 125; palavras e frases para, 132; quitar dívidas e, 124
enquadramento misterioso, 128-30: atrair a atenção do Jacaré, 128-31; efeito Zeigarnik e incerteza, 129-30, 150; palavras e frases para, 129, 132; processamento visual e, 128
enquadramento monumental, 120-4, 130-1; aquecimento global e, 126-7, 130-1; "Deixem a Tunísia fazer história mais uma vez", 240-1; McCaffery e Powell, Maior e Melhor (jogo), 120-1; mensagens políticas, 121-2; missão, declarações de, 121-2; palavras e frases para, 132; reforma tributária e, 122-3
Então você usou o índice remissivo! Zoe estava errada.
entrevista motivacional, 285n12
Epley, Nicholas, 161
escuta profunda, 159-67; como remédio para o viés de falsa polarização, 160-7, 285-6n1; Desafio da Empatia, 164-7; lacuna de percepção e, 286n2; objetivos específicos de escuta, 161-3, 287n7; ouvir a voz do outro, 161-2
escutar, 14, 86-9, 159-67, 285-6n1
estresse, 64, 274n5

éter (sinal de alerta), 214-6
"eu sinto muito", 84-5
exclusividade (sinal de alerta), 218-20
exercício do fio invisível, 93-4
exercícios interativos: decisão de custódia, 40-1; identificação de cobras, 138; jogo da galinha, 141; preservação de tigre, 42-4, 43-4, 272n3; teste de Stroop, 29-31, 29; teste do pronome, 82-4
experimento do gorila invisível, 112-3, 281n2
extensões de prazo, experimentos, 76

facilidade, 48-56; 5 por Dia, campanha, e, 48-9; Customer Effort Score para medir, 50, 53; exemplos, preferências do consumidor, 50-1; lembretes e, 51-3; pequenos passos, 55-6, 240
falar/apresentar-se em público, 95-104; brilhar e, 100-4; ferramentas para, 95-7; medo de, 96, 279-80n14; pausas corporais, 99, 280n15; vórtice temporal, 97-100
falso viés de consenso, 285-6n1
fatias finas, 34-5
Filhos (Bronson e Merryman), 49, 272n3
Flynn, Frank, 76
Fomo (sigla para Fear of Missing Out, medo de estar perdendo algo), 65, 217-8

Gaiman, Neil, 247-8
Gamble, Peter, 24
Gatorland, Orlando, Flórida, 24

Gazzaniga, Michael, 45-6
General Motors, 121
gênero, 78; negociações e, 198-206; pedir favores e, 80; Pergunta Mágica e, 168-71; pronomes de primeira pessoa e, 82; tráfico sexual, 168-9, 230-3
generosidade: burnout, estresse de doadores e, 64, 274n4; circuito de recompensa do cérebro e, 64, 77; felicidade e, 77, 181; *helper's high* (pico de dopamina), 77; inspirar confiança e reciprocidade, 181, 287-8n6; limites, 63-5; O'Neal, Shaquille, e, 80
Gengis Khan, 19, 21-2
Genschow, Oliver, 79n, 276-7n11
golpistas, 11, 14, 19, 207-22, 290n2, 291n4
Google: estrutura de economia comportamental da autora e, 17, 184-6; Food Team, 184; parceria de consultoria com YCCI, 185-6; Segunda Sem Carne e, 142-3
Gore, Al, 128
gorila, fantasia, 110-3
Graham, Ginger, 169, 171
Grant, Adam, 63-4
Guidant, 169
Guterres, António, 128

Habitat para a Humanidade, 121-2
hábitos, 53
"hábitos da boa aluna", 202, 289-90n8
Hansen, James, 126
Harry Potter, referências, encontre você ☺
Hatzis, Michelle, 184-6

Heffernan, Caroline, 118, 121
helper's high, 77
Hollywood, propostas, 177
Holmes, Elizabeth, 92
Holocausto, resgate dinamarquês, 249-50
Hope in the Dark (Solnit), 250

Ibarra, Herminia, 202, 289n6
ignorância deliberada, 38, 271n17
ignorar um não firme (sinal de alerta), 225
Império Mongol, 21
"imposto sobre morte", 122-3
influência transacional, 11-2, 72, 119, 217
intenção de pôr em prática, 108-9, 115-6, 183-4
intenção-comportamento, lacuna, 13
Iris (agência de reassentamento), 118-9
Irwin, Julie, 38
Izarro, Louis, 208-10

Jacaré (Sistema 1), 26-47, 49, 51-5, 57, 61, 83, 86, 97-8, 101, 109, 123-4, 127-9, 137-9, 159, 161, 170-3, 176-8, 194-5, 208, 213-4, 217-8, 227-9, 239, 247, 270n12
jacarés, 24-5
James, Rick, 95
jargão, uso e status, 277-8n1
Jiang, Jia, 69, 72, 77, 274n8
Jobs, Steve, 114
jogo da galinha, 141
Jolie, Angelina, 201
jovens infratores no zoológico, estudo, 78-9, 276-7n11

Juiz (Sistema 2), 27-47, 49, 51-4, 83, 86, 92, 101, 106, 129, 159, 178-9, 213-4, 217-8, 221, 229, 247
juízes israelenses, 32

Kahneman, Daniel, 27, 139, 268-9n2
Kaling, Mindy, 86-7
Karoui, Nabil, 243-6
Katzenberg, Jeffrey, 212
Keene, Mandy, 182-6
Kichlu, Ro, 182-4
Kimmel, Jimmy, 80
Kissinger, Henry, 162
Kondo, Marie, 131
Konnikova, Maria, 220, 290n2
kopi luwak, 219-20
Krispy Kreme, 69-70, 77

Lamberton, Cait, 124
Lao-tzu, 136
Lawrence, Jennifer, 19, 198, 201-2, 205-6, 251
"Lei da Atração", 223-4
lembretes, 52
Levav, Jonathan, 32, 269-70n6
Lewin, Kurt, 129
Lewis, Michael, 268-9n2
liberdade condicional, decisões de cortes israelenses, 32-3, 41, 269-70n6
liberdade de escolha, reafirmar, 148-51, 156
lidar com objeções, 146-58
Lost and Found (Roth), 211, 290n1
Luntz, Frank, 122-3, 126-7, 127n, 281-2n4

Ma, Natalie, 186-8
MacDonald, Kyle, 116-7

Macknik, Stephen, 37
Madoff, Bernie, 210-2
Maior e Melhor, jogo, 116-20; MacDonald, escambos de, 116-7; McCaffery e Powell trocam até conseguir um carro, 117-20, *119-20*, 130-1
Man Who Saved the World, The (filme), 273
Manson, Charles, 89
marketing, 11, 16; Cebu Pacific, promoção de linhas aéreas, 106-7, 110; Chiquinho Scarpa, campanha de doação de órgãos, 107-8, 280n3; Domino's, campanha AnyWare de 2015, 51; Durex, campanha de camisinhas, 110, 281n6
Martinez-Conde, Susana, 37, 271n16
mau pressentimento (sinal de alerta), 227-9
McCaffery, Manus, 117-21, *119*, 130, 196, 248, 251
Mead, Margaret, 250
meias-verdades (sinal de alerta), 222-3
Merryman, Ashley, 49, 261-2, 272n3, 289n5
metas: certeza sobre, 23; saber o que se quer, 22-3, 267n2
Meyer, Danny, 133-4
Mochon, Daniel, 188
Monroe, Marilyn, 279n13
morder e assoprar (sinal de alerta), 225-7
múltiplas ofertas simultâneas equivalentes, 189
Museu de Arte Moderna, 122

não, repostas, 13, 57-74; como resposta instintiva a coisas não solicitadas, 149, 284n10; dizer não: compromissos e outros desafios difíceis, 74; dizer não: crescimento pessoal, 74; dizer não: Desafio do Não, 58-63, 60n, 257; dizer não: negociações e, 193; efeitos negativos de dizer sim, 59-60, 65; Fomo e, 65; limites e, 63-5; "NÃovembro" da autora, 59; normas sociais e, 49; o não que salvou o mundo, 57-8, 251, 273n1; ouvir não: da rejeição à resiliência, 66-74; ouvir não: lidar com objeções como um mestre de aikido, 146-58; ouvir não: testemunha e explorar resistência, 146-8, 155-6, 284n9; preocupação com os sentimentos dos outros, 65; reciprocidade e, 65

Nature Conservancy, 121

negligência, processos por, 11, 34

negociação, 9, 18-9, 168-97; *30 Rock*, cena de, 191-3; apresentação de ideias de roteiro, 177; blefe de sair andando, 194-5; *Cachinhos Dourados, estratégia*, 190; como se pede × quanto se pede, 14, 203; concessão e, 79-80; estudo da Accenture e, 176, 287n4; exemplo, grande negociação da vida real da autora, 181-86; experimento Boggle, 204; formação para meninas, 199-200, 289n4; gênero e, 198-206, 289n4, 289n5; gentileza ou cordialidade e, 181, 287-8n6; ingredientes principais da, 181; intimidação, estratégia de jogar pesado, 172-3; lidar com pessoas difíceis, 172-3, 190-7; medo de, 172; negociação de mentira na sala de aula da autora, 172-3; nível socioeconômico e, 175; oferecer opções e, 188-90; para comprar carros, 181; Pergunta Mágica e, 168-72; Perguntas de Criação de Valor, 178-88; Plano B para Salvar o Orgulho, 194-6, 242; poder de barganha e, 191-5; por uma oferta de trabalho, aumento ou promoção, 19, 169-70, 175-80, 201, 287n4, 289n4; preparação para, 174-7, 179-81, 201-2; reação de ameaça a, 172, 176-7; saber se é possível, 175-7, 203-4; soluções mutuamente aceitáveis, 173-4

negociações profissionais, 62-3, 76, 107, 154, 169-70, 175-80, 195, 202-3, 287n4

Negotiating Opportunities (Calarco), 175

Nguyen, Davis, 72-4, 248

nomes, uso de, 90-1, 278n9

Norton, Mike, 124

objeções, lidar com, 146-58

Oliver, John, 210-1

O'Neal, Shaquille, 80

oportunidades, custos de, 65

orgasmos, 76

Outsmarting the Scam Artists (Shadel), 214, 291n4

Pantalon, Michael, 285n12

Passageiros (filme), 205-6

Patagonia e Patagônia (a loja e a região), 195-6
pausa corporal, 99, 280n15
pedido suave, 78, 151-2, 151n, 156-7
pedidos absurdos, 78-9, 196-7, 276n10
Pennebaker, James, 82-7, 277-8n1
pensamento mágico sobre dinheiro (sinal de alerta), 223-4, 291n6
perda, aversão à, 139, 283n3; carne vegetal, reenquadramento de, e, 143-5; Segunda Sem Carne e, 142
Pergunta Mágica, 19, 168-72, 182, 186-7; como catalisadora de criatividade, 170, 176-7; demonstração de respeito, 170-1; desarmar reação à ameaça, 170-1; desvendar informações importantes com, 170-1; exemplo, Gloria Steinem, 168, 171; exemplo, grande negociação da vida real da autora, 183-4; exemplo, Guidant, horas extras, 169-71; negociar aumento ou promoção, 169-70
perguntas, pessoas que as fazem são mais populares, 90
Perguntas de Criação de Valor, 178-88
Petrov, Stanislav, 57-8, 251, 273n1
Plano B para Salvar o Orgulho, 194-6, 242
poder dos quietos, O (Cain), 73
policial bonzinho e policial malvado, 225-7
Powell, Tom, 117-21, *119*, 130, 251
preservação da vida selvagem (exemplo), 42-5, 42-3, 271n18

Primavera Árabe, 236
Prince, 94-5, 100-1, 248
processamento visual, 37, 128, 271n16
pronomes de primeira pessoa e foco em si, 82-7, 277n1

raciocínio motivado, 40-7
Rápido e devagar (Kahneman), 27, 268n2
Ratelis, Erin, 182-4
razão: cognição e (Sistema 2, o Juiz), 26-47; como característica humana, 31; conservação da vida e, 42-5, 42-3, 271n18; falso ataque de mísseis na União Soviética e, 57-8; limitações dos apelos à, 46-7; má compreensão da influência sobre a, 33; mudança de comportamento e, 31; primazia de reações automáticas e inconsciente sobre a, 31-3, 35-6; raciocínio motivado, 40-7; tentativas de influência e, 44-7
reatância psicológica, 140-6; como é lidar com objeções, 155-8, *158*; experimento clássico com crianças de dois anos, 140, 283-4n4; impostos e, 141; jogo da galinha, *141*; objetos proibidos e, 283-4n4; obrigatoriedade de máscaras e, 141; pedido suave e, 151-2, 156-7; pessoas difíceis são mais atraentes e, 283-4n4; reafirmar a liberdade de escolha para combater a, 148-51, 156; Segunda Sem Carne e, 142-3; ser um Brontossauro Gentil para superar a, 153-5, 157, 193, 285n13; su-

perar, Ethan Brown e Segunda Sem Carne, 143-6; testemunhar e explorar resistência, 146-8, 155-6, 159, 284n9
reforçar autonomia, 148-52
rejeição, 66-9; *100 Days of Rejection Therapy* (canal de vídeo), 69; Eisenberger, teoria da, 66-7; influenciadores habilidosos e, 71; ligações e, 69; "não" não é fatal, 69; Nguyen, grandes sonhos e, 72-3; prática para enfrentar, 67; resposta de estresse e, 67; "sistema imunológico de estresse" e, 70; trabalho da autora com The Students Group e, 67-8; vendedores bem-sucedidos e, 71-2, 274n10
Ripley (filha da autora), 22, 111, 234, 251, 254
risco ou aversão ao risco, 25, 200; campanhas políticas, 200, 200n; mulheres como avaliadoras de, 200; pedidos suaves e, 152
Robert Half International, Inc., 199
Rogers, Todd, 109
Rolls-Royce, 121
Rosenthal, Robert, 34
roteiro, propostas, 177
Roth, Geneen e Matt, 208-12, 290n1
Roussille, Nina, 203
Rozin, Paul, 36

Saïed, Kaïs, 244-6
Schroeder, Juliana, 161
Schumer, Amy, 84-5
Sculley, John, 114
Secret Life of Pronouns, The (Pennebaker), 82, 277-8n1

Segunda Sem Carne, 142-3
Shadel, Doug, 214, 291n4
Shafir, Eldar, 40
Shapiro, Carl, 190
Simons, Daniel, 112, 281n2
sinais de alerta de manipulação, 14, 18-9, 212-29; frases com que tomar cuidado, 222-3; nº 1: o éter, 214-6; nº 2: a urgência, 216-8, 291n6; nº 3: a exclusividade, 218-20; nº 4: o bom demais para ser verdade, 220-2; nº 5: as meias-verdades, 222-3; nº 6: o pensamento mágico sobre dinheiro, 223-4, 291-2n9; nº 7: ignorar um não firme, 225; nº 8: morder e assoprar, 225-7; nº 9: um mau pressentimento, 227-9, 292n10
Sinclair, Upton, 215-6
síndrome do impostor, 247-8
Sistema 1 (Jacaré) × Sistema 2 (Juiz), 26-47, 268-9n2; *ver também* Jacaré e Juiz
"sistema imunológico de estresse", 70, 274n9
Skinner, B. F., 141
Small, Deborah, 204
Smaoui, Salwa, 246
Solnit, Rebecca, 250
Sony Pictures, invasão de e-mail, 198-9
Sorria (Ehrenreich), 224, 291-2n9
Stanovich, Keith, 268-9n2
Stein, Robert, 279n13
Steinem, Gloria, 168, 171, 197
Stroop, John Ridley, 30
Stroop, teste de, 29-31, 29

Tamir, Diana, 89
Tao Te Ching (Lao-tzu), 136
Temudjin (Gengis Khan), 19, 21-2
temul, 21-3
Thatcher, Margaret, 92
Theranos, 92
tigres, 42-4, 43, 44, 272n3
timing: como ferramenta de influência, 110; futuro próximo × futuro distante, 108; intenção de pôr em prática e, 108-10, 109n, 115-6, 183-4; momentos de verdade, 108-10, 280n1
Tink, o filhote, *158*
tinta invisível, 106-7
Todorov, Alexander, 34-5
Trapaça (filme), 198
Trapaças Reais (programa de TV), 221
Trump, Donald, 164-6, 281n4
tubarões, eletrorreceptores de, 207
Tunísia, 236-46, *245*
Tversky, Amos, 139, 283n3

Undoing Project, The (Lewis), 268-9n2
Unique Auto Sales, New Haven, Connecticut, 118
urgência (sinal de alerta), 216-8, 291n6

Varian, Hal, 190
vendas, 10-1, 16; aprendendo a ouvir não e, 72; mestre em vendas como construtor de relacionamento, 72, 155; mestre em vendas e testemunhar resistência, 146-8; mestre em vendas voltando diversas vezes a um cliente em potencial, 72, 153-5, 274n10; pedido suave e, 151-2, 151n; proposta de venda de exclusividade, 218-20; proposta de venda de urgência, 217-8
verdade, momentos de, 105-10, 280n1; Benkredda e, 243; criar seus próprios, 107-8; definição, 106; em qualquer comunicação, 107; internos, 109; marketing e, 106-10, 280n1; timing e, 108-10
viés de confirmação, 37-8
viés de escolha × rejeição, 40-1
viés de falsa polarização, 159-60, *160*, 285-6n1, 286n2; escuta como remédio para, 159-67
Voss, Chris, 10, 267-8n2, 284n9
votação: fatias finas e, 35; intenção de pôr em prática e, 108-9
voz, tom, 92-4

Weisenberg, Niv, 155-8
West, Richard, 268-9n2
White, E. B., 63
Whitehead, Alfred N., 27
Wiesel, Elie, 212
Women Don't Ask (Babcock), 204, 289n8, 290n12
World Wildlife Fund: População por Pixel, 271n19

Yale Center for Customer Insights (YCCI), 185-6; YCCI-Google, colaboração, 185-6
Yale World Fellows, 238
Yale, Escola de Administração de, 133; curso de MBA da autora, 17-8, 96

Zâmbia, aldeia na, 168-71, 197, 289n4
Zeigarnik, Bluma, 129
Zeigarnik, efeito, 129-30, 150

Zidi, Fadwa, 241, 243-4, 246
Zoe, alunos de: Benkredda, Bellabes, 237-47, 250, 263; Cruz, Tiago, 154; Ma, Natalie, 186-8, 248, 262; McCaffery, Manus, 117-21, *119*, 130, 196, 248, 251; Nguyen, Davis, 72-4, 248; Powell, Tom, 117-21, *119*, 130, 251; Weisenberg, Niv, 155-8

Zoe, família de, 11, 22, 111, 136-7, 234, 236-47, 251-2, *254*, 262-3
Zoe, pesquisa de: autoengano, 39; escolhas de comidas saudáveis, 184-6; estrutura de economia comportamental, 182; percepções sobre influência, 10; percepções sobre negociações, 199; quitação de dívidas, 124-5

TIPOGRAFIA Adriane por Marconi Lima
DIAGRAMAÇÃO acomte
PAPEL Pólen Soft, Suzano S.A.
IMPRESSÃO Geográfica, setembro de 2022

A marca FSC® é a garantia de que a madeira utilizada na fabricação do papel deste livro provém de florestas que foram gerenciadas de maneira ambientalmente correta, socialmente justa e economicamente viável, além de outras fontes de origem controlada.